멘탈 리허설

출근길 30분의 기적

멘탈 리허설

조관일 지음

21세기북스

출근길에 멘탈 리허설의 기적을!

잘나가던 고위 공무원 김병세(가명) 씨. 그는 시골에서 가난하게 자랐지만 뛰어난 머리와 성실함으로 좋은 대학을 나왔습니다. 그리고 일찌감치 '고시'에 합격했습니다. 그 후 파죽지세로 승승장구했습니다. 이른바 '요직'이라는 곳을 두루 거치며 비교적 이른 나이에 차관급 자리에 올랐습니다. 그의 인생에는 거칠 것이 없는 듯했습니다. 주위에서는 언젠가 장관이 될 사람으로 꼽혔고, 어쩌면 국회의원이 되어 정치 쪽으로 갈 것이라는 전망도 있었습니다. 고향 시골에서는 그의 출세가 항상 화젯거리였음은 물론입니다.

지위가 오를수록 일은 더 많아졌습니다. 업무도 업무지만 출세에 비례해 사람들과 어울려야 하는 일 또한 잦아졌습니다. 더구나 정치권 진입에 대한 기대가 있었기에 고향 출신 선후배를 챙겨야 했고, 그래서 퇴근 후에 술자리로 직행하는 날도 많았습니다. 폭탄주에 찌들어 만취 상태로 귀가하는 때가 빈번했고, 아침에는 언제 그랬냐는 듯이 정시에 출근해야 했습니다. 그렇기에 체력이 대단하다는 평이 따랐습니다.

그해 10월. 언제나 바쁘게 산 그였지만 그때는 더 바빴습니다. 국정감사가 끝나고 나니 다시 새해 예산 심사 등등 굵직한 일들이 이어졌습니다.

그날도 그는 아침 일찍 일어났습니다. 몸이 천근만근이라 좀 쉬고 싶었지만 그럴 수가 없습니다. 병약하다는 소문이 날까봐 내색할 수도 없습니다. 무거운 몸을 이끌고 나이가 들었음을 실감하면서 출근했습니다. 곧이어 간부 회의에 참석하고, 조금 휴식을 취해야겠다는 생각으로 자기 자리로 돌아와 의자에 푹 주저앉은 그. 그리고 다시 일어서지 못했습니다. 의식을 잃은 채 응급차에 실려 병원으로 직행했고, 곧이어 의사가 내린 판정은 인생의 파노라마에 비해 너무 간단했습니다.

'과로에 의한 심장마비死.'

흔들릴수록 중심을 잡아라

우울한 이야기로 시작해서 미안합니다. 그러나 그의 스토리를 들으면서 우리는 자신에게 물어봐야 합니다. '나는 지금 어디로 가고 있는가?' '이대로 가면 되는 건가?' '삶의 참 가치는 과연 무엇인가?'

세상이 정신없다고 덩달아 정신없이 살아서는 안 됩니다. 세상이 혼탁하다고 함께 휩쓸려서도 안 됩니다. 세상이 그러하기에 정신 똑바로 차리고 살아야 합니다. 중심을 잡아야 합니다. 복잡해진 세상이기에 정신 줄을 놓는 순간 어떤 일이 벌어질지 모릅니다. 따지고 보면 우리는 살얼음판을 걷고 있습니다.

오늘 저녁 TV 뉴스를 보세요. 세상이 이토록 혼란스러울 수가 없습니다. 세계정세가 어떻고 하는 것은 사치스럽습니다. '아사리판'이라고 하는 정치판이야 그렇다고 칩시다. 우리의 일상에서도 어처구니없는 사건, 사고가 연일 벌어집니다. 블랙박스 덕에 생방송 중계를 보는 듯한 교통사고 장면을 접하면 우리의 삶이 얼마나 아슬아슬한지 실감납니다. 고령화 시대라면서 끊임없이 이어지는 고령자들의 자살 소식에서부터 검찰에 줄줄이 붙들려 가는 이런저런 장면들, 그리고 개인 정보 유출에 따른 사기 사건 등등. 아차, 방심하는 순간 인생이 곤두박질칠 수 있는 그런 시대를 우리는 삽니다.

얼마 전, 대형 카드사의 정보 유출로 난리가 났을 때입니다. 카드사 홈페이지를 통해 나의 정보도 완전히 털린 것을 확인했을 때는 몹시 화가 났습니다. 그리고 불안했습니다. 나도 어떤 사건, 사고에 노출될지 모른다는 우려 때문입니다. 1000만~2000만 명의 신용 정보가 몽땅 털렸다고 하니, 그동안 밝혀지지 않은 다른 정보 유출까지 포함하면 대한민국 성인 모두의 정보가 유출되었다고 보는 게 맞을 겁니다.

TV와 신문에는 카드사 임원들이 길게 늘어서 허리를 깊이 굽혀 사과하는 장면이 나왔습니다. 요즘은 걸핏하면 경영층이나 관계 당국자들이 늘어서서 절하며 사과하는 풍경을 자주 접하게 됩니다. 예전에는 보기 드문 '진풍경'이었는데 요즘은 '일상 풍경'이 됐습니다. 그만큼 세상살이의 위험성이 일상화되었음을 상징합니다. 그 장면을 보고 아들 녀석이 물었습니다.

"저렇게 되면 어떻게 되는 거예요?"

"짤리는 거지 뭐~."

나는 잔뜩 화가 난 상태라 퉁명스레 강한 악센트로 대꾸했습니다. 그러고 보니 그중에는 내 후배도 있었습니다. 안타까웠습니다. 그리고 문득, 내가 저 자리에 있었으면 어떻게 됐을까 상상해 봤습니다. 내가 CEO였다면 과연 정보 유출을 막을 수 있었을까요? 정답은 독자 여러분이 더 잘 알 것입니다.

며칠 후, 바통을 넘겨받은 카드사 신임 사장이 국정조사 현장 검사에서 '솔직한 심정'을 토로한 것이 문제가 됐습니다. "사실은 우리도 피해자"라고 말해 국회의원들이 발끈한 것입니다. 호된 비판을 받고 급기야 사과하는 일이 벌어졌습니다. 그의 말 자체는 틀린 것이 아닙니다. '사실'입니다. 그러나 때와 장소와 상황을 잘못 선택한 것입니다. 그렇잖아도 바로 이틀 전, 여수 앞바다에서 유조선이 원유 이송관과 충돌하여 발생한 대규모 기름 유출 사고에 대해 "1차 피해자는 정유사고, 2차 피해자는 어민들"이라고 말한 것 때문에 장관이 해임되는 사태가 있었으니까요.

이런 걸 보면 직장인들의 목숨이란 말 한마디에 달려 있음을 알게 됩니다. 생각할수록 아찔합니다. 오늘 벌어질 일에 대한 사전 예측과 대비가 없으면 어떤 불상사에 노출될지 모릅니다. 삭풍을 견디는 '마지막 잎새'만큼이나 아슬아슬합니다.

세상이 워낙 복잡해졌습니다. 신경 써야 할 일이 한두 가지가 아닙니다. 사방에 지뢰가 널려 있습니다. 발을 잘못 디뎠다가는 결정적한 방을 맞을 수 있습니다. 지금까지 공들였던 탑이 한순간에 무너집니다.

오늘도 평소와 다름없이 출근하지만 하루에 어떤 일이 벌어질지 모릅니다. 재수 없이 악질 고객을 만나 곤욕을 치를 수도 있습니다. 가끔 신문이나 방송에 보도되는 '블랙 컨슈머black consumer'를 만나는 건 아닐까요? 블랙 컨슈머까지는 아니더라도 '싸가지 없는' 못된 고객을 만나 엄청 스트레스를 받을 확률이 매우 높습니다.

아니, 고객은 그렇다 치고 직장 동료와 상사들에게서 받는 스트레스도 보통이 아닙니다. 취업 정보 업체 '사람인'이 조사(2010년 11월)한 바에 따르면, '꼴 보기 싫은 상사와 근무하고 있습니까?'라는 설문에 응답자의 84.7%가 '그렇다'고 대답했다고 하니 말해 뭐합니까. 잘나가는 연예인, 부러울 게 없을 것 같은 유명인들이 공황장애에 시달릴 정도로 스트레스가 많은 세상입니다. 확실한 기준 없이 되는 대로 살다가는 어디로 흘러갈지 모릅니다. 정말이지 어떻게 살아야 잘 사는 것인지, 어떻게 일해야 잘하는 것인지 헷갈립니다. 스마트폰, 스마트 TV가 활개 치는 스마트 시대라지만 정작 우리의 일상은 '스마트'하지 못합니다. 살풍경합니다.

　한마디로 불안하고 정신없는 세상입니다. 성공을 추구하지만 그 이전에 추락하지 않을 방도부터 세워야 합니다. 이렇게 흔들리는 세상에서 중심 딱 잡고 제대로 된 직장 생활, 결정타를 맞지 않는 사회생활을 하려면 어떻게 해야 할까요? '힐링' 바람이 요란하지만 그것은 사후약방문입니다. 지금 우리에게 필요한 것은 상처받은 이후의 치유가 아니라 사전 조치입니다. 상처받기 전에, 사고가 벌어지기 전에 해야 할 '조치'가 긴요합니다.

출근길, 멘탈 리허설로 시작하라

어떻게 해야 하나? 오래전부터 그것은 내 관심사 중 하나였습니다. 자기계발서를 쓰는 사람으로서 항상 가슴에 품고 있는 질문이기도 합니다. 어떻게 생활의 질서를 잡지? 혼잡하고 혼탁한 세상에서 어떻게 중심을 잡지? 어떻게 하면 불의의 사태에 휘말리지 않지? 그것을 끈질기게 생각하다가 번뜩 건져 올린 것이 '멘탈 리허설'과 '출근길'입니다.

　멘탈 리허설mental rehearsal! 이 말이 좀 생소하게 들리는 사람도 있을 겁니다. 그러나 이미지 트레이닝image training이라면 금방 알아차립니다. 멘탈 리허설은 스포츠계에서 이미지 트레이닝 또는 멘탈 트레이닝mental training과 같은 뜻으로 사용됩니다. 그럼에도 여기서 멘탈 리허설을 선택한 데는 그만한 이유가 있습니다. 같은 의미라고는 하지만 이미지 트레이닝과 멘탈 트레이닝은 말 그대로 트레이닝, 즉 '훈련'의 이미지가 강합니다. 육체 훈련을 대신하여 머릿속으로 연습하고 훈련하는 것입니다.

그러나 이 책에서 다루는 멘탈 리허설은 그러한 기존의 의미와는 차이가 납니다. 나는 멘탈 리허설을 앞으로 일어날 일에 대하여 머릿속으로 '미리 훈련하는' 기존의 의미뿐만 아니라 상상을 통해 앞날을 예측해 보고 그에 '대비하는' 것으로 확대하여 개념을 정립했습니다. 전자가 '강화'의 차원이라면 후자는 '대비'의 성격이 강합니다.

그리고 '출근길'을 화두로 삼은 것은, 첫째로 일단 '하루'의 멘탈 리허설부터 해보자는 것이며(멘탈 리허설은 하루뿐만 아니라 먼 후일에 대해서도 할 수 있는 것입니다), 둘째는 그것의 상징성과 실익성 때문입니다. 출근길은 직장인 누구에게나 공통된 길이며, 하루를 여는 절차요 리추얼ritual입니다. 그것은 하루의 '시작'이며 일과가 시작되는 첫걸음입니다. 직장인이 세상살이의 언덕을 오르는 첫 계단입니다. 더욱 중요한 것은 매일매일 반복된다는 점입니다. 설문 조사에 따르면 우리나라 직장인들의 평균적인 출근 소요 시간은 대략 30~60분 정도입니다. 그래서 나는 하루를 출발하는 이 시간을 단지 직장으로 이동하는 데만 사용하지 말고 삶의 질서를 찾고 더 나아가 자기혁명의 기적을 일으키는 알찬 기회로 삼아야겠다고 결론지었습니다.

감성지수EQ라는 개념을 대중화하는 등, 세계 최고의 경영사상가 중 한 사람으로 꼽히는 대니얼 골먼Daniel Goleman은 일찍이 '출근길'과 '멘탈 리허설'을 주목한 바 있습니다. 그는 "출근길에, 앞으로 일어날 상황에 대하여 구체적으로 생생하게 상상하여 뇌세포(전전두엽Prefrontal cortex)를 자극함으로써 그에 대응하는 행동을 미리 준비해야 한다"며 멘탈 리허설을 권고했습니다.[1] 그는 습관을 바꾸려면 멘탈 리허설을 통해 상상으로나마 스스로 많은 기회를 부여해야 한다고 주장합니다.

'리허설'이라고 하면 가장 먼저 떠오르는 것이 무엇입니까? 아마도 연극일 것입니다. "인생은 연극이다"라는 말을 생각해 보면, 출근길의 멘탈 리허설은 우리가 '하루'라는 인생의 무대에 오르기 전에 미리 대비하는 예행연습을 해보는 것입니다. 머릿속으로 말입니다.

그렇습니다. 하루를 여는, 아니 삶이라는 전쟁터에 나서는 아침에 멘탈 리허설을 해보는 것은 너무 멋있습니다. 멋을 떠나 참으로 필요하며 가치 있습니다. 이 책은 바로 그런 관점과 확신에서 썼습니다.

매일 출근할 때마다 멘탈 리허설을 한다는 것은 출근길을 리추얼화하는 것입니다. 출근길이 억지로 떠밀려 일터로 나가는 이동 과정이 아니라 하루를 여는 세리머니가 된다는 것이며, 이런 세리머니의 반복은 단순히 하나의 의식과 절차라는 차원을 넘어 결국 삶에 기적을 잉태하는 놀라운 일이 일어나게 할 것입니다.

자, 오늘 당신의 출근길은 어땠습니까? 이제 출근길을 바꿔 보기를 권합니다. 힐링에 매달릴 것이 아니라 상처받지 않도록 적극적이고 긍정적인 대응을 해야 합니다. 그것은 바로 출근길의 혁명, 출근길의 멘탈 리허설에서부터 시작됩니다. 그리고 그것은 당신의 직장 생활과 삶에 놀라운 기적으로 나타날 것입니다.

2014년, 이른 봄

조관일

차 례

1부

하루의 시작을 멘탈 리허설로

멘탈 리허설에도 준비 단계가 있게 마련이다. 출근길에 나서기 전에 해야 할 일이 있다. 먼저 아침을 장악해야 하고, 출근의 모습을 바꿔야 한다. 이를테면 출근 리모델링이다. 그리하여 출근을 하루 시작의 의미 있는 리추얼로 만들어야 한다. 그러면 우리의 하루는 달라진다. 달라진 하루는 기적을 낳게 될 것이다.

강력한 리추얼로 시작하라

매일 아침, 일어나자마자 강력한 리추얼로 하루를 시작하자. 그러려면 백 퍼센트의 믿음과 확신을 갖고 이렇게 외쳐 보자. "오늘 내게 좋은 일이 생길 게 분명해. 틀림없어!" 그리고 매일 저녁 잠들기 전에 역시 마찬가지로 이렇게 외쳐 보자. "내일 나한테 반드시 멋진 일이 생길 거야. 분명해!" 자신이 되고 싶은 모습을 상상하고, 그 모습을 흉내 내고, 스스로에게 끊임없이 기대의 메시지를 보내는 리추얼을 해보자. '내 안의 나폴레옹'이 우리를 인생의 진정한 영웅으로 만들어 줄 것이다.[2]

— 이성엽

세계 최고의 부자 가운데 한 사람인 빌 게이츠Bill Gates. 어느 날 기자가 그에게 물었다. "세계 제일의 부자가 된 비결이 무엇입니까?" 그의 대답은 이랬다.

19
•

"나는 날마다 스스로에게 두 마디 말을 합니다. '오늘은 내게 큰 행운이 있을 것이다'와 '나는 뭐든지 할 수 있어'라고."

그는 어떻게 컴퓨터 산업으로 세계를 지배하게 됐냐는 질문에도 다음과 같이 말하곤 했다.

"나는 10대 때부터 세계의 모든 가정에 컴퓨터가 한 대씩 설치되는 모습을 상상했습니다. 그리고 반드시 그렇게 만들고야 말겠다고 외쳤습니다." 이것이 빌 게이츠의 리추얼이다.

아침을 의미 있는 리추얼로 만들자

"남자한테 참 좋은데, 정말 좋은데, 어떻게 표현할 방법이 없네." 이 한마디 TV 광고로 유명해진 사람. 천호식품의 김영식 회장이다. 그의 책 《10미터만 더 뛰어봐》에는 아침을 맞는 그의 모습이 소개되어 있다. 그는 아침 일찍 산에 오른다. 하루에 양陽의 기운이 최고조에 달하는 시간이 아침이기 때문이란다.

아침의 양의 기운을 몸속에 받아들여 에너지가 충만하게 하기 위해 솟아오르는 태양을 향해 두 팔을 크게 벌린다. 그러고는 태양의 기운을 손에 모으는 기분으로 주먹을 불끈 쥔 후, 서서히 팔을 내려 단전 쪽에 갖다 대면서 주먹에 잡힌 천기를 몸속에 넣는다. 그때 "이얍!" 하며 기합을 넣는다. 그렇게 3회를 하고는 자신이 설정해 놓은 목표를 큰 소리로 외친다. 이것이 김 회장의 아침 리추얼이다. 김 회장은 이렇게 덧붙였다.

멘탈 리허설

"승진하고 싶은가? 그렇다면 산에 올라가서 상사의 이름을 불러라. '사장님 감사합니다. 사장님 믿습니다. 사장님 사랑합니다.' 상사는 틀림없이 당신의 목소리를 듣게 된다. 한번 실험해 보라. 아침에 일어나 사이가 나쁜 상사의 이름을 부르고 감사의 메시지를 전한 다음 사무실에 가서 만나 보라. 그리고 상사의 태도가 어떻게 달라졌는지 한번 확인해 보라. 단, 스무 차례 이상 계속할 것!"[3]

"이렇게 새벽을 시작하는 일종의 의식은 나름대로 꼭 필요하다. 나는 새벽에 일을 시작하기 전에 향을 사르는 습관을 가지고 있다. 향은 마음을 가라앉히고 정신을 맑게 해준다. 천연향을 취향에 따라 하나 골라서 태우며 하루를 시작해 보라. 그 시간이야말로 자신과 대면할 수 있는 귀중한 시간이 아닐 수 없다."[4]

— 공병호

아침 기상과 동시에 빌 게이츠처럼 "오늘은 내게 큰 행운이 있을 거야"라고 말하거나, 김영식 회장처럼 산에 올라가 태양의 기운을 몸속에 받아들이거나, 공병호 박사처럼 향을 태우는 것을 보고 무엇을 생각하는가? 그렇게 하는 것이 좋다는 과학적인 근거가 뭐냐고 따질 수도 있다. 그러나 너무 따지지 말자. 적어도, 그런 리추얼을 하지 않는 것보다는 뭐가 좋아도 좋을 것이다.

그런 언행을 보고 미신적인 것, 또는 주술적인 것으로 생각할 수도 있다. 꼭 그런 것은 아니지만, 때때로 리추얼이 미신적으로 보이는 것도 사실이다. 원래 사람은 말할 것도 없고 동물들조차 미신적인 행동을 한다.

1940년대 말, 전설적 심리학자 스키너Burrhus F. Skinner는 동물들이 미신적인 행동을 한다는 사실을 증명해 냈다. 일명 '스키너 박스'(조건형성의 방으로, 지렛대나 원형 버튼을 누르면 먹이가 나온다)를 준비하고, 15초 간격으로 먹이가 제공되게 했다. 그리고 배고픈 비둘기 여덟 마리를 집어넣고 그들이 어떻게 행동하는지를 관찰했는데, 그중 여섯 마리가 그들만의 미신적 행동을 하는 것을 발견했다. 먹이가 자동으로 제공된다는 사실을 알지 못하는 비둘기들이 박스 안을 빙빙 돌거나 머리를 들어 올리거나 몸을 옆으로 흔드는 동작 등을 했던 것이다. 먹이 제공과 비둘기의 행동은 무관한데도 비둘기들은 자신의 행동이 먹이 제공을 이끄는 것처럼 행동했다.

사람도 다를 바 없다. 동물들이 저 정도니까 인간은 더하다고 봐야 한다. 생각이 많은 동물이니까 말이다. 브루너와 레부스키Bruner & Revuski는 인간에게서 미신적 행동이 얼마나 쉽게 나타나는지 실험을 통해 증명했다. '세계에서 가장 영향력 있는 비즈니스 사상가' 중 한 사람인 마셜 골드스미스Marshall Goldsmith 박사 역시 미신적 사고가 인간의 행동에 미치는 영향은 의외로 크다고 했다.

메이슨 커리Mason Currey의 《리추얼Daily Rituals》에는 세상에 크게 이름을 떨친 역사적 인물 160여 명의 리추얼이 소개되어 있다.[5] 그런데 그들의 리추얼 중에는 미신적이라고밖에 할 수 없는 '이상한' 습관이 적지 않다. 예를 들어 작곡가 차이콥스키는 점심식사를 마치면 날씨에 상관없이 2시간 동안 산책을 했는데, 5분이라도 일찍 끝내면 병에 걸리고 불운이 닥치기라도 할 것처럼 정확히 2시간을 지키는 미신적 산책을 했다고 한다(동생 모데스트의 말에 따르면, 건강을 유지하기 위해서는 2시간의 산책이 꼭 필요하다는 글을 어디선가 읽은 것 같다고 했다).

NBA의 전설 마이클 조던Michael Jordan이 시카고 불스 시절 유니폼 속에 언제나 노스캐롤라이나대학 농구팀 시절에 입던 유니폼을 입고 경기에 나섰다거나, 축구 스타 데이비드 베컴David Beckham이 홀수를 몹시 싫어해서 냉장고에 그가 즐겨 마시는 콜라는 꼭 짝수로 있어야 했다는 이야기 등이 바로 징크스라는 이름의 미신적 행동이다.

이처럼 사람들마다 제 나름의 믿음에 따른 미신적 행동을 하는 것이 일반적이다. 아마 당신에게도 그런 습관 하나쯤은 있을 것이다. 설령 아침의 리추얼이 미신적이거나 주술적이라고 한들 어떤가. 그것이 자기최면이 되어 기분이 좋아지고 마음이 평온해지며 활력이 솟고 행운이 찾아올 것 같은 믿음이 생기는데 말이다. 심리적 안정을 얻는 것만으로도 큰 도움이 될 수 있다면 말이다.

미신적이든 아니든, 앞에서 소개한 사람들처럼 평범한 일상을 의미 있는 삶이 되도록 하는 의식이 리추얼이다(사람들 중에는 그것이 리추얼이라는 생각조차 하지 않고 자연스럽게 의식적인 언행을 반복하는 이도 있을 것이다). 또는 세리머니라고도 한다. 세리머니라면 축구가 떠오른다. 골 세리머니 말이다. 월드컵 경기에서 골을 넣었을 때 선수나 감독의 골 세리머니가 없다고 생각해 보라. 얼마나 밋밋한가. 히딩크 감독의 어퍼컷 세리머니를 보고 나니 그 골의 의미와 기쁨이 얼마나 더 커지던가. 이처럼 리추얼을 하는 이유는 의미를 부여하기 위해서다.

리추얼은 의식, 제례, 절차 등으로 번역된다. 그것이 단순한 의식이나 절차와 다른 것은 일상에서 '반복되는 습관'과 같은 의식이라는 점이다(그래서 미신적으로 보이기도 하는 것이다). 리추얼은 자신의 행동에 특별한 의미를 부여함으로써 동일한 행동을 반복적으로 나타내며 의존적인 심리 양상을 보이게 된다. 그런 면에서 세리머니도 리추얼의 하나지만 약간은 차이가 있다.

옥스퍼드 사전을 찾아보면, 세리머니는 '종교적·대중적으로 특별한 사건이나 성취, 기념일을 공식적으로 축하하는 것'으로 정의되어 있다. 반면에 리추얼은 '규정된 순서에 따라 행해지는 연속적인 행위를 포함하는, 종교적이거나 경건한 세리머니'라는 해석 외에도 누군가에 의해 행해지는 규칙적이고 변함없는 행동의 유형이나 일련의 행위a series of actions or type of behaviour regularly and invariably followed by someone라는 해석이 추가된다. 그러니까 세리머니는 리추얼의 하나이며, 리추얼의 범위가 좀 더 크다는 말이다. 이 책에서 다루는 리추얼의 개념은 후자인데, 옥스퍼드 사전에 실려 있는 예문을 보면 세리머니와 리추얼의 차이를 확실히 이해할 수 있다. "Her visits to Joy became a ritual.(조이를 보기 위한 그녀의 방문은 하나의 리추얼이 되었다.)"[6]

또한 리추얼은 반복적이고 연속적이라고 했는데, 그것이 습관과 다른 것은 리추얼은 반복되는 행동 패턴과 더불어 일정한 정서적 반응과 의미 부여 과정이 동반되는 데 비해 습관은 단순한 반복일 뿐이라는 점이다. 매일 아침 커피를 내려 마시며 하루를 계획하는 것은 리추얼이지만 단순히 커피 중독으로 아침마다 커피를 마시는 것은 습관일 뿐이다.

"의미는 도대체 어떻게 만들어지는가? '리추얼'을 통해서다. 리추얼은 일상의 반복적인 행동 패턴을 말한다. 리추얼은 바로 무의미한 듯 반복되는 일상을 의미 있게 만드는 기술이다."

― 김정운(문화심리학자, 여러가지문제 연구소장)

우리의 혀에는 불가사의한 힘이 있다

당신은 아침을 어떤 세리머니로 시작하는가? 어떤 의미의 리추얼로 만들고 있는가? 미국의 저널리스트 조지 로리머George H. Lorimer는 이렇게 말했다. "만족감을 느끼며 잠자리에 들려면 매일 아침마다 굳건한 결의를 품고 일어나야 한다." 조엘 오스틴Joel Osteen은 "우리의 말은 자신에게 하는 예언이다. 우리의 혀에는 불가사의한 힘이 있다. 우리가 말을 바꾸면 세상이 바뀐다"면서 아침에 눈을 뜨자마자 가장 먼저 해야 할 일은 희망찬 말로 하루를 시작하는 것이라고 했다.[7]

심리학자나 명상가들은 아침을 맞이하는 첫마디morning mono-logue가 무엇인지에 따라 그날이 행복해지기도 하고 우울해지기도 한다고 한다. 이제 그들의 권고대로 우리가 할 차례다. 아침에 굳은 결의를 품고 일어나 희망찬 말로 하루를 여는 강력한 리추얼을 실행해 보자. 차이콥스키처럼, 당신이 이 책을 읽은 탓에 미신적으로라도 아침의 리추얼을 하게 됐으면 좋겠다. 그로 인해 아침이 달라지고 삶이 달라질 테니까 말이다.

"아침의 생각이 그날 하루를 결정한다. 낙천적인 생각은 당신의 하루를 밝고 풍요롭게 만들 것이다."

— 윌리엄 M. 펙William M. Peck

아침을 장악하라,
시작이 중요하다

시작이 좋으면 끝도 좋은 법

하루가 시작되는 아침

'아침'이 좋아야 '마침'이 좋다.

"나는 아침에 눈을 뜨기가 싫었다."

우울증과 공황장애를 겪었던 우리나라 어느 유명 배우의 말이다.

"나는 소년처럼 설레는 마음으로 눈을 뜬다. 오늘은 또 어떤 즐거움이 나를 기다리고 있을까."

내 고향 춘천에서 북카페 '피스 오브 마인드Peace of Mind'를 운영하는 김종헌 사장의 말이다.(《중앙일보》, 2012. 9. 22. 김 사장은 서울대학교 철학과를 졸업하고 여성 속옷으로 유명한 남영비비안의 CEO까지 지낸 이다. 억대 연봉을 물리치고 춘천에 북카페를 열었으며 요리와 집필, 강연 등을 하며 멋지게

27

산다. 나는 고향에 내려가면 가끔 그곳에 들른다.)

세계적인 리더십 전문가 존 맥스웰John Maxwell은 말했다. "내가 성장하고 있는지를 알아보려면 '설레는 마음으로 아침에 눈을 뜨는지' 점검해 보면 된다."

우리는 어떤 기분으로 눈을 뜨는가? 어떤 마음으로 잠자리에서 일어나는가? 어떤 태도로 아침을 맞이하는가?

핵심은 '여유 있게' 시작하는 것

일본의 의사 사이쇼 히로시稅所弘는 《아침형 인간》에서 이렇게 말했다. "하루는 24시간 이상 주어지지 않고, 인생 또한 유한하다. 따라서 아침을 지배하는 사람은 하루를 지배할 수 있고, 그 하루하루를 지배하는 사람은 인생을 지배할 수 있다. 인생을 지배하는 사람은 자신이 인생을 통해 얻고자 했던 가치를 얻게 될 것이다."[8]

아침을 지배하라! 이 말을 들으면 가장 먼저 떠오르는 단어가 바로 '아침형 인간'이다. 2003년 9월에 출간된 《아침형 인간》은 1년여 만에 무려 100만 부 이상 팔리는 밀리언셀러가 되었고, 우리 뇌리에 선명한 자국을 남겼다. 그 책의 원서 제목은 '100일 만에 조형인간朝型人間이 되는 법'인데, 출간 당시 일본에서는 3만 부 정도 팔렸다고 한다. 그러나 우리나라가 마침 주 5일 근무제를 실시하면서 여러모로 기업이 힘들어할 때였기에 대박을 터뜨릴 수 있었다. 소비자의 각성과 니즈needs를 적절한 타이밍에 충족시켜 주었다는 평가를 받았다.

《아침형 인간》이 던진 자극과 여파는 지금도 사람들에게 영향을 주고 있다. 그 책을 읽은 사람이든 아니든, 적어도 풍문으로나마 '아침형 인간'이라는 다섯 글자를 들은 사람은 부지불식간에 세뇌되는 것이다. 정확한 내용이 무엇인지 모르는 사람조차 '아침에 일찍 일어나서 아침을 최대한 활용해야 한다'는 것쯤은 알고 있다.

그 책은 목차만 살펴봐도 파악할 수 있듯이 '아침형 인간이 성공한다', '성공한 사람들은 모두 아침에 깨어 있었다'는 식으로 아침형 인간의 중요성을 강조하고, '자신을 세뇌시켜라', '머뭇거리지 말고 벌떡 일어나라'는 등 야행성을 벗어나 어떻게 아침형 인간이 될 수 있는지 방법론을 제시하고 있다. 그러나 아침 시간을 어떻게 효과적으로 활용할 것인지에 대해서는 크게 다루지 않는다. 기껏해야 두뇌 활동이 왕성한 시간에 독서를 하라든가, 아침 산책을 하며 하루의 스케줄을 프로그래밍하라는 정도의 조언에 그친다.

솔직히 말해 '야밤형 인간'이 바람직하다고 주장하는 책이라면 흥밋거리가 될 수 있겠지만, 아침형 인간이 좋다는 것은 상식 중의 상식이다. 우리들 어린 시절에도 '일찍 자고 일찍 일어나는 어린이가 되라'고 부모님에게 귀가 아프게 들었고, 이미 400여 년 전에 영국 작가 윌리엄 캠던William Camden은 "일찍 일어나는 새가 벌레를 잡는다The early bird catches the worm"고 하지 않았던가. 그런데 상식 중의 상식인 책이 그토록 많이 팔렸다는 것은 무엇을 의미하는가? 바로 아침에 일찍 일어나지 못해 전전긍긍하며 스트레스 받는 사람이 많다는 것을 반증하는 것이다.

그럼, 내가 주장하는 '아침을 장악하라', '아침을 지배하라'는 것은 무슨 뜻인가? 사이쇼 히로시의 그것과 어떤 차이가 있는가? 나는 '아침형' 또는 '저녁형'에 대해서는 별로 관심이 없다. 출근을 여유 있게 하려면 자연스레 아침 일찍 일어나야 하겠지만, '아침'이라는 '시간'에 초점을 두는 것이 아니라 '장악'과 '지배'의 '내용'에 초점을 맞추고 있다. 그게 그거라고? 작지만 확실한 차이가 있다. 앞으로 상세히 다룰 것이다.

기발한 발상과 재미있는 강의로 인기를 모은 '여러가지문제 연구소장'(이 연구소 이름은 정말 기발하다) 김정운 박사가 말했다. "아침형 인간은 21세기형 인간관이 아니다. 아침형 인간이 오후가 되면 집중력이 떨어져 오히려 생산성이 떨어진다는 연구 결과도 있다. 아침에 일어나 성공한다면, 남산 약수터에 새벽부터 올라오는 사람들은 모두 성공한 사람이어야 옳다. 허나 그들 중 절반은 환자다."[9]

절반이 환자라고? 기막힌 유머다. 그의 말을 빌리지 않더라도 아침형 인간이 꼭 바람직한 것은 아니다. 사람의 체질에 따라 다른 것이요, 직업에 따라 다를 것이다. 실제로 아침형 인간은 10명 중 1명에 불과하고 저녁형 인간이 2명, 그리고 나머지 7명은 중간형이라고 한다. 생체리듬상 아침형 인간이 소수파라는 말이 된다. 그럼에도 직장인을 대상으로 조사해 보면 자신의 생체리듬에 관계없이 아침형 인간이 되고 싶다고 답한 비율이 높게 나타난다(69.7%). 또한 자신을 아침형 인간이라고 여긴 사람들은 거의 모두(95.9%)가 자신의 생체리듬에 만족한 반면, 저녁형 인간은 절반(48.5%)만이 만족하며 아침형으로 바꿔야 한다는 생각을 가지고 있다.[10]

다시 말해서, 체질에 따라 다를 것임에도 불구하고 저녁형 인간들은 상당한 스트레스를 받는다. 마치 성공을 하지 못할 사람인 것처럼 말이다. 아마도 이 스트레스는 대부분의 직장이 아침에 출근해야 하는데 자신은 아침에 잘 일어나지 못하는 데 따른 자책이요 스트레스일 것이다.

아침의 '품질'을 관리하자

'아침형 인간'에 대해 이유 없이 선망하거나 스트레스 받을 필요는 없다. 직장의 출근 시간이 언제냐에 따라 일어나는 시간을 정하면 된다. 회사에 도착해야 하는 시간으로부터 역산한 결과 아침에 일찍 일어나야 한다면 당연히 일찍 일어나야 한다. 확실히 버릇을 들여야 한다. 그러나 출근 시간이 늦은 직장이라면 자신의 생체리듬에 따라 적절히 조절하면 될 것이다.

중요한 것은 새벽에 일어나든 늦게 일어나든 '여유 있게' 하루를 시작하는 것이다. 예를 들어 회사의 업무 개시 시간이 7시인 사람이라면 출근에 소요되는 시간을 감안해 역산할 때 5시에 기상하더

31

라도 늦게 아침을 시작하는 게 될 수 있다. 반면에 10시에 출근해야 하는 회사라면 7시에 기상해도 충분히 일찍 아침을 맞는 게 된다는 말이다.

아침을 여유 있게 시작하라. 그리고 품질 좋은 아침이 되도록 아침을 장악해야 한다. 이것이 성공하는 사람들의 일반적인 습관이다.

플로리다 주립대학의 심리학 교수 로라 밴더캄Laura Vanderkam 은 디즈니의 CEO 밥 아이거Bob Iger, 펩시의 CEO 인드라 누이Indra Nooyi 등 미국의 유명인들이 아침을 어떻게 맞이하는지를 조사했다. 그녀의 책《성공한 사람들이 아침 식사 전에 하는 것들What the Most Successful People Do Before Breakfast》에 소개된 것을 보면 그들은 아침의 첫 1시간을 우선순위의 가장 위에 둔다. 그때 운동도 하고 명상도 한다. 그뿐 아니라 가족과 함께 '성대하게' 아침 식사를 한다.[11] 한마디로 여유 있는 아침이요 품질 좋은 아침이다. 당신의 아침 풍경과 비교해 보자.

❧

우리 몸의 세포는 약 60조 개인데, 그 세포들이 잠에서 완전히 깨어나는 데는 2~3시간이 필요하다. 따라서 두뇌가 제대로 활동할 수 있는 여유 있는 기상이 되려면 그 시간을 감안하는 게 좋을 것이다.

강조하지만, 내가 말하는 '아침 장악'은 시간이 아니라 아침을 맞이하는 '방식'과 '내용'에 초점을 맞춘 것이다. '언제' 잠자리에서 일어나느냐보다는 '어떻게' 일어나느냐를 중요시한다. 어떻게 아침을 맞고 어떻게 하루를 시작하느냐는 것이다. 그리고 그 시간에 '무엇을' 하느냐. 즉, 아침을 맞는 '시기'의 문제가 아니라 '품질'의 문제다.

예컨대, 기상 시간이 언제냐를 떠나 잠이 덜 깬 상태에서 허둥지둥 하루를 시작한다면 아침의 품질은 형편없는 게 된다. 그것은 아침을 지배하는 게 아니라 지배당하는 것이다. 반대로 여유 있게 일어나 간밤의 뉴스도 챙겨 보고 아침 식사도 제대로 하고 산책하듯이 유유히 지하철역까지 걸어간다면 그것이 바로 품질 좋은 아침이요, 아침을 장악하는 것이고 지배하는 것이다.

우리들의 아침은 어떠한가? 품질은? 그리고 확실히 장악하고 있는가?

"늦게 일어남으로써 아침을 줄이지 말라. 아침은 생명의 본질로서 어느 정도까지는 신성한 것으로 여겨라."

— 쇼펜하우어

좋은 아침이
좋은 인생을 만든다

하루가 쌓여 인생이 되는 것.

좋은 아침은 좋은 하루를 만들고,

좋은 하루가 쌓이면 좋은 인생이 되나니.

그렇기에 오늘,

눈을 뜨면 웃으며 큰 소리로 외쳐 보라.

"좋은 아침!"

좋은 아침이 좋은 인생을 만든다.

미국 경제 전문지 〈포브스Forbes〉가 보도했다. 성공한 사람들은 '아침 시간을 효율적으로 사용한다'고. 그러면서 '성공한 사람들의 아침 습관 다섯 가지'를 소개했다.

첫째는 '가장 하기 싫은 일'을 가장 먼저 하는 것. 누구에게나 해야 할 일 중에서 두려울 정도로 하기 싫은 것이 하나쯤은 있게 마련이다. 그런 경우, 그 일을 뒤로 미룰수록 스트레스를 받게 된다는 것이다. 따라서 스트레스를 벗어나는 가장 간단한 방법은 아침에 서둘러서 하기 싫은 일을 해치우는 것이다.

둘째는 구체적인 하루 계획을 세우는 것. 아침은 하루 중 유일하게 조용히 생각할 수 있는 시간이기 때문에 이때 하루의 계획을 구체적으로 세워 두면 일과 중에 바빠서 정신이 없을 때라도 일의 우선순위를 잊거나 빠뜨리는 일이 없게 된다는 것이다.

셋째는 운동을 하는 것. 아침 운동은 성취감을 주고 잠들었던 몸을 깨워 활기차게 하루를 보낼 수 있도록 한다.

넷째는 정신적 건강을 도모하는 일. 포브스는 "오늘 하루를 어떻게 보낼지, 성공한 자신의 모습이 어떨지 구체적으로 상상하라"며, "단 몇 분간의 긍정적인 상상이 하루를 밝게 할 것"이라고 조언했다.

마지막으로 아침식사를 꼭 챙기는 것도 성공하는 사람으로서 아침에 해야 할 중요한 습관이다. 포브스는 이 다섯 가지를 아침 8시 이전에 하라고 권고했다. 위와 같은 다섯 가지를 8시 이전에 하려면 어차피 일찍 일어날 수밖에 없다. 늦잠꾸러기라면 죽었다 깨어나도 이 다섯 가지를 할 수가 없다. 여유롭게 일어나야 가능하다.[12]

몸은 아침을 맞는 우리의 마음을 알고 있다

포브스의 권고 중 네 번째를 보자. "오늘 하루를 어떻게 보낼지, 성공한 자신의 모습이 어떨지 구체적으로 상상하라"고 했다. "단 몇 분간의 긍정적인 상상이 하루를 밝게 할 것"이라는 그 조언에 주목하자. 아침에 눈을 뜨면서 가장 먼저 입 밖으로 내는 말에 유의하자. 우리 한국인들은 아침에 눈을 떴을 때 무의식적으로 외치는 말이 있다. 기지개를 켜면서 무의식적으로 하는 말.

"아이구~, 죽겠네!"

이게 감탄사인가 한탄사인가? 그러고도 하루가 잘되기를 바란다면 웃기는 일이다. 아침을 맞는 세리머니치고는 지독하게 부정적이다. 희망찬 아침에 죽겠다니? 방정맞고 재수 없게 말이다.

이쯤 되면 에모토 마사루 박사의 실험을 인용하지 않을 수 없다. 《물은 답을 알고 있다》라는 책으로 이미 잘 알려진 그 실험은 생각하기에 따라 황당할 수도 있다. 오랫동안 물과 파동에 대해 연구해 온 에모토 박사는 5년간의 연구 끝에 물 결정 사진을 얻었는데, 그 결과는 정말로 놀라웠다. '사랑, 감사'라는 글을 보여 준 물에서는 완전한 아름다운 육각형 결정이 나타났지만 '멍청한 놈, 바보, 짜증나, 죽여 버릴 거야'처럼 부정적인 말에는 기형적인 형상이 나왔던 것이다.

그와 같은 실험은 여러 곳에서 반복되었다. 2012년 10월 초, 우리나라 '채널A'에서 방송된 이영돈 PD의 〈먹거리 X파일―기적의 밥〉

을 보았을 것이다. 그 실험 결과도 에모토 박사의 실험 결과와 같다. 흰쌀밥을 병 3개에 담아 놓고 1번 병에는 매일 '사랑한다', '맛있어 보인다' 등 긍정과 칭찬의 말을 하고, 2번 병에는 본체만체 무관심했으며, 3번병에는 '보기 싫어', '맛없어 보인다'는 등의 부정적인 말을 했다. 2주 후의 결과는 놀라웠다. 대부분 곰팡이가 생겼지만 1번 병에서는 향긋한 냄새가, 2번 병에서는 술 냄새가, 그리고 3번 병에서는 완전히 썩은 냄새가 났던 것이다.

삼성중공업에서도 같은 실험이 있었다. 임원 및 부서장 600여 명의 책상에 비슷한 크기의 양파(일부는 고구마 또는 감자) 2개씩을 컵에 담아 키웠다. 그런데 한쪽 양파에는 수시로 '사랑해', '고마워'라고 말했고, 다른 양파에는 '미워', '짜증나' 등의 부정적인 얘기만 했다. 그리고 40여 일이 지난 후의 결과는 〈먹거리 X파일〉의 실험 결과와 같았다. 칭찬만 들은 양파에서는 10센티미터가 넘는 싹이 자란 반면에 욕설과 부정적인 말을 들은 양파는 썩어 버린 것이다. 이와 유사한 실험은 그 외에도 여러 곳에서 실시되었고 비슷한 결과를 이끌어 냈다.

자, 세상의 이치가 그렇다면 아침에 일어나 '아이구, 죽겠다!'라고 외치는 것이 과연 어떤 영향을 미칠 것 같은가. 사람의 몸은 70%가 물이라고 하지 않는가. 그렇다면 '물은 답을 알고 있다'는 논리를 대입해 보라. 구체적인 실험 데이터는 없지만 결코 몸에 좋을 리는 없다는 것을 짐작하고도 남는다. 좋지 않을 것이 틀림없다.

긍정적인 기대로 시작하자

자기계발 분야의 세계적인 베스트셀러 작가이자 미국 제일의 동기부여 전문가인 브라이언 트레이시Brian Tracy. 그는 애초에 학자로 출발한 사람이 아니다. 불우한 가정에서 태어나 무일푼으로 성공한 전형적인 자수성가형 백만장자다. 고등학교를 중퇴한 그가 생존을 위해 선택한 첫 직장의 업무는 호텔 주방에서 접시를 닦는 것이었다. 뒤늦게 공부를 시작해 경영학 박사 학위를 받았고 자신의 분야에서 일가를 이뤘다. '브라이언 트레이시 인터내셔널' 사를 설립하기 전까지 20여 개의 직업을 거쳤고 세일즈, 마케팅, 투자, 부동산 개발, 경영 컨설팅 등 다양한 분야에서 수많은 성공 신화를 탄생시켰다. 그만큼 그의 이론과 주장은 설득력이 높다.

그가 여러 책에서 공통적으로 언급하는 성공을 위한 마법의 법칙 중에는 '기대의 법칙The Law of Expectations'이라는 것이 있다. 타인의 기대나 관심 때문에 능률이 오르거나 결과가 좋아지는 '피그말리온 효과Pygmalion effect'와 일맥상통하는 것인데, 타인뿐만 아니라 자기 자신에 대해서도 확신을 갖고 어떤 기대를 하면 자기 충족적 예언self-fulfilling prophecy이 되어 자기 성장이 결정된다는 것이다.

표현은 조금씩 달라도 '기대하면 이루어진다'는 주장을 한 사람은 많다. 현대 심리학자의 원조라 일컬어지는 윌리엄 제임스William James 역시 "믿음이 사실을 만들며, 기대한 만큼 얻는다"면서, 어떤 일의 결과에 대해 기대하는 만큼 이루어진다고 했다. 또한 하버드 대학의 로버트 루센달Robert Rosenthal 박사는 자신의 기대 이론을 통해 "전혀 틀린 정보로 인한 것이라고 해도 그 기대는 다른 사람, 사건, 환경에까지 영향을 미친다"는 사실을 여러 실험을 통해 밝혀냈다.[13] 나쁜 일이 일어날 거라는 확신의 기대는 반드시 부정적인 결과를 낳고, 좋은 일이 일어날 거라는 확신의 기대는 놀랍게도 긍정적인 결과를 불러온다는 것이다.

세계적 갑부의 반열에 올라 있는 워런 버핏Warren Buffett. 그는 어느 잡지와의 인터뷰에서 세계 최고의 부자가 된 비결을 이렇게 말했다. "나는 아주 어렸을 때부터 세계 최고의 부자가 된 나의 모습을 마음속에 선명하게 그렸었다. 나는 내가 거부가 되리라는 사실을 한순간도 의심해 본 적이 없다."

이처럼 가장 강력하고 예측 가능한 동기부여 수단이 되는 기대는 긍정적인 기대다. 자신의 행동이 성공하고 긍정적인 결과를 낳을 것이라는 확신이 들 때만큼 강하게 동기가 부여되는 때는 없는 것이다. 워런 버핏뿐만 아니라 성공하는 사람들은 대부분 이 긍정적인 자기 기대의 습관에서 다른 사람들과 차이를 보인다. 그들은 실패하는 경우보다 성공하는 경우를 훨씬 많이 기대한다고 트레이시는 말했다.

그는 자신의 정신세계를 긍정적 기대로 채우는 한 가지 방법으로 매일 아침에 일어나면서 독백하기를 권한다.

'오늘은 뭔가 좋은 일이 생길 거야.'

이 긍정적 독백을 몇 번 되풀이하라는 것이다. 그러면 온 정신이 순수한 기대로 채워지고 하루가 끝날 때 돌이켜 보면 놀랍게도 정말로 크고 작은 좋은 일들이 아주 많이 일어났다는 사실을 깨닫게 된다고 했다. 틀림없이 그렇게 된다고 강조했다.[14]

우리는 별을 보고 있는가?

이치가 그럼에도 실상은 어떤가? 아침에 기대를 갖고 일어나는 것은 고사하고 우울하게 아침을 맞는 사람이 의외로 많다. '죽겠다!'라고 외치며 일어난다. 기대할 것이 없어서 그렇다고? 기대는 스스로 만드는 것이다. 창조하는 것이다. 발상을 바꾸면 새로운 세상이 보인다.

델마 톰슨Thelma Thomson. 그녀가 문단에 나오기 전, 군인이었던 남편을 따라 캘리포니아의 모하비사막 근처에서 살아야 할 때가 있었다. 45도를 오르내리는 폭염과 모래바람 속에서 하루 종일 남편을 기다리는 생활은 한마디로 감옥 같았다. 어느 날, 그녀는 비참한 기분을 담아 고향의 아버지에게 편지를 보냈다.

"아버지, 더 이상은 못 견디겠어요. 차라리 감옥에 있는 편이 더 나을 것 같아요. 당장 집으로 돌아가고 싶어요."

얼마 후 아버지에게서 답장이 왔다. 짤막한 편지였다. 내용은 이랬다.

"두 죄수가 감옥 창살을 통해 밖을 보았다. 그런데 한 사람은 진흙탕의 땅을 보았고 다른 한 사람은 하늘의 별을 보았단다."

아버지의 편지를 본 델마는 몹시 부끄러웠다. 그리하여 아버지의 편지대로 사막 대신에 별을 보기로 했다. 그녀는 우두커니 남편만을 기다리며 슬픔에 잠기는 대신 원주민들과 친해지기로 했다. 그뿐 아니라 사막에서 자라는 식물들을 주의 깊게 관찰했다. 때로는 불타듯이 저물어 가는 노을을 보면서 사막에도 많은 아름다움이 있음을 깨달았다. 델마는 새롭게 발견한 세계를 바탕으로《빛나는 성벽》이라는 소설을 썼다. 유명 작가가 된 그녀는 이렇게 말했다.

"무엇이 나를 변화시켰는가? 모하비사막은 변하지 않았다. 나의 생각이 변했다. 생각을 바꾸면 비참한 경험이 가장 흥미로운 인생으로 변할 수 있다는 것을 깨달았다."

우리는 무엇을 보는가? 진흙땅을 보는가, 하늘의 별을 보는가. 생각을 바꾸면 비참한 경험이 가장 흥미로운 것으로 바뀐다. 우리나라 직장인의 63%가 출근하기 싫어 '회사 우울증'에 시달린다고 하지만 생각을 바꾸면 우울함을 기대로 바꿀 수 있다. 그런 변화를 아침에 창조해야 한다. 출근길을 바꾸면 인생이 바뀌니까.

"아침에 눈을 뜨면 무엇보다 먼저 '오늘은 한 사람에게만이라도 기쁨을 주어야겠다'는 생각으로 하루를 시작하라."

— 니체

4

출근을 '이대로'
계속할 것인가

"인간의 뇌는 놀라운 기관이다. 뇌는 아침에 잠에서 깨는 순간 움직이기 시작하다가 출근하는 순간 작동을 딱 멈춘다." 퓰리처상을 네 번이나 수상한 미국 시인 로버트 프로스트Robert Frost의 말이다. 유머로 말했지만 유머 이상의 의미가 담겨 있다. 직장인들이 싫어하는 것이 바로 출근. 직장에서 벌어질 일과 감당해야 할 업무를 생각하면 머리가 지끈거릴 수도 있다. 그 스트레스 때문에 두뇌의 작동이 멈추고 만다는 것이다.

허겁지겁 출근을 준비하면서 흘낏 벽시계를 본다. 8시 조금 지났다. 마음속에 정해진 데드라인은 8시 10분. 늦어도 그때까지는 집을 나서야 회사에 지각하지 않는다. 웃옷을 입지도 못하고 팔뚝에 걸친 채, 책상 위에 있는 가방을 낚아채 후다닥 집을 나선다. 얼른 아파트

엘리베이터 버튼을 누른다. 아내가 열린 현관문을 잡고서 묻는다. "뭐, 빠트린 것 없어요?" 아차, 그러고 보니 휴대폰이 없다. "휴대폰 좀 갖다 줘요!" 말이 끝나기가 무섭게 아내가 다시 집 안으로 들어간다. 그사이에 엘리베이터가 도착하고 출입문이 열렸다. 그 안에는 이미 몇 사람이 타고 있다. 출근 시간대이니 붐빌 수밖에. 기다리게 할 수가 없어 어쩔 수 없이 '통과.' 아내의 굼뜬 동작이 원망스럽다.

아내에게서 휴대폰을 넘겨받고 다시 올라온 엘리베이터를 타고 내려가는데, 중간에 두어 번 멈춘다. 모두들 출근하느라 바쁘다. 그럴수록 엘리베이터는 더욱 느긋하게 움직이는 것 같다. 속이 탄다. 지하철역까지의 거리는 걸어서 7분 내외. 쏜살같이 달리기 시작한다. 역 입구에 도착했을 때는 숨이 턱에 닿는다. 전철을 향해 허겁지겁 계단을 뛰어 내려가는데, 간발의 차이로 전철이 미끄러지듯 출발하고 만다. 오늘 재수 없는 날이다. 다음 열차를 기다리며 시계를 본다. 아무래도 지각이다. 자신을 째려볼 팀장의 얼굴이 떠오른다. 갑자기 열이 오르며 땀이 솟는다. 일기예보에는 오늘도 무더울 것이라고 했다.

이렇게 출근하는 당신, 하루가 어떨까?

출근을 새롭게 리모델링하자

직장인과 출근. 숙명이다. 요즘 재택근무니 뭐니 하지만 직장을 갖고 있는 사람의 거의 모두는 어떤 형태로든 출근을 하고, 그럼으로써 일과가 시작된다. 그것은 하루를 준비하고 시작하는 의미 있는 과정이다. 문제는 이 의미 있는 과정을 별다른 생각 없이 기계적으로 받아들이고 있다는 사실이다. 가정에서 일터로의 단순한 이동 과정으로 말이다. 아니다. '별다른 생각 없이' 이동하는 것이 아니라 심각한 스트레스에 시달린다.

프랑스의 〈피가로Le figaro〉가 취업 사이트 메트잡Metejob의 설문 결과를 인용해 보도한 것을 보면 프랑스 직장인의 3분의 2가 회사에 출근하는 것을 두려워하는 '출근 공포'에 시달린다고 한다. 주요 원인은 직장 상사의 압력(27.7%), 지각에 대한 두려움(25.3%), 과도한 업무량(21.4%), 실수에 대한 두려움(18.6%) 등인데, 응답자의 58%는 출근 공포에 시달리면서도 '다른 선택의 여지가 없기 때문'에 어쩔 수 없이 직장에 다닌다고 응답했다.[15]

프랑스 직장인만 그런 것이 아니다. 우리도 마찬가지다. 취업·경력 관리 포털 '스카우트'가 우리나라 직장인들의 '출근길 마음가짐'을 조사한 것을 보면, 직장인들의 3분의 2 정도(60.54%)가 "회사 가기가 싫다"며 여러 형태의 출근 스트레스에 시달리는 것으로 나타났다.[16]

그래서 직장인들은 '길 가운데 가장 싫은 길은 출근길'이라거나 '출근을 생각하면 밥맛이 없다'고 말한다. 특히 연휴 이후의 첫 출근일 때는 더욱 그렇다는데, 요즘은 주 5일 근무제로 매주 연휴가 있는 셈이니 월요일마다 상당한 스트레스를 받을 것이다.

일하는 것이 싫고 출근이 스트레스라면 이건 그냥 지나칠 문제가

45

아니다. 당연한 것으로 받아들일 일이 아니다. 아침마다 싫은 길을 나서며 스트레스를 받는다니, 이게 할 짓인가? 평생 해야 하는 '출근'을 그런 식으로 방치할 수는 없는 노릇이다. 역발상으로 출근을 즐겁게 만들 수는 없을까? 생산적으로 가치 있게 할 수는 없을까? 아니, '없을까?'라고 물을 것이 아니라 반드시 그렇게 해야 한다. 이대로는 안 된다.

출근이 피할 수 없는 숙명이라면 스트레스 받을 일이 아니다. 그렇게 출근해서 좋을 일이 뭐가 있을까? 그러려면 생각을 바꿔야 한다. 출근길을 새롭게 바꾸는 것이다. 피할 수 없다면 즐기라고 하지 않던가. 즐기는 정도가 아니라 소중한 기회로 활용할 수 있어야 한다. 출근을 리모델링해야 한다. 새로운 방식으로 접근하여 새로운 출근길을 만들어야 한다. 출근길을 바꾸면 직장 생활이 바뀌고, 그러면 인생이 확실히 바뀔 것이니까.

인터넷에 '직장인의 뇌 구조'를 검색해 보면 재미있는 자료가 뜬다. 취업 포털 사이트의 설문 조사를 근거로 만든 직장인의 관심사를 '뇌 구조'라는 그림으로 유머러스하게 표현한 것인데, 우리 직장인의 자세를 돌아보게 한다. 가장 크게 머릿속을 채우고 있는 것은 역시 '월급날.' 뇌 구조 그림 중에는 출퇴근만을 대상으로 한 것도 있다. 그것에는 머릿속이 온통 퇴근으로만 가득 차 있고 출근은 작은 점으로 표시되어 있어 웃음을 자아낸다. 물론 과장된 것이지만 직장인들의 출근에 대한 심정을 알고도 남는다.

출근 스트레스는 단순히 일을 싫어하는 데서 비롯되는 것만은 아니다. 우선 러시아워의 교통 체증, 버스나 지하철에 시달릴 것을 생각하면 짜증이 날 수밖에 없다. 게다가 코드가 맞지 않는 상사와 산적한 일을 떠올리면 머리가 지끈거릴 것이다.

출근 스트레스는 남성에 비해 여성이 상대적으로 더 심한 것으로 조사되었다. 영국 런던 정치경제대학과 셰필드 대학교 공동 연구팀의 연구 결과다. 그 이유는 바로 가사나 육아를 병행해야 하기 때문이다. 특히 유치원생을 자녀로 두고 있는 경우 스트레스는 가장 피크를 이루는데, 같은 연령대의 남자보다 무려 4배나 높다고 한다. 아이를 유치원에 데려다 줘야 하는 등 자녀에 대한 걱정이 추가되기 때문이다. 여성의 이러한 육아 스트레스는 출근 스트레스에 덧씌워진다(이 경우 남편에게도 상당한 정도로 그 스트레스가 전이된다). 상대적으로 일에만 집중할 수 있는 남자에 비해 가사와 육아를 병행해야 하는 여성들이 출근에 쏟아붓는 시간을 더 아까워하고 그럼으로써 스트레스가 강화된다는 것이다.[17] 영국의 상황이지만 우리네 사정과 크게 다르지 않음을 알 수 있다.

한 주가 시작되는 월요일은 '사회적 시차증'으로 인한 무기력까지

겹쳐 더욱 힘겹다. '사회적 시차증'이란 독일의 루트비히 막시밀리안 대학의 틸 로엔네베르크Till Roenneberg 박사가 만든 개념으로, 사람의 신체시계와 생활시계가 맞지 않아 나타나는 피로 현상이다. 즉 주말에 느긋하게 쉬다가 월요일에 일찍 일어나려니 괜히 우울해지는 것이다. 이름하여 월요병이다. 월요병은 우리만이 아니라 전 세계 직장인들이 겪는 공통된 증상이다.

미국의 엔터테인먼트 블로그 '오디닷컴Oddee.com'이 영국의 통계를 바탕으로 '월요일에 대한 10가지 놀라운 사실'이라는 기사를 게재했다. 기사에 따르면, 월요일에는 영국 직장인의 절반이 지각한다고 한다. '월요일'이라는 사실에 대해 12분 정도 불평을 하고, 특히 45~54세 연령층에서는 대부분이 월요병으로 고생하는 것으로 나타났다. 또 월요일에는 아침에 잘 웃지 않다가 오전 11시 16분이 되어야 웃기 시작하며(참, 꼼꼼히도 조사했다), 업무에 집중하는 시간도 3시간 30분에 불과하다. 행복한 주말이 끝나고 다시 월요일이 왔다는 부담감으로 심장마비에 걸릴 확률도 다른 요일에 비해 20% 이상 높아진다. 심지어 월요일에는 자살하는 사람들까지 늘어난다. 이런 것들을 보면 아닌 게 아니라 '놀라운 사실'이다. 한편으로는 뭐, 그 정도까지인가 싶은 생각이 든다.

물론 출근을 기다리는 사람도 있다. 기다리지는 않더라도 출근을 긍정하며 잘 받아들이는 사람도 있다. '스카우트'의 발표를 보면 '직장 구하기 힘든 때에 일할 직장이 있어 감사하다'(17.94%)거나 '나의 일은 정말 맘에 들어. 힘내서 일하자'(12.49%)라고 긍정적으로 생각하

며 출근하는 사람도 3분의 1은 되는 것으로 조사되었다.[18]

당신은 어느 쪽인가? 당신의 출근은 어떠한가? 출근에 임하는 태도는 대략 세 유형으로 분류될 것 같다. 출근 스트레스에 끌려 다니며 전전긍긍하는 유형, 숙명처럼 받아들이며 소극적으로 긍정하는 유형, 그리고 보람되고 즐거운 출근을 스스로 만들어 가는 적극적인 유형 말이다. 어느 쪽이 바람직하고 좋을지는 따져 볼 필요조차 없다. 만약 세 유형 중에서 앞의 두 유형에 해당된다면 확실하게 바꿔야 할 것이다. 리모델링이 반드시 필요하다. 그대로 가면 밝은 미래가 없기 때문이다.

소풍 가듯 출근을 맞이하기

'출근' 이야기를 하면 고故 정주영 전 현대 그룹 회장이 떠오른다. 어쩌면 가장 바람직한 출근의 모습일지 모른다. 세간에 잘 알려진 에피소드가 있다. 새벽 일찍 출근하는 것으로 소문난 정 회장에게 기자가 물었다.

"어떤 마음으로 출근하십니까?"

정 회장의 대답.

"나는 날마다 회사로 출근할 때 소풍 가는 기분으로 나갑니다.

일하러 가는 것이 아니라 소풍 가는 날처럼 즐거운 마음과 희망을 갖고 오늘 할 일을 그려 봅니다."

기자가 다시 물었다.

"그렇다면 회장님, 골치 아픈 일이 잔뜩 생겼을 때도 소풍 가듯이 즐거운 마음을 갖고 출근하십니까?"

정 회장이 말했다.

"골치 아프고 힘든 일이 쌓여 있을 때는 그 일이 해결되었을 때의 기쁨을 생각하면서 회사에 출근합니다."

역시 정 회장답다. 아니, 그런 자세로 하루하루를 맞았으니 성공할 수밖에 없었을 것이다. 빌 게이츠 마이크로소프트 회장 역시 이렇게 말했다. "나는 세상에서 가장 신나는 직업을 갖고 있다. 매일 일하러 가는 것이 그렇게 즐거울 수가 없다. 거기에는 항상 새로운 도전과 기회와 배울 것들이 기다리고 있다." 정 회장의 대답과 같다.

그들은 자기 사업을 하니까 당연히 그럴 것이라고 생각하는 사람도 있을 것이다. 어쩌면 이렇게 말할 수도 있다. "나도 샐러리맨이 아니라 사업을 크게 한다면 당연히 소풍 가는 기분과 도전하는 쾌감으로 즐겁게 출근할 것이다." 그렇게 따지면 '닭이 먼저냐 달걀이 먼저냐'는 논쟁이 될 수밖에 없다.

물론 자기 사업을 크게 하다 보니 소풍 가는 기분이 될 수도 있고 도전하는 쾌감을 느낄 수도 있다. 그런 면을 부인하지는 않는다. 그러나 나는 그들의 기분과 심정을 이해한다. 봉급쟁이였지만 그런 경험을 해봤기 때문이다. 가장 기억에 남는 것은 과장 시절이다. 농협 중앙회장의 비서로 일할 때다. 비록 한 직장의 초급 간부에 불과했지만 출근하는 것이 소풍 가는 것처럼 설레던 경험을 해봤다.

업무가 쉽고 한가해서 그런 것이 아니다. 그 자리는 오히려 가장 격무에 시달리는 자리 중 하나였다. 의전 비서가 아니라 업무 담당 비서였기 때문이다. 큰 조직의 회장과 일과를 맞추며 일한다는 것은 쉬운 일이 아니다. 한 치의 오차가 있어도 큰일이 벌어질 수 있어 언제나 긴장된 상태를 유지해야 했다. 밤과 낮이 따로 없었고 휴일에도 내 마음대로 쉴 수가 없었다. 365일, 24시간 모두가 업무라고 해도 과언이 아닌 회장과 코드를 맞추며 일해야 하기 때문이다.

힘겨운 상황에서 내가 선택한 요령은 모든 것을 긍정적으로 받아들이는 것이었다. 피하면 피할수록 힘들어진다는 것을 간파했기 때문이다. 일개 과장으로서 회장의 역할과 일을 지근거리에서 배울 수 있는 절호의 기회라고 마음을 바꿨다. 그뿐 아니라, 내가 머리를 짜내 좋은 아이디어로 건의를 하면 그것이 구체적인 계획이 되고 회사의 방침이 되어 널리 영향력을 행사하게 되니 신바람이 났다. 가족들에게도 비서로 일하는 동안은 일찍 퇴근하는 걸 기대하지 말라고 겁을 주어(?) 양해를 구했다. 마음을 바꾸자 여유가 생겼다. 밤 늦게까지 일하고도 오히려 새벽에 더 일찍 일어났다. 아침에 눈을 뜨면 빨리 회사에 나가고 싶었다. 미리미리 준비해야 회장이 출근하기 전에 회사에 나갈 수 있었기 때문이다. 특히 겨울의 새벽은 칠흑처럼 어둡다. 그럼에도 아내와 함께 약수터에 올랐다. 건강도 챙겨야 했으니까. 약수를 뜨고 스트레칭을 하다가 어렴풋이 여명이 밝아 오면 그쪽을 향해 소리치곤 했다. "오늘 내게 좋은 일이 있을 거다!"라고.

휴일에 집에서 쉬거나 등산을 하면서도 머릿속은 회사일로 가득했다. 괜한 불안함으로 휴일에도 회사에 나가는 일이 잦았다. 마치 내가 없으면 회사에 큰일이라도 벌어질 것 같은 생각이 드는 것이다. 이건 착각이요 일종의 망상이다. 중독 증세다. 그러나 설령 그렇다 한들 어떠랴. 결론은, 출근이 소풍처럼 기다려지고 회사로 나가는 발걸음이 힘차고 가벼워졌다는 사실이다. 일체유심조一切唯心造다.

당신이 출근 스트레스에 시달리고 있다면 출근을 다시 설계하자. 출근길이 무기력하다면 리셋하고 리모델링하자. 무기력하게, 하기 싫은 출근을 억지로 하며 회사에 나갈 수는 없는 노릇이다. 그것은 희망이 없는 일이다.

5

세상의 이치를
순순히 받아들이자

"소설 《홍당무》의 작가 쥘 르나르가 쓴 글을 우연히 발견했어요. 아침에 눈을 뜨면 발을 주무르면서 '눈이 보인다. 귀가 즐겁다. 몸이 움직인다. 기분도 괜찮다. 고맙다. 인생은 아름답다'라고 주문을 외듯 그 글을 읊습니다. 그래, 그것만으로도 축복이고 행복이지 또 무슨 불만과 불평이 있으랴. 참으로 한없이 겸손해지는 저 자신을 느낍니다. 그러고 나면 매일 아침이 행복한 겁니다. 한없이 행복한 제 자신을 느끼면서 행복하게 하루를 시작합니다."[19]

— 이시형

인터뷰 기사를 읽으며 느낀 것이 있다. 제대로 멋지게 인생을 사는 사람은 살아가는 방식이 다르다는 것을. 이시형 박사라면 우리나라의 대표적인 정신과 의사이자 뇌과학자다. 1982년에 나온 그분의 책

53
•

《배짱으로 삽시다》는 국내 출판 사상 최초의 논픽션 밀리언셀러를 기록했다. 지금의 신세대들이 세상에 태어나기 전의 일이다. 나의 청년 시절, 그는 우리나라 최고의 칼럼니스트로서 인기를 한 몸에 모았다. 나 역시 그의 책이나 신문에 연재되는 글을 즐겨 읽었다. 지금도 《공부하는 독종이 살아남는다》《세로토닌 하라》 등으로 베스트셀러 행진을 이어 가고 있을 뿐 아니라 활발한 활동으로 청년 같은 인생을 산다. 팔순이 넘은 이가 쥘 르나르의 글을 읽고 아침마다 그대로 실행에 옮기는 모습을 떠올려 보자. 그 진지함과 순수함이 오늘의 그를 움직이는 원동력임을 느낄 수 있을 것이다.

착각이라도 좋다, 긍정해 보자

한국교육심리협회 이상헌 회장. 지금은 우리나라에 자기계발서를 쓰는 이가 무척 많지만 내가 알기로는 자기계발 분야의 원조쯤 되는 분이다. 팔순에 가까운 나이에도 끊임없이 책을 쓰고 강의를 하는 등 활동을 이어 가고 있다. 얼마 전 그의 연구소를 찾았을 때 까마득한 후배가 방문했는데도 30여 년 전에 썼던 나의 출세작《손님 잘 좀 모십시다》를 환영 플래카드처럼 서가의 정면에 올려놓고 반갑게 맞아 주었다(이건 정말 감동적인 환영 세리머니다. 그 책은 세상에 몇 권 남아 있지도 않은데 그걸 갖고 계셨다). 그의 111번째 책《흥하는 말씨, 망하는 말투》에 이런 이야기가 나온다.

나는 의사가 포기한 상태에서 14년이란 세월을 불안과 공포로 보냈다. 죽음에 대한 공포를 잊기 위해서 눈을 뜨면 책에 매달렸는데 그동안 읽은 책이 거의 만 여권에 육박한다. 그런데 그중 한 권의 책이 나를 구했다. '신이 인간을 만들 때 자기와 똑같은 형상으로 만들었는데 형상은 모습만이 아니라 능력도 마찬가지여서 원하는 대로 모든 것을 이루게 된다. 성공, 실패, 행복, 불행, 삶과 죽음도 예외가 아니다.' 나는 이 글을 머리맡에 붙여 놓고 날마다 구호처럼 외쳤다.

"나는 건강하다."

"나는 행복하다."

"나는 승리자다."[20]

단언컨대, 세상을 다르게 사는 사람은 사는 방식이 다르다. 다르다는 것은 유별난 것이 아니라 세상의 이치를 순수하게 믿으며 그대로 실행한다는 것이다. '오늘은 내게 큰 행운이 있을 것이다'라고 아침마다 외친 빌 게이츠도 그렇고, 김영식 회장도 마찬가지다.

어떤가. 그들이 사는 방식을 알고 나니 우스운 이야기로 들리는가? 장난 같은가? 그러나 나는 그렇게 생각하지 않는다. 우리는 성공한 사람들의 방식을 믿어야 하며, 그들에게서 세상살이의 이치와 삶의 지혜를 배워야 한다. 지그문트 프로이드Sigmund Freud에 따르면, 인

55

간은 3000번 이상 세뇌할 때 긍정의 힘의 의식화가 실현된다고 한다.

아침에 일어나 기대의 법칙을 실천하며 긍정의 말, 기대의 말을 외치라니까, '말이 씨가 된다'거나 '세상은 마음먹은 대로 다 이루어진다'는 《시크릿》(TV 프로듀서였던 론다 번이 쓴 세계적 베스트셀러로 생각이 현실이 된다는 내용이다)의 원리를 설파하려는 것으로 받아들일지 모르겠다. 무슨 어린아이 같은 소리를 하느냐고 힐난할지도 모르겠다. 그런 의도는 아니다. '미신 같은 과학'을 설파하려는 것이 아니라 현실적으로 그것이 필요하다고 믿기 때문이다.

한번 곰곰이 생각해 보자. 아니, 실제로 한번 실행해 보자. 아침에 눈을 뜨고 기지개를 켜며 '아, 좋은 아침이다', '오늘도 좋은 일이 있을 것이다', '아, 나는 행복하다', '기분이 좋다'와 같은 말을 큰소리로 외쳐 보자. 그러면 어떤 기분이 들고, 어떤 상황이 될까? 몸에 활기가 솟으며 정말로 좋은 아침, 행복한 기분이 될 것이 틀림없다.

나의 권고가 신빙성 있게 다가오지 않는다면 때로는 《시크릿》이나 《왓칭: 신이 부리는 요술》(MBC 기자 김상운 씨가 지은 책으로, 역시 세상은 마음먹은 대로 이루어진다는 것을 수많은 과학자들의 증언과 사례로 엮은 것이다)의 주장을 '순진하게' 따라 보는 것도 결코 나쁘지 않다. 세상의 오묘한 이치를 무조건 믿어 봄으로써 우리의 아침이 달라지고 삶이 달라진다면 거부할 이유가 없다. 실험 삼아서라도 해볼 이유가 있다. 세상의 이치를 믿고 따르는 순수함과 진정성을 갖고 있다는 것 자체가 분명히 남과 다른 하루를 만들어 줄 것이며, 남과 다른 삶을 만들어 줄 것이다. 기적을 몰고 올 것이 틀림없다.

세상에는 우리의 상식을 뛰어넘는 묘한 일들이 많다. 거짓말 같은 정말, 정말이지 신기한 진리가 있는 것이다. 때로는 황당하게 느껴져서 어디까지가 진실인지 헷갈리기도 하지만 의심하기보다는 믿고 따르는 것이 좋다. 설령 그것이 증명되지 않은 것이요 상당 부분 허구라고 하더라도 손해날 일은 전혀 아니지 않은가. 분명 나쁜 길로 인도하는 것만 아니라면 '믿는 대로 이루어진다'는 세상의 이치를 믿고 그대로 따르는 것이 좋다. 그렇게 하겠는가? 믿겠는가? 그것부터 먼저 약속하자. 왜냐하면 이 책에서 다루는 멘탈 리허설을 통해 '출근길 30분의 기적'을 만들려면 세상의 묘한 원리와 이치를 그대로 받아들이고 믿는다는 전제가 있어야 하기 때문이다. 그렇게 하지 않는다면 더 이상 책을 읽을 이유가 없어지기 때문이다.

당신은 운명을 믿는가? 운수나 재수를 믿는가? 신의 존재를 긍정하는가? 종교가 있는가? 아니면 조상의 제사를 지내는가? 점을 보는가? 나름의 미신적 행동(징크스)이 있는가? 이 중에 단 하나라도 해당된다면… 그러면서 우주의 묘한 이치를 믿지 않는 것은 자가당착이다. 모순이다.

"착각이라도 좋다. 긍정적으로 생각하라."

― 니시다 후미오(일본의 멘탈 트레이너)

세상의 이치는 하나로 통한다

그럼에도 불구하고, '믿는 대로 된다'거나 '말한 대로 이루어진다'는 말이 거짓같이 느껴진다면 좀 딱딱하더라도 과학적 근거로 설득할 수밖에 없다. 수많은 학자와 전문가들이 세상의 묘한 이치에 대하여 과학적 타당성을 말하고 있는데, 이른바 양자물리학 또는 양자역학이라고 하는 것이다. 《시크릿》이나 《꿈꾸는 다락방》《긍정의 심리학》《물은 답을 알고 있다》《왓칭》 같은 책이 주장하는 공통적인 근거가 바로 양자물리학이다.

양자물리학은 막스 플랑크Max Planck(아인슈타인의 스승이기도 한 이 사람이 양자가설을 제시한 1900년 12월 14일을 양자역학의 탄생일로 기념한다)의 양자가설을 계기로 하여 에어빈 슈뢰딩거Erwin Schrodinger, 베르너 하이젠베르크Werner Karl Heisenberg, 폴 디랙Paul Adrien Maurice Dirac 등에 의해 20세기에 만들어진 학문이다.

그것은 모든 만물의 최소 단위이며 생물이든 무생물이든 더 이상 쪼갤 수 없는 구성 물질인 미립자가 우주를 움직인다는 논리를 기초로 한다. 이 미립자에는 우리가 상상조차 할 수 없는, 믿기 힘든 능력이 숨겨져 있다는 것이다. 다름 아니라 미립자가 우리의 속마음을 정확하게 읽어 내 세상을 바꾸어 준다는 것인데, 세계적인 물리학 전문지 〈물리학세계Physics World〉가 '인류 과학 사상 가장 아름다웠던 실험'으로 선정한 '이중 슬릿 실험Double-slit experiment'에서도 이런 사실이 증명되었다. 즉 실험자가 미립자를 입자라고 생각하면 입자의 모습이 나타나고, 물결로 생각하고 바라보면 물결의 모습으로 나타난다는 것이다. 이 실험은 한 세기가 넘도록 여러 물리학자들의 실험에서 동일한 결과를 보여 주었다.[21]

양자역학 이론에 반발하는 의견도 없지 않다. 원래 학문의 세계라는 것이 그렇지 않은가. 양자역학과 다른 의견을 갖고 있는 사람들은 "자신의 미래를 물리학으로 풀려고 애쓰기보다는 명상 등을 통해 '참 나'의 힘, 마음의 창조력으로 푸는 게 낫다"고 주장한다. 고금의 성현들이나 선각자들이 추구했던 방식으로 자신의 운명을 조정하고 개척해야 한다는 말이다.

그러나 신기한 것은 명상 같은 정신세계와 양자역학은 궁극적으로 일맥상통한다는 사실이다. 불교에서 말하는 '색즉시공色卽是空, 공즉시색空卽是色'이나 '일체유심조'가 따지고 보면 바로 양자역학의 세계다. 아인슈타인은 불교와 상관없는 물리학사였으나 후일 불교의 경전을 보고서 결국 자신의 물리학적 이론이 부처가 설파한 '색즉시공, 공즉시색'이라는 것을 알고는 "나에게 종교를 선택하라고 한다면 불교를 택할 것이다"라고 말했을 정도다.

중요한 것은 과학이든 정신적·종교적 이론이든 간에 마음가짐에 따라 세상을 만들 수 있다는 것이다. 마음먹기에 따라 자기의 소망을 이룰 수 있다는 것이다. 그렇다면 세상의 이치를 그대로 믿고 실행하는 것이 합당하다는 결론에 도달하게 된다.

이제 우리의 아침을 장악하자. 세상의 이치를 순수하게 받아들이며 우리의 출근을 확실하게 리모델링하여 새롭게 바꾸어 보자. 매일 반복되는 출근길의 리추얼을 통해 직장 생활과 삶에서 기적을 만들어 내자.

2부

멘탈 리허설이
만드는 기적

작은 습관이 기적을 만든다. 작은 것이 위대하다고 하지 않던가. 새로운 습관을 들이자. 바로 오늘 아침부터. 영국 태생의 작가이자 심리학자인 마리안 반 아이크 맥케인이 말했다. "지금 바로 시작하자. 단순하고 소박한, 그래서 마음이 편안한 인생을 산다는 원대한 목표를 향해 작은 변화를 만들어 보자. 오늘 바로 시작하자. 큰 그릇 속의 효모 하나가 밀가루를 발효시키는 것처럼 오늘 시작한 작은 행동이 내 모든 것을 변화시키기 시작할 것이다."[22]

6

출근길,
하루 30분의 기적

1755년에 출판된 새뮤얼 존슨Samuel Johnson의 사전에 '성취fulfill-
ment'라는 단어는 나오지 않는다고 한다. 그러니까, 우리가 성취니
성공이니 하는 말을 하게 된 것은 최근의 일이라는 말이다. 그 정도
로 사람들은 생존의 문제를 해결하기에도 바빴다. 마찬가지로, 지금
까지 우리는 '출퇴근'이라는 것을 생존(직장 생활)을 위한 이동의 과
정으로 받아들였다. 아니, '개념' 없이 '왕복'을 하는 것이었다. 이제
그것에 의미를 부여하자. 그리하여 삶에 큰 변화를 일으키는 발판
으로 삼아 보자.

우리나라 직장인들이 출근하는 데 소요되는 시간은 어림잡아
30~60분 정도다. 물론 서울처럼 교통 체증이 심한 곳과 한적한 소
도시는 차이가 난다. 또한 조사마다 조금씩 다르다. 2011년 국토해

양부가 한국교통연구원에 의뢰해 조사한 것을 보면, 2010년 기준 직장인들의 평균 출근 시간은 36.5분으로 10년 전인 2000년의 평균 37분과 비슷한 수준이다. 최근(2013년 8월)에 취업 포털 사이트 '잡코리아'가 조사한 것을 보면 평균 53분 정도 걸리는 것으로 나타난다. 대중교통 이용자(69.1%)가 58분 만에 회사에 도착하고, 자가용 운전자(20.8%)는 42분, 그리고 자전거나 도보(5.3%)로 출근할 경우 38분 걸리는 것으로 나타났다. 어쨌거나 출근하는 데 최소한 30분 정도는 소요되는 셈이다.

하루 30분! 그러면 1주일(주 5일 근무 기준)에 150분이다. 한 달이면 10시간, 1년이면 120시간이 된다. 많은 시간이라고 할 수도 있고, '에게, 고작!'이라며 보잘것없다고 여길 수도 있다. 사실 한 달에 10시간이면 많은 시간은 아니다. 그러나 매일 30분은 큰 시간이다. 한 달에 10시간과 매일매일 30분은 다르다는 말이다. 예를 들어, 어느 날 10시간 동안 운동을 하고, 한 달 중 나머지 29일은 운동을 하지 않았다고 하자. 그렇다면 별다른 운동 효과를 기대할 수 없다. 그러나 매일 30분씩 주 5회, 한 달 동안 운동을 한다면 똑같은 10시간이지만 문제는 달라진다. 다이어트 효과가 있을 것이요, 때로는 근육질의 울퉁불퉁한 몸매를 만들 수도 있다. 이제 그 차이를 이해할 수 있을 것이다.

30분이 쌓이면 놀라운 일이 생긴다

책 제목 중에는 '시간'이 들어간 것이 많다. 그중에서도 '15분'을 강조한 책이 베스트셀러에 오른 적이 여러 번 있다. 왜 하필 15분인가? 이는 하루의 시간과 관련 있는 것 같다. 하루가 1440분이니까 하루의 1%면 대략 15분이다. 그러니까 날마다 1%의 시간을 할애하라는 뜻에서 15분이 자주 등장한다. 인터넷 서점에서 시간(분)을 넣어 검색해 봤더니(2014년 1월)《1분 경영》등 1분과 관련 있는 책이 681건 검색되었다. 그리고 '15분'이 247건, '30분'이 409건, 60분이 72건으로 나타났다.

'1분'이라는 표현은 자극적이고 선동적이기는 하지만 지나치게 짧고, 60분은 사실 짧은 시간이 아니다. 그렇다면 남는 것이 15분과 30분. 이 책에서 둘 가운데 30분을 선택한 데는 그만한 이유가 있다. 첫째는 직장인의 평균 출근 소요 시간 범위에 맞춘 것이다. 둘째는 출근길에서 무엇인가 집중할 수 있는 시간이 그 정도라는 것이다. 그런 면에서 15분은 짧다. 15분 동안에는 제대로 할 일이 별로 없기 때문이다.

그렇다면 30분이면 충분한가? 내 경험으로 분명히 말할 수 있는데, 하루 30분이면 충분하다. 하루 30분은 적을 수 있지만 매일매일 30분이면 놀라운 일이 벌어질 수 있다. 속된 말로, 하루 30분씩 출근길의 품질을 바꾸면 출셋길이 열린다. 성공의 길에 들어서는 발판을 만들 수 있다. 직장 생활과 삶을 풍요롭게 할 수 있다.

‘출근길 30분의 기적!’ 평소에 내가 주장하는 말이다. 출근길 30분의 기적이란 출근의 질적 변화를 전제로 한다. 예전에 하던 대로 단순히 이동의 과정으로 출근한다면 기적이 일어날 수 없다. 그러나 출근의 내용을 바꾸고 품질을 달리하면 상황은 달라진다.

출근의 품질을 다르게 하는 첫 번째 방법은 앞에서도 언급했듯이 여유 있게 출근하는 것이다. 그것이 곧 하루의 품질을 좌우한다. 똑같은 30분이라도 여유 있는 30분과 허겁지겁하는 30분은 전혀 다르다. 여유가 있으면 이런 생각 저런 행동으로 많은 것을 얻을 수 있지만, 허겁지겁하면 좋은 생각을 할 겨를이 없어진다. 멘탈 리허설을 할 수가 없다. 그러므로 의미 있는 기회를 그냥 지나치고 만다. 그런 면에서 아침 일찍 출근을 서둘러야 한다. 아니, 서두를 것이 아니라 미리미리 준비해야 한다.

내 친구 C가 말했다. “허둥지둥 출근하는 날은 반드시 좋지 않은 일이 일어나는 징크스가 있다.” 그것은 징크스가 아니며, 그에게만 일어나는 현상도 아니다. 아마 우리 대부분이 비슷한 생각을 하고 있을 것이다. 많은 이들이 무신경하게 흘려보내서 그렇지, 유심히 체크해 보면 허둥지둥 출근한 날에 좋지 않은 일이 일어나는 빈도가 훨씬 많음을 알게 된다. 당장 내일이라도 실험해 보라. 그런 날은 일이 잘 풀리지 않을뿐더러 좌충우돌하며 일이 헝클어지게 된다. 실수할 확률이 훨씬 높아진다. 첫 단추가 어긋나면 그렇게 되기 마련이다. 아침부터 허겁지겁하다 보니 생각이 질서를 잃게 되고, 그럼으로써 결국 하루의 생활이 무질서해진다. 뒤죽박죽이 되는 것이다. 그것이 세상살이의 오묘한 이치다.

출근을 여유 있게 하는 방법은 여러 가지다. 단순히 시간적으로 미리미리 준비해 여유 있게 집을 나서는 방법도 있지만, 출근의 방법을 바꿀 수도 있다. 예를 들어, 집에서 회사까지 러시아워에 교통 체증이 심하거나 지하철이 지옥철로 변하는 노선이라면 그 시간대를 피하는 것도 고려해 봐야 한다.

발 디딜 틈도 없이 붐비는 전철을 타고 아침부터 짜증과 땀에 휩싸여 출근하는 것과 느긋하게 한적한 여유를 즐기며 출근하는 것이 결코 같을 수는 없다. 교통 체증으로 마음이 조급해지고, 그렇다 보니 꾸물대는 앞차와 교통 신호 체계까지 욕을 해대며 출근하는 것과 시원스럽게 뚫린 도로를 휘파람 불며 여유 있게 질주하는 쾌감이 결코 같을 수는 없다. 내가 잘 아는 KBS 아나운서 L씨는 아예 자전거로 출퇴근을 하며 여유를 만끽한다.

아침 출근의 품질 변화는 삶의 변화를 가져온다. 똑같은 거리라도 출근에 1시간이 걸리는 것과 2시간이 걸리는 것은 당연히 다르기 때문이다. 또한 아침 식사도 제대로 하지 못하고, 옷매무새마저 후줄근한 채로 부스스한 얼굴로 출근하는 것과 그 반대 경우를 상상해 보라. 정말이지 성공하려면 출근의 품질을 바꿔야 한다.

아침의 질을 바꾸려면 자연스럽게 저녁의 질, 퇴근의 질이 달라지고 취침 시간 또한 달라질 수밖에 없다. 일찍 잠자리에 들어야 일찍 일어나기 쉬우니 말이다. 이는 곧 삶 전체가 달라진다는 것을 의미한다. 그뿐 아니라 출근의 질을 바꾸면 당신의 생활 패턴만 달라지는 것이 아니라 가족 전체, 특히 아내의 삶의 질과 패턴 또한 달라진다. 허겁지겁 출근하면 뒷바라지 하는 아내 역시 정신없기는 마찬가지다. 아침부터 한바탕 전쟁을 치르는 것처럼 된다. 그러다 보면 아차! 실수가 있게 마련이고, 때로는 중요한 서류나 휴대폰을 집에 두고 출근하기도 한다. 그날 하루에 어떤 일이 벌어질지 상상해 보라.

출근길의 품질 혁신이 기적을 낳는다

"출근의 의미를 인정하긴 하지만 무슨 기적씩이나?" "너무 과장하는 것 아냐?" 이렇게 반론하는 사람도 있을 것이다. 그러나 '기적'이 별건가? 상상하고 예상하지 못했던 의외의 일, 뜻밖의 행운이 벌어지면 그것이 기적이다.

예를 들어, 몇 주 전에 사장이 어떤 지시를 했다고 치자. 그런데 정신없이 일하다 보니 그만 깜빡 잊어버렸다. 그러다가 오늘 출근길에 멘탈 리허설을 하다가 '마음 챙김'을 하는 덕에 그것을 되살려냈다면 그것이 기적이 아니고 무엇인가. 계속해서 잊고 지냈을 경우에 발생했을 일과 비교하면 그건 분명히 기적이다. 그렇지 않은가?

　사람이 두 가지 유형의 인생을 동시에 살 수 없어서 그렇지, 만약 그것이 가능하다면 출근 시간의 품질을 최대한 높이며 산 경우와 별 생각 없이 대충 보낸 경우의 차이는 엄청날 것이다. 예상을 뛰어넘는 일이 벌어질 것이다. 그것이 기적이 아니고 무엇인가.

　'하루 30분'이라면 하루 중에 적절한 때를 골라서 잘 활용하면 되지 왜 하필이면 출근길인가? 업무 시간이나 퇴근 시간에 30분을 활용하면 안 되냐고 반문하는 이도 있을 수 있다. 왜 하필 출근길인지는 프롤로그에서도 언급한 바 있지만, 더 부연하여 설명할 것이 있다.

　첫째, 무엇보다도 규칙적이라는 점이다. 하루 일과 중 규칙성을 갖고 있는 거의 유일한 시간이 출근 시간이다. 사람들은 습관적으로 일정한 시간대에 일정한 패턴으로 출근한다. 매일매일 반복된다. 그러나 퇴근은 일정하지 않은 수가 많다. 야근을 할 수도 있고 술집으로 직행할 수도 있다. 때로는 심야에 집으로 돌아오기도 한다. 불규칙하고 예측 불가능하다. 반면에 출근은 규칙적이고 반복적이기에 멘탈 리허설의 리추얼을 하기에 제격이다.

　둘째, 두뇌 활동이 왕성할 수 있는 시점이기 때문이다. 인간에게 가장 이상적인 수면 시간은 오후 11시부터 다음 날 오전 5시까지라고 한다. 오전 5시에 일어나는 것이 가장 좋다는 것이다. 그리고 잠이 깬 5시에서 1시간이 지난 6시부터 8시까지는 두뇌가 가장 명석해지는 시간으로, 이때의 집중력과 판단력은 낮 시간의 3배에 달한다.[23] 잠이라는 휴식을 거쳤기에 기분이 상쾌하고, 그렇기 때문에 뭔가 생각이 잘 떠오를 수 있는 시점이다. 나른함으로 만사가 귀찮아지는 퇴근 때와는 비교가 안 된다. 즉 보통의 직장인들이 출근 준비를 하고 실제로 출근길에 나서는 시간대가 두뇌 활동이 가장 활발하고 명석해지는 때라는 말이다. 따라서 이때의 30분은 하루 중에서 가장 좋은 때라고 할 수 있다. 그 좋은 시간을 단순히 '이동'하는 것으로 보내지 말고 뭔가 해보자는 말이다.

셋째, 출근길은 하루를 시작하는 시점이라는 점이다. 시작은 곧 계획을 의미한다. 계획을 어떻게 세우느냐에 따라 하루가 좌우되는 것은 물론이다. 출근길은 계획뿐만 아니라 점검의 기회도 된다. 그날 하루에 해야 할 일을 체크해 보고 대책을 세운다는 점에서 매우 의미가 있다. 출근 이동이 끝나면 곧바로 업무와 연결된다. 하루 일과가 본격적으로 시작되는 것이다. 그래서 멘탈 리허설이 가능하다. 리허설이란 원래 미리 하는 것이니 말이다. 퇴근길에도 하루를 점검할 수 있지만 그것은 리허설이 아니라 마무리다. 반성이요 사후약방문이다.

이렇듯 두뇌 활동이 왕성한 때에 규칙적이고 반복적으로 하루를 시작한다는 것은 의미 있는 일이다. 지금껏 그 의미를 잊고 살았을 뿐이다. 아니, 아침 출근길의 의미와 소중함을 알고는 있었어도 그냥 지나치고 말았다. 직장인들의 3분의 1 정도(27.4%)는 출근을 매일 똑같은 일상으로 여기며 '아무 생각 없이 출근하고' 있는 실정이다.[24]

아무쪼록 출근길을 잘 활용해야 한다. 그것은 자투리 시간이 아니다. 시간의 효율이 높고 하루에 미치는 영향력이 크기에 자기계발, 자기경영의 호기로 활용할 수 있다. 자기계발이나 자기경영이라면 책으로 공부하는 장면을 떠올릴지 모른다. 꼭 그런 것만이 아니다. 책을 읽는 것 이상의 더 소중한 자기계발, 더 좋은 공부, 더 나은 자기경영이 있다(3, 4부에서 다룰 것이다). 불과 30분 정도의 시간이지만 그것이 매일매일 쌓이면 당신의 앞날에 신천지가 전개된다.

71

7

핵심 습관을
바꾸자

"습관, 작고 사소한 습관이야말로 타성의 외나무다리를 뛰어넘는 핵심 키워드다. 타성에 젖는 것도 습관이지만 그것을 깨는 것도 작고 사소한 습관이 아닐까? 티끌 모아 태산을 이루듯, 그 사소한 습관이 거대한 힘을 발휘하는 것이다. 제일 중요한 것은 습관이다. 거창한 계획이나 전략보다 작은 행동 하나를 실천해 보이는 것이 변화의 물꼬를 트는 원동력이다. 모든 위대함은 작은 실천의 진지한 반복을 통해서만 이뤄진다."[25]

― 유영만

우리나라에서 엄청난 바람을 일으키며 베스트셀러가 된 《마시멜로 이야기Don't Eat the Marshmallow... Yet!》는 호아킴 데 포사다Joachim de Posada와 엘런 싱어Ellen Singer가 2005년에 발간한 미국판 자기계발서다.[26] 기존 자기계발서와 달리 이야기 형식으로 되어 있어 그 후

그런 형식의 책들이 쏟아져 나오는 데 촉매제 역할을 톡톡히 했다. 그 책의 내용은 1960년대에 스탠퍼드 대학 연구진이 네 살배기 아이들을 대상으로 의지력을 실험한, 유명한 '마시멜로 실험'을 바탕으로 한다.

인생을 바꾸는 핵심 습관

선생님이 마시멜로 1개가 담겨 있는 접시를 보여 준다. 지금 먹으면 1개를 먹을 수 있지만 선생님이 돌아올 때까지 먹지 않고 있으면 2개를 주겠다고 한다. 그러고는 마시멜로가 담긴 접시를 아이 앞에 남겨 놓고 방에서 나간다. 먹음직한 마시멜로를 코앞에 놓고 있는 꼬마 녀석들의 모습을 상상해 보라. 참 짓궂은 실험이지만, 마시멜로에 대한 아이들의 반응을 관찰한 후 그들의 의지력(자제력)이 훗날에 어떤 영향을 미치는지를 연구한 것이다.

스탠퍼드 대학의 심리학자 미셸W. Mischel 박사는 실험에 참가했던 653명의 네 살배기 꼬마들이 10대 청소년이 된 15년 후에 다시 만나 1981년에 그 결과를 발표했다. 그 내용은 시사하는 바가 매우 커서 그 후 나온 여러 책에 인용되곤 했다. 실험 결과에 따르면 마시멜로를 먹지 않고 오래 참은 아이일수록 가정이나 학교에서의 삶 전반에 걸쳐 참지 못한 아이들보다 훨씬 우수했고, 대학입학시험 SAT에서는 또래에 비해 뛰어난 성취도를 보였다. 반면에 인내하지 못한 꼬마들은 비만, 약물중독, 사회 부적응 등의 문제를 보이는 경우가 많았다.

이 의지력과 관련해, 찰스 두히그Charles Duhigg는 명저《습관의 힘 The Power Of Habit》에서 '핵심 습관keystone habit'이라는 개념을 사용해 설명하고 있다. 즉, 의지력(자제력)이야말로 개인의 성공을 결정하는 데 가장 중요한 핵심 습관이라는 것이다. 그는 개인의 삶을 개조하려면 핵심 습관을 바꿔야 한다고 강조한다. 핵심 습관은 우리 삶의 모든 부분에 영향을 미치기 때문이다.

핵심 습관은 사람마다 다르며, 의외의 곳에 숨어 있기도 하다. 그것은 연쇄반응을 일으키는 힘을 지닌 것으로, 그 습관이 바뀌면 다른 습관들도 덩달아 바뀌고 개조된다. 그것은 긍정적일 수도 있고 부정적일 수도 있다(여기서는 당연히 긍정적 개조가 관심사다).

개인의 핵심 습관으로서 대표적인 것이 운동이다. 운동은 단순히 신체적 단련에 그치지 않고 여러 부분에 많은 영향을 미치기 때문이다. 운동의 효과에 대해 연구한 것을 보면, 일주일에 한 번씩이라도 운동을 하게 되면 그것과 관계없는 삶의 다른 부분들까지 긍정적으로 바뀌는 것으로 나타난다.[27] 우리 주위에서 평소에 운동을 즐기는 사람과 술에 찌들어 사는 사람을 비교하면 삶의 건전성 등 다른 부분에도 광범위한 차이점이 있음을 쉽게 알 수 있을 것이다

'핵심 습관'이라는 용어를 발견했을 때 나는 눈이 번쩍 뜨였다. 이것은 바로 출근길의 변화 또는 효용과 그대로 연결되는 것이기 때문이다. 예를 들어, 아침에 여유롭게 출근하는 것은 분명히 핵심 습관이 된다. 그것이 왜 핵심 습관이 되는지는 주위 사람들을 살펴보

멘탈 리허설

면 금방 알 수 있다. 그런 사람과 늦잠꾸러기로 허겁지겁 출근하는 사람은 삶의 다른 부분에서도 현격한 차이를 보이기 때문이다.

개인의 삶을 개조하려면 핵심 습관을 바꿔야 한다는 찰스 두히그의 주장에 귀 기울인다면, 우리의 삶을 개조하기 위해서는 기상에서부터 출근에 이르는 아침 습관을 바꿀 필요가 있다. 아니, 꼭 바꿔야 한다. 아침 출근길을 어떻게 습관 들일 것이냐는 문제는 우리의 삶을 바꾸는 핵심 전략이기 때문이다.

습관이 발휘하는 놀라운 힘

책을 읽거나 강의를 들어 보면 '엄청난' 사람들과 대면하는 수가 있다. 레오나르도 다빈치Leonardo da Vinci 같은 천재를 말하는 게 아니다. 우리 주위에서 하루하루를 지독하다고 할 만큼 치열하게 사는 대단한 사람들을 만나게 되는 것이다. 그들의 스토리를 접하면 과연 그렇게 사는 것이 가능한지 의문이 들 때가 많다.

부산에서 강의를 했을 때다. 50분 동안의 강의를 끝내고 다음 시간을 위해 10분간 휴식을 취하는고 있는데, 20대 후반의 젊은 여성 두 사람이 내게 다가와 질문을 했다. 두 사람이 질문한 깃을 종합해서 요약하면 이런 내용이 된다.

"박사님, 어제 강의를 했던 분은 하루에 잠을 4시간 이상은 자지 않으면서 매일 책 한 권을 읽고 한 편 이상의 글을 꼭 써서 책을 낼 준비를 하며, 매달 신문이나 잡지에 칼럼을 기고하고 그러고도 전국을 돌며 1년에 200~300회가 넘는 강의를 한다고 하시는데 그게 가능한가요?"

그녀들은 그것이 무척 궁금했던 것 같다. 그러니 내게 찾아와 진지한 표정으로 묻고 있는 것이다. 그 강사의 말에 의심이 들어서 확인하는 것이 아니라, 시간을 어떻게 관리하면 그런 초인적 능력을 발휘할 수 있냐는 의문이다. 나는 빙그레 웃었다. 그러고는 그녀들만 들으라는 듯이, 마치 천기를 누설하는 양 작은 목소리로 속삭였다.

"그거 구라예요."

그녀들의 눈이 휘둥그레졌다. 너무 적나라하고 속된 표현에 어안이 벙벙한 모양이다. 나는 너무 실망을 시켰나 싶어 설명을 덧붙여 줬다.

"농담이에요(이렇게 말하며 한발 물러섰다). 물론 그렇게 일할 때도 있겠죠. 그러나 1년 365일 계속 그렇게 하면 죽습니다."

그제야 그녀들은 호기심의 답을 찾은 모양이다. 이구동성으로 합창을 하며 확인한다.

"그렇죠? 그런 거죠?"

내가 '구라'라며 그녀들의 마음을 편하게 해주기는 했지만, 사실 우리 주위에는 초인적인 체력과 집념을 가진 사람들이 가끔 눈에 띈다. 내가 좋아하며 여러모로 자극과 도움을 받는 한양대학교 유영만 교수(《브리꼴레르》,《체인지》 등의 저자)도 그중 한 사람이다. 우리나라 산업 교육의 최고 전문가라고 해도 좋은데, 직장인이라면 그의 책 한두 권쯤은 보았을 것으로 생각된다. 자, 유 교수의 일과를 보자.

다음 날 오전에 특별한 일정이 없고 저녁에 늦게까지 글을 쓰면 보통 새벽 2~3시에 취침해 6~8시 사이에 일어나 운동을 하러 간다(이러면 4시간 정도 잠을 자는 거다). 술을 많이 마시지 않고 정신이 말짱하면 집에 가서도 졸음이 오기 전까지 반드시 글을 쓴다. 약속이 없는 날은 밤늦게까지 연구실에서 책 읽고 글을 쓰곤 한다. 출근해서 연구실에 들어오면 에스프레소 커피 한 잔을 진하게 뽑아 마시며 하루 일과를 구상한다. 메일을 열어 보고 급한 용건에만 우선 답장을 한다. 밤사이 나에 관한 글이나 기사가 있는지 잠깐 검색을 하고, 블로그와 페이스북에 들어가 내 글에 대한 독자들의 반응을 본다. 트위터에 리트윗된 글과 트친들의 글과 그림을 보면서 영감을 주는 부분은 바로 저장해 놓거나 파워포인트로 정리해 저술 자료나 강의 자료로 활용한다. 오전은 신문, 잡지, 책, 인터넷 자료 등을 종횡무진 읽으면서 글감을 찾는 시간으로 활용한다. 점심은 대개 약속이 있어서 이런저런 이야기를 나누면서 식사를 함께 한다. 점심을 먹고 나서는 다시 책을 읽으면서 글을 쓴다. 책 읽기는 중요한 아이디어의 원천이다. 1주일에 한 번 정도는 서점에 가서 분야별 신간을 점검한다. 주말에는 느지막이 일어나 브런치를 먹거나 조조 영화를 본다. 가

77

급적 1주일에 한 번은 아내와 영화를 본다. 토요일은 별다른 약속을 잡지 않고 집중적으로 책을 읽고 글을 쓰는 시간으로 활용한다. 연구실에 들어오면 주요 일간지 신문을 보면서 스크랩한다. 신간 서평 기사를 읽으며 책을 주문하는 것도 빠뜨리지 않는다. 그리고 다음 주에 있을 수업 준비를 하거나 외부 강연 자료를 만드는 시간으로 할애한다.[28]

내친김에 젊은이들이 좋아하는 '시골 의사' 박경철 씨의 일과도 한 번 들여다보자.

그는 지금도 자신을 유명하게 해준 '시골 의사'라는 필명으로 불리지만 더 이상 주식 전문가만은 아니다. 매일 아침 2시간씩 라디오 방송, 주 1회 TV 프로그램을 진행하는 방송인이고, 신문·잡지에 고정 칼럼을 15개 쓰는 칼럼니스트다. 전국을 누비며 하는 강연이 월 평균 30건이고, 토요일엔 안동의 병원에 내려가 진료한다. 그러고도 1년에 1~2권씩 베스트셀러를 낸다. 초인적인 부지런함이다.[29]

주간지에 실린 그의 일과다. 하루 24시간을 완벽하게 활용하며, '시간이 없다'는 말을 가장 싫어한다는 그의 이야기를 조금 더 들어 보자.

"2000년 0시를 기해 다섯 가지를 끊었습니다. 술, 담배, 골프, 여자, 도박입니다. 여기서 여자는 유혹, 도박은 부당한 이득을 뜻합니다. 이 중 금연이 마지막까지 잘 안 되더군요. 그래도 술 안 먹고 골프 안 하고 딴마음 안 먹으니까 시간이 많이 남아요. TV는 원래 안 보았고요. 그 시간에 책 보고 글 쓰고 하는 거죠. 매년 10월에 책한 권씩 내는 게 제 목표기 때문에 매일 200자 원고지 20~30장 분량의 글을 써서 따로 저장해 둡니다."

위 두 사람의 일상도 앞에서 언급한 강사의 일상과 비교할 때 치열함에 있어서 전혀 손색이 없다. 내용 면에서 이들 사례와 약간 다르지만, 치열하고 '빡세게' 살아가는 또 한 사람을 소개하겠다. 이 사람 역시 내게 많은 도움을 준 사람인데, 신문에 난 그의 세상살이를 보고는 입이 떡 벌어졌다. 교류를 하면서도 그 정도인 줄은 몰랐기 때문이다.

어제 입었던 옷을 오늘 입지 않는다. 같은 사람과 두 끼를 연달아 먹지 않는다. 매일 새벽 목욕을 한다. 매주 이발한다. 어느 세일즈맨의 신년 계획이 아니다. 부산 동서대 김대식 교수의 20년 된 생활 수칙이다. 휴대전화에 전화번호 4만 개를 담고 다니는 '전설

79

의 마당발' 김 교수는 "4시간 이상 자본 게 20년도 더 전의 일"이라고 말한다. 그는 다이어리만 한 해 30권을 쓰고 하루 평균 통화 300여 통, 문자 200여 건을 한다. 밤 12시 전에 귀가하면 부인이 "당신, 어디 아파요?" 하며 놀란다.[30]

어떤가? 인간 같지가 않다고? 그러니까 '초인적'이라는 거다. 그렇게 사는 게 사는 거냐는 생각이 들 수도 있다. 이런 사례를 접하면 앞에서 두 여성이 내게 질문한 것과 똑같은 의문이 당신도 들 것이다. 그게 가능한 일이냐고. 당연히 의구심이 들 수밖에 없다. 약간의 과장이 덧붙여졌을 거라고 감안하더라도 대단한 치열함이다. 그러나 실제로 그런 사람들은 의외로 많다.

열정 패턴으로 습관화하라

가끔 내게 질문하는 사람이 있다. 어떻게 직장 생활을 하면서 책을 40권 넘게 쓸 수 있냐고. 그런 질문을 하는 사람들이 앞에 언급된 사례를 듣게 되면 내게 말할 것이다. "당신도 피장파장"이라고.

나보고도 지독하다고 말하는 사람들이 가끔 있지만, 솔직히 나는 그렇게까지 치열하지는 않다. 초인적이지 못하다. 엉성한 면이 많다. 그렇게 살 자신도 없고 그런 체력도 없으며, 그렇게 하고 싶지도 않다. 그러니까 그렇게 하지도 않는다. 잘 먹고 잘 살자고 하는 일인데 뭐 그렇게까지 할 필요가 있냐는 게 나의 가치관이다. 뱁새가 황새를 쫓아가다간 가랑이가 찢어진다. 섣불리 저런 사람들을 흉내 내다가는 제명에 못 죽을 것이다.

느슨하기는 하지만 그런대로 열심히 산 나의 경험으로 말하건대, 습관을 들여 놓으면 별다른 불편이나 부작용 없이 일가를 이룰 수 있다. 앞에서 언급한 '지독한' 사람들에게 물어보면, 그들 자신은 그 치열함이나 독함이 별로 불편하거나 힘들지 않다고 할 것이다. 옆에서 보는 사람들이 생각하는 것처럼 힘들다면 그렇게 하지 않는다. 그들은 오히려 지독함이나 치열함에서 행복감을 느낄지 모른다. 그러니까 그렇게 하는 것이다.

어떻게 그럴 수가 있지? 바로 습관의 힘이다. 그들도 처음에는 그토록 지독하게 몰입하지는 않았을 것이다. 나 역시 처음부터 글쓰기를 좋아했던 게 아니다. 고통스러웠다. 그들은 열심히 노력하는 삶이 습관화되면서 슬슬 치열하게 변했고, 그런 일과가 일상화되었을 것이다. 그리고 그로부터 파생되는 결과물을 보면서 보람과 행복을 느끼고, 보람과 행복을 느끼기에 다시 몰입하게 되고, 그럼으로써 완전히 체질화되는 사이클을 이루게 된 것이다. 습관이 놀라운 힘을 발휘한 것이다.

잠깐 내 이야기를 해보자. 나는 스물아홉 살 때 우연한 자극으로 책을 쓰기 시작했다. 처음부터 그렇게 많은 책을 쓸 생각은 전혀 없었다. 내 직장에 필요한 책 한 권을 쓰면 좋은 일이 있을 거라는 막연한 기대와 희망으로 책을 썼다. 첫 책을 탈고했을 때 얼마나 힘겨웠으면 다시는 글 쓰는 작업은 하지 않으려 했다(그때는 지금처럼 컴퓨터로 글을 쓰던 시절이 아니었다). 그런데 8개월에 걸쳐 1200여 장의 원고를 쓰다가 그만 습관이 된 것이다. 습관이 드는 데 66일이 소요된다는 이론(뒤에서 다룬다)에 대입해도 충분한 기간 동안 글을 쓴 셈이다. 결국 글 쓰는 습관이 들었고, 급기야 핵심 습관이 됐다. 그러다보니, 첫 책을 낸 뒤로 틈틈이 자료를 모으고 정리하고 슬슬 글로 다듬어 놓는 나 자신을 발견하게 되었다. 습관이 되고 더 나아가 중독이 된 것이다.

바쁜 직장 생활을 하면서 언제 그렇게 글을 쓰냐고? 해보지 않은 사람은 그것이 무척 신기하게 여겨지지만 습관이 된 사람은 그게 별게 아니다. 토요일과 일요일을 최대한 이용하는 것은 물론이요, 평일에도 자투리 시간이 있으면 글을 쓴다. 당신이 친구와 어울려 고스톱을 치는 시간에 나는 글을 쓰고, TV 연속극에 푹 빠져 있을 때 글감을 모으며, 꿈속을 헤맬 때 졸린 눈을 비비며 컴퓨터 자판을 두드린다. 마치 매일매일 일기를 쓰듯 내게 있어서 글을 쓴다는 것은 일상이 된 지 오래다.

농협에서 강원도 지역을 담당하는 본부장으로 일할 때다. 당시만 해도 우리나라 기관장들은 술 때문에 곤욕을 치렀다. 기상천외한 폭탄주를 만들면서까지 과음과 폭음을 일삼는 풍조 때문이다. 농협은 금융기관이기에 예금이나 대출을 추진하기 위해 본부장부터 솔선수범하며 앞장서야 했고 그러다 보니 업무 추진이라는 핑계로 거의 매일 술자리를 갖게 됐다. 나중에는 음주가 습관화되면서 술자리가 없는 날은 섭섭할 정도가 됐다. 요즘의 신세대들로서는 상상을 초월할 만큼 많은 술을 마셨다. 드디어 언제부터인가 슬슬 '필름이 끊기는 일'이 생겼다. 아침에 일어나면 기억나지 않는 부분이 있었던 것이다. 1년 365일을 술에 찌들어 사니 그렇게 되는 것은 당연하다 하겠다.

어느 날이던가. 그날도 대단히 많이 취했다. 아내는 아이들을 돌보느라 서울에 있었기에, 나 혼자 춘천에 있는 사택에서 잠이 들었다가 새벽에 속이 쓰려서 눈을 떴다. 물을 마시러 거실에 나온 나는 힐끗 서재를 들여다보고 깜짝 놀랐다. 프린터에 A4 용지 두 장 분량의 글이 인쇄되어 걸쳐져 있는 거였다. 지난밤에 만취된 상태에서도 글 한 편을 쓰고 잠자리에 든 것이다. 컴퓨터 자판을 두드린 기억이 전혀 없는데 말이다. 글의 내용을 보니 그날 춘천에서 강릉까지 오가는 출장길에 승용차 뒷좌석에서 곰곰이 생각했던 것들을 다듬어 놓은 것이었다. 어떤가? 상상이 되는가? 이게 습관의 힘이 아니고 무엇인가.

찰스 두히그는 "우리 모두가 어떤 시점에서는 의식적으로 결정하지만, 얼마 후에는 생각조차 하지 않으면서도 거의 매일 반복되는 선택을 한다"고 했다. 우리가 매일매일 행하는 행동의 대부분은 의사 결정의 결과가 아니라 습관의 결과라는 것이다. 따라서 좋은 습관은 선순환되어 인생의 발전을 돕지만, 나쁜 습관은 단 하나만 있어도 걸림돌이 될 수 있다. 결국 반복되는 행동이 극적인 변화를 만든다. 그 극적인 변화가 때로는 극단적인 변화가 되기도 하는 것이다.

습관은 단순한 반복이 아니라 점점 더 확대 재생산되는 경향이 있다. 중독 현상이 나타나는 것이다. 마약에 중독되면 점점 더 마약의 양을 늘려야 하는 것처럼, 단순한 행동 패턴이 습관이 되고 그것이 열망과 열정을 활활 불태우는 열정 패턴으로 습관화되면 그때는 신체적 힘겨움은 결코 힘겨움이 되지 못한다. 묘한 쾌감까지 느끼게 된다. 그 습관의 거대한 수레바퀴를 멈추지 못하고 과부하로 일찍 세상을 떠나는 사람도 있지만, 그런 경우만 아니라면 당신도 좋은 습관을 들일 필요가 있다. 우선 출근길부터 기적을 낳는 핵심 습관으로 바꿔 보는 게 어떨까.

8

작은 차이가
위대함을 낳는다

《좋은 기업을 넘어 위대한 기업으로Good to Great》의 저자 짐 콜린스Jim Collins가 말했다. "한 번의 큰 성공보다 일관성 있는 작은 행동이 위대함을 결정한다"고. 작은 행동만이 아니다. 작은 생각의 차이가 위대함을 낳고 기적을 낳는다. 이 아침의 출근길에 우리의 생각과 행동을 점검해 보자. 그리고 작은 차이를 만들어 내자.

"당신이 이 책을 읽을 때, 우선 자기 자신으로부터 떠나 보라. 당신의 의식을 방 한쪽 천장 구석에 올려놓고, 마음의 눈을 통해서 이 책을 읽고 있는 자신의 모습을 내려다보며 투사해 보도록 노력하라. 이제 당신은 마치 다른 사람이 된 것처럼 자기 자신을 바라볼 수 있는가?" 스티븐 코비Stephen Covey는 그 유명한 책《성공하는 사람들의 7가지 습관Seven Habits of Highly Effective People》에서 그렇게

자신을 객관화해 보기를 권했다. 자기 자신을 객관적으로 바라볼
수 있는 능력이야말로 인간만이 가진 독특한 특징이며, 인간이 계
속해서 눈부신 발전을 하게 되는 동력이라는 것이다.

지하철이나 버스로 출근하면서, 때로는 사무실에서 창문에 비친
자신의 모습을 볼 때가 있다. 그런 경우 그냥 지나치지 말고 창문을
거울처럼 여기고 자신을 바라보자. 코비의 권고처럼 나 자신으로부
터 떠나 보자. 마치 다른 사람을 보는 것처럼 자신을 보는 것이다.
그리하여 냉정히 자신을 객관적으로 평가해 보는 것은 의미 있다.
나는 누구인가? 지금 어디로 가고 있는가? 제대로 가고 있는가? 그
런 생각과 관점에서 보는 것이다.

매일 아침, 거울로 하는 리추얼

출근을 준비하면서 누구나 한번은 거울 앞에 설 것이다. 심지어 출
근길의 엘리베이터 안에서도 거울을 보게 된다. 거울 앞에 서면 사
람들은 폼을 잡는다. 거의 무의식적이라고 할 만큼 기계적으로 자
기를 점검하게 된다. 화장을 점검하고 넥타이의 상태나 옷매무새를
이리저리 비춰 보며 체크해 본다.

거울에 자기를 비춰 보는 행위는 단순히 자신의 모습을 살피는
데 그치는 것이 아니다. 거울은 묘한 것이어서, 내 모습을 그대로 비
쳐 줄 뿐만 아니라 거울 속에 나의 현재를 보여 주는 또 하나의 거
울이 담겨 있는 셈이 된다.

그러므로 단순히 외형을 체크하는 것을 넘어 새로운 나를 만드는 좋은 기회로 만들 수 있다. 클로드 브리스톨Claude Bristol이 쓴《신념의 마력The Magic of Believing》을 보면 '거울의 기술'이 소개된다.[31] '거울의 기술'이란 거울에 자신을 비춰 봄으로써 자기 자신을 객관적으로 확인하는 동시에 자신이 원하는 바람직한 모습으로 트레이닝을 하는 것이다.

사람들은 거울을 보면 자기를 이리저리 비춰 보고 웃어 보기도 하고 볼에 바람을 넣어 보기도 한다. 이것이 바로 부지불식간에 하고 있는 나름의 이미지 트레이닝이다. 이러한 이미지 트레이닝은 잠재의식에 영향을 주고 그로써 새로운 나를 만들어 내게 된다. 만약 지금까지 별 생각 없이 거울을 봤다면 이제부터는 그 짧은 시간을 이미지 트레이닝을 하는 아침의 리추얼로 삼아 보는 것이 좋다. 의도를 갖고 거울을 보자는 말이다. 브리스톨이 제시하는 요령은 간단하다.

1) 거울 앞에 선다. 거울이 너무 작으면 좋지 않다. 적어도 상반신이 보이는 정도의 크기는 돼야 한다.

2) 똑바로 서서 가슴을 펴고 정면에 시선을 고정시킨다.

3) 웃어라. 얼굴에 밝은 기운이 퍼지게 한다.

4) 그리고 자신의 눈을 똑바로 쳐다보며 자신에게 확신에 찬 어조로 원하는 바를 말한다. 예를 들면 "너는 할 수 있어", "오늘도 멋지게 사는 거야", "너는 훌륭해" 등이다.

5) 하루 두 번 정도는 그렇게 거울과 마주하자. 아침에 한 번, 그

리고 저녁에 퇴근하고 하루를 정리하면서 또 한 번.

이렇게 거울을 보고 또 하나의 자신과 대면함으로써 내 안에 잠들어 있는 무의식을 깨우게 된다. 또한 자기에게 자신의 인상을 깊게 심어 주며, 신념을 굳게 하고 강한 열의를 갖게 할 뿐 아니라 자기의 가치와 재능에 자신감을 갖게 하는 작용을 한다.

미국의 경제전문지 〈포브스〉가 학생, 교수, 기업가 등 다양한 나이, 직위, 직업을 가진 500명을 조사한 결과 '성공을 막는 13가지 작은 습관13 Little Things You're Doing to Sabotage Your Success'을 찾아냈다.[32] 특히 '작은 습관'이라고 표현한 것이 흥미로운데, 내용을 보면 정말로 작은 습관들이다. 제일 먼저 꼽은 것이 '맞춤법 실수.' 의외라고 생각할지 모르겠지만 음미해 볼수록 그럴듯하다. '작은' 것이지만 상습적이라면 치명적인 것이 될 수도 있겠다. 나머지는 행동보다 말이 앞서는 것, 성급한 결정, 불평불만, 허풍 떨기, 남 탓하기, 요령 찾기, 열정 있는 척하기, 목적 없이 살기, 부탁 다 들어주기, 인생을 쉽게 생각하기, 생각 없이 행동하기, 그리고 허풍·실없음이다.

이 '성공을 가로막는 작은 습관'들은 거꾸로 하면 '성공하려면 지켜야 할 작은 습관'들이기도 하다. 〈포브스〉는 "작은 습관들이 성공에 큰 장애가 된다는 것이 놀랍다"고 했는데, 놀라운 것이 아니라 당연한 것이다. 같은 논리, 같은 이유로 출근길의 작은 습관, 작은 차이가 커다란 차이를 몰고 온다. 단 하나의 작은 습관, 작은 차이가 큰 결과를 가져오는 것은 아니다. 작은 것이 쌓이고 쌓이면 '위대한 결과', '치명적 결과', '기적적인 결과'를 낳을 수 있는 것이다.

아침마다 거울을 보는 것은 아주 작고 사소한 일일 수 있다. 거울을 한 번 본다고 해서 과연 무엇이 달라지겠는가. 그러나 "예뻐지려면 거울을 자주 보라"는 말이 있듯이 그 작은 반복의 행위가 자신을 기대하는 방향으로 조금씩 이끌어 가게 된다. 작은 실행, 사소한 차이의 반복이 나중에 커다란 결과를 가져오는 것이다.

작은 것이 쌓여 위대함을 낳는다

미농지美濃紙를 아는가? 강의 중에 물어봤는데 젊은이들은 묵묵부답, 의아한 표정이었다. 닥나무 껍질로 만든 매우 얇은 종이다. 일본 기후현岐阜縣 미노美濃 지방의 특산물이기에 그런 이름이 붙었다. 반투명의 하얀 종이로, 내가 처음 직장에 들어갔을 때는 은행에서 전표를 끊거나 서류를 복사할 때 묵지墨紙를 받치고 글씨를 쓸 때 사용하곤 했다. 또는 민속놀이 기구인 제기를 만들 때 사용하기도 했다. 한마디로 매우 얇아서 물기만 묻어도 금방 풀어질 정도로 약한 종이다. 왜 미농지 해설을 길게 하냐고? 이걸 알아야 다음 이야기가 이해되기 때문이다.

나는 농협에 근무할 때 수지침을 배운 적이 있다. 건강관리를 위해서가 아니라 직장의 사업 도구로 활용하기 위해서였다. 농협 직원들이 농민들과 좀 더 친근해지려면 수지침이 필요하다고 생각했다. 농민들은 이런저런 잔병치레가 많은 편이다. 따라서 농협 직원이 수지침을 배워 두면 자연스럽게 건강 상담을 하면서 그들과 스킨십을 하며 가까워질 수 있겠다는 순수한 생각에서 내가 시범적으로 그것을 배운 후에 조직에 전파시켰다. 나는 수지침을 최초로 연구해 낸 유태우柳泰佑 선생에게 직접 강의를 들었는데, 지금까지 뇌리에 남는 말이 있다. 그는 매일매일 손에 수지침을 놓고 쑥뜸을 뜨라고 권하면서 이렇게 말했다.

"미농지를 보세요. 매우 얇고 약한 종이입니다. 쉽게 찢어집니다. 그러나 미농지를 한겹 한겹 쌓아서 책 한 권 정도의 두께가 되면 결코 손으로 찢을 수 없습니다. 총알도 관통하기가 힘들 만큼 강해집니다. 마찬가지로, 수지침을 놓고 쑥뜸을 뜨는 행위가 한번 한번으로는 별것이 아니지만 그것이 일상화되고 오랫동안 축적되면 상상 이상의 건강한 체질이 된다는 말입니다."

수지침의 내용은 이미 잊은 지 오래다. 그러나 그의 그 명언(?)은 아직도 나의 뇌리에 선명히 남아 있다. 작은 것이 쌓이면 기적이 될 수 있다는 의미로.

오늘 출근길에는 거울을 유심히 보자. 차창이나 지나치는 건물의 유리창에 비친 모습이어도 좋다. 그리고 생각해 보자. 어떤 작은 차이를 만들어 낼 것인지를. 회사에서 잘나가는 사람과 그렇지 못한 사람을 비교해 보라. 결코 큰 차이가 있는 것이 아니다. 정말 별것 아닌 차이가 엄청난 결과로 귀결된다. 오늘 당신이 만들어 내는 작은 차이가 삶에 위대한 결과를 낳게 된다.

반복이
천재를 만든다

"창조적인 작업에 대해 기계적인 반복을 한다는 걸 바보 취급하는 사람들이 많지만 그렇지 않다. 반복성에는 확실히 주술적인 것이 있다. 정글의 깊은 곳에서 들려오는 북소리의 울림 같은 것이다."

― 무라카미 하루키

무라카미 하루키. 《1Q84》, 《상실의 시대》 등의 베스트셀러로 우리에게 잘 알려진 일본의 작가다. 나이는 나와 동갑내기다. 매년 가장 유력한 노벨문학상 수상 후보로 손꼽히며 전 세계 독자들의 사랑을 받는 독보적인 작가다. 그의 이력은 좀 독특하다. 스물아홉 살 때의 어느 날 야구 경기를 구경하다 소설가가 되기로 결심했다고 한다. 첫 소설은 《바람의 노래를 들어라》였는데, 1978년 도쿄 진구 구장에서 야쿠르트 스왈로스와 히로시마 카프의 경기를 보다가 외국인 선수였던 데이브 힐튼이 2루타를 치는 순간 소설을 써야겠다는 생각을 했단다(이런 스토리 자체가 소설적이다).

그때까지 소설을 써본 적이 없었다는 그는 하루 13시간 동안 육체노동에 시달리던 평범한 재즈 카페의 젊은 주인이었다. 소설 작법조차 몰라서 무엇을 어떻게 써야 할지, 소설을 써서 어떤 미래가 펼쳐질지도 알 수 없었지만 그저 소설 쓰는 것이 좋아 매일 조금씩 쓰기 시작했다고 한다. 그렇게 30년을 하루도 거르지 않고 성실하게 글을 쓰며 자신을 단련시켰다.

새벽 4시에 잠자리에서 일어나면 곧바로 책상 앞에 앉아 원고를 쓴다. 하루에 원고지 20매 정도를 쓴다고 한다. 오전 10시쯤까지 일한 뒤에 10킬로미터를 달리고, 1시간 수영한다(그의 일상에 대해서는 조금씩 다른 이야기가 나오지만 대충 이렇다).

젊은 날 골초였던 그는 60대가 넘어서 마라톤 풀코스를 달리는 마라토너가 되기도 했다. 체력도 예술적 감성만큼 중요하다는 신념 때문이다. 작가나 음악가, 과학자 등 장기간에 걸쳐 극도의 몰입 활동을 하는 사람들은 몰입 과정에서 무리를 하게 되어 정신질환을 앓거나 요절하는 사례가 많음을 역사가 증명한다. 몰입적 사고를 하는 데 가장 중요한 조건이 바로 규칙적인 운동이라는데,[33] 그런 점에서 이는 매우 현명한 선택이요 좋은 습관이다. 그는 2004년 〈파리 리뷰〉와의 인터뷰에서 이렇게 말했다.

"나는 이런 습관을 매일 별다른 변화를 주지 않고 반복한다. 그러다 보면 반복 자체가 중요한 것이 된다. 반복은 일종의 최면으로, 반

2부 멘탈 리허설이 만드는 기적

복 과정에서 나는 최면에 걸린 듯 더 심원한 정신 상태에 이른다."

그의 특징을 진희정 작가는 《하루키 스타일》에서 이렇게 적고 있다.

"창의력과 상상력은 일탈에서 나오는 게 아니라 매일 규칙적으로 자신이 좋아하는 무언가를 반복하는 힘과 그 일을 진정으로 즐기는 태도에서 비롯된다. 하루키의 창조력은 비가 오나 눈이 오나 매일 달리기를 하고, 일본에 있건 해외에 있건 매일 일정량의 원고를 쓴 꾸준한 반복에서 나온 것이다."[34]

지루한 반복이 달인을 만든다

하루키에게서 보듯, 반복은 노력의 다른 표현이다. 반복은 지루할 수 있지만 그 지루함을 이겨 낸 잦은 반복이 사람을 경지에 다다르게 한다. 경지에 다다른다는 것은 달인이 된다는 것이요 도가 튼다는 것이며, 기적을 일으킬 수 있다는 것이다.

'반복'을 머리에 떠올리면 생각나는 것이 있다. TV에서 보던 '생활의 달인' 말이다. 그 프로그램을 보면 세상에 별별 달인이 다 있다. 거기에 등장하는 사람들은 유별난 사람들이 아니다. 주위에서 흔히 볼 수 있는 보통 직업인이다. 그러나 그들이 발휘하는 재주의 경지는 입이 딱 벌어질 정도다. 아무도 범접할 수 없는 그들만의 진수를 보여 준다. 그들이 달인이 된 이유와 방법은 간단하다. '반복'이다. 그들을 보면 반복의 힘이 얼마나 위대한지 깨닫게 된다.

독일의 다니엘 레비틴Daniel Levitin 박사는 특정 분야를 선택한 뒤 1만 시간만 연습하면 누구나 그 분야의 전문가가 될 수 있다고 했다. 이름하여 '1만 시간의 법칙'이다.[35] 하루에 1시간은 별게 아니지만 그것이 쌓여 1만 시간이 되면 상황은 달라진다. 1만 시간의 법칙은 곧 '반복의 법칙'이요, '달인의 법칙'이다. 꾸준한 반복이 달인을 만든다는 이야기다. 단, 반복하되 단순한 반복은 안 된다. 머리를 쓰고 궁리를 하고 좀 더 나은 방법을 찾으며 반복해야 한다. 그렇게 꾸준히 반복하면 창의적 달인이 된다.

우리 주위에서 어느 한 분야에 일가를 이룬 사람을 떠올려 보자. 분명히 '반복의 법칙', '달인의 법칙'이 적용되었음을 발견하게 된다. 당신도 뭔가 이루고 싶은가? 정상에 서고 싶은가? 달인이 되고 싶은가? 그러면 반복의 힘을 믿고 꾸준히 실천해 보라. 그러면 당신도 경지에 이르게 된다.

'악마에게 영혼을 판 대가로 음악을 전수받은 것'으로, '악마의 바이올리니스트'라는 별칭(여기서 '악마'란 저주가 아니라 칭송이다)으로 더 유명한 이탈리아의 천재 예술가 니콜라 파가니니Niccolo Paganini. 그가 보여 주는 극한의 기교와 아름다운 선율의 비결에 대해 본인은 이렇게 말했다. "내가 천 번을 연습했더니 사람들이 나를 천재라고 부르더라."

반복을 거듭하여 무한한 양量이 쌓이면 질質적 변화는 필연적이다. 그러므로 무엇인가 이루려면 반복을 즐겨야 한다. 반복은 피로를 몰고 오는 독이기도 하지만 경지에 이른 전문가를 만들어 주는 묘약이기도 하다. 최고가 되는 비결은 이렇듯 단순하고 분명하다.

반복이 한계를 무너뜨린다

출근길은 우리 삶에서 끊임없이 반복되는 일상이다. 그런 일상이기에 반복의 힘을 최대한 발휘할 수 있는 세리머니를 준비할 필요가 있다. 그것들을 통해 출근길이 의미 있는 리추얼이 될 것이다. 아침을 여유 있게 시작하는 것, 눈을 떴을 때 긍정의 말을 하는 것, 거울을 보며 이미지 트레이닝을 하는 것, 명상을 하고 마음 챙기기를 하는 것, 그리고 하루를 예측하며 자기경영을 하는 것 등등 좋은 습관과 멘탈 리허설로 출근길을 리모델링하자.

일상의 사소한 반복은 결코 사소한 것이 아니다. 큰 가치가 있다. 출근길이 단조로운 반복으로 보이지만 그것에는 우리를 의미 있는 존재로 확인하고 발전시키는 효용과 가치가 숨어 있다. 출근길의 리추얼을 계속하자. 자기경영의 달인이 되도록 반복하자. 그러면 출근길에 혁명이 일어날 것이다. 그리고 머지않아 인생의 반전이 일어나게 될 것이다. 믿자, 반복의 힘을.

"한 방면에 관심을 가지고 많은 노력을 기울이다 보면 그 방면에서만큼은 남들이 모르는 세계를 점점 깊이 알게 된다. 연습이 대가를 만든다고 했듯이 연마하면 할수록 그만큼 숙달되는 것이다. 반복을 거듭하는 동안 힘이 쌓이고 거룩한 세계에 도달하게 된다. 반복은 자기 한계를 깨뜨리는 작업이다." [36]

— 지광 스님

10

출근길에 만드는
새로운 습관

성공과 실패, 행복과 불행은 1%의 극히 사소한 차이에서 출발한다. 이러한 1%의 차이를 베이징대학교 디테일경영연구센터장 왕중추汪中求는 '디테일의 힘'이라고 했다.[37] 1%의 작은 차이가 나를 바꾸고 세상을 바꾸며 기적을 불러온다. 더욱 중요한 것은 99%의 관념보다 1%의 실천이다. 작은 실천의 진지한 반복, 즉 작은 습관이 위대함을 낳는 것이다. 오늘부터 1%의 작은 습관을 새로 만들자. 당장 실천할 수 있는 작은 것부터 시작하자. 그 작은 선택이 거대한 차이를 만든다.

윌리엄 제임스. 미국의 심리학자이자 철학자인 그는 아마도 자기계발서에 가장 많이 등장하는 인물 중 한 사람일 것이다. 유명한 소설가인 헨리 제임스의 형이기도 한 그는 할아버지가 남긴 막대한 유

산 덕분에 평생토록 학구적인 일에 매달릴 수 있었다. 그 바람에 근대 심리학의 창시자가 되었다. 그가 우리 직장인들에게 친숙한 것은 아마도 유명한 그의 '어록' 때문일 것이다.

"생각이 바뀌면 행동이 바뀌고, 행동이 바뀌면 습관이 바뀌며, 습관이 바뀌면 인격 또한 바뀌고, 인격이 바뀌면 운명까지도 바뀐다."

당신도 이 말이 매우 친숙할 것이다. 이 말에서도 알 수 있듯이 그의 생각의 중심에는 '습관'이 자리하고 있다. "우리의 삶은 습관 덩어리일 뿐이다. 실리적이고 감정적이며 지적인 습관들이 질서 정연하게 조직화되어 우리의 행복과 슬픔을 결정하며, 우리의 운명이 무엇이든 간에 우리를 그 운명 쪽으로 무지막지하게 끌어간다"고 말할 정도로 '질서의 습관화'를 주장했다.

흥미로운 사실은, 이처럼 질서의 습관화를 강조한 윌리엄 제임스가 매우 질서 정연하고 엄격한 사람이라는 생각이 들겠지만 그 자신은 규칙적인 생활을 하지 않았고 무질서한 삶을 살았다는 점이다. 그가 질서의 습관화를 외친 것은 자신에 대한 반성과 깨달음의 결과라는 설이 유력한데,[38] 그렇기에 더욱 진솔한 충고일 수도 있다.

그는 우리가 어떤 사람이 되겠다고 결심하고 변화를 이루어 내려면 변할 수 있다는 확고한 믿음을 가져야 하며, 그런 믿음을 습관화하는 것이 가장 중요하다고 했다. 그는 습관이 작동하는 원리를 물에 비유했다. 마치 한번 물길이 만들어지면 점점 더 넓어지고 깊어지는 것처럼 습관 또한 그렇다는 것이다.[39]

99

새로운 습관을 들이자

새로운 습관이 자리를 잡으려면 어느 정도 시간이 필요할까? 연구자에 따라, 그리고 어떤 행위를 대상으로 삼느냐에 따라 다를 것이다. 그러나 가장 많이 회자되는 이론으로는 21일설과 66일설이 있다.

21일을 주장한 사람은 미국의 성형외과 전문의인 맥스웰 몰츠 Maxwell Maltz 박사다. 잘 아는 바와 같이 몰츠 역시 윌리엄 제임스만큼이나 자기계발서에 자주 등장하는 인물로, '이미지 트레이닝'의 원조라고 할 수 있는 사람이다. 유능한 성형외과 의사였던 그는 성형을 통해 개선된 '자아 이미지self image'가 성공에 미치는 영향을 연구해 일약 세계적인 명사가 되었다.

그의 책《맥스웰 몰츠 성공의 법칙The New Psycho-Cybernetics》은 1960년에 출간된 이후 3000만 부 이상 팔린 최고의 자기계발서 중 하나로 꼽힌다. 이 책은 자기계발서의 고전으로 불리는 데일 카네기 Dale Carnegie의 저서와 나폴레온 힐Napoleon Hilll의 저작을 통합한 종합서라고 평가받을 정도다. 여기서 밝힌 정신 훈련 기법–이미지 트레이닝은 오늘날 스포츠·비즈니스 등 여러 분야에서 활용되고 있다.

그는 자신에게서 수술을 받은 환자를 대상으로 관찰한 결과 습관 형성에 21일이라는 시간이 소요된다는 것을 발견했다. 즉 사지 절단 수술을 받은 환자가 수술로 인한 신체 변화에 적응하는 데 평균 21일이 소요되었는데, 성형수술을 한 환자에게서도 똑같은 패턴을 발견했다. 환자들이 달라진 외모에 적응해 자존감이 높아지거나 아니면 예전의 심리 상태를 회복하는 데 약 21일이 걸린다는 것을 발견한 것이다. 우리의 뇌는 익숙하지 않은 일에는 두려움을 느끼고 저항한다. 하지만 일정 기간 반복하면 뇌가 구조적·기능적으로 바뀌어 저항감이 없어진다. 이처럼 두뇌 회로가 바뀌어 새로운 것을 자연스럽게 받아들이는 최소한의 시간이 21일이라는 것이 그의 주장이다.

습관 형성에 66일이 필요하다는 주장은 최근의 이론으로, 영국 런던 대학의 제인 워들Jane Wardle 교수팀으로부터 나왔다. 〈유럽 사회 심리학 저널European Journal of Social Psychology〉에 실린 내용에 따르면, 이들 연구진은 96명을 대상으로 같은 행동을 얼마나 반복해야 자동적으로 반사 행동을 하는 습관이 되는지를 실험했다. 연구진은 12주간에 걸쳐 점심식사 때 과일 한 조각 먹기, 점심식사 때 물 한 잔 마시기, 저녁 식사 전 15분 뛰기 등 건강에 도움이 되는 행동 중 하나를 선택하게 한 뒤 매일 반복 실천하게 했다.

　연구진은 이들이 매일 미션을 수행할 때 의무감과 의지로 하는 것인지, 생각 없이 반사적으로 하는 행동인지를 테스트했다. 그 결과 평균 66일이 되어서야 생각이나 의지 없이 행동해 습관으로 자리 잡게 되는 것을 확인했다. 복잡한 행동일수록 습관이 되는 데 더 오랜 시간이 걸렸다. 당연한 일이다. 예를 들어 운동하는 습관을 만드는 것은 먹는 습관을 만드는 것보다 더 오랜 시간이 소요되었던 것이다.

물론, 습관이 몸에 배는 데 걸리는 시간은 참가자의 성향에 따라 다르게 나타났다. 아침 식사 후 물 한 잔을 마시겠다고 결심한 사람들은 대략 20일 후에 습관이 형성됐지만, 점심식사 때 과일 한 쪽을 먹겠다고 결심한 사람들은 그 행동이 습관적으로 이어지기까지 최소 2배의 시간이 걸렸다.

운동 습관은 더 오래 걸렸는데, '모닝커피를 마신 후에 윗몸일으키기 50번 하기'를 결심한 사람은 84일이 지나도 습관이 되지 않은 반면에 '아침 식사 후에 10분 걷기'를 결심한 참가자는 50일 후에 습관이 되었다. 결론적으로 제인 위들 교수는 "개인차가 있기는 하지만 66일 동안 매일 같은 행동을 반복하면 그 뒤에는 이 상황이 주어지면 자동적인 반응으로 행동하게 된다"고 했다.[40]

우리는 어떤 습관을 들이려 할 때 '작심삼일'의 벽에 부딪힌다. 그래서 중도에 물거품이 되고 만다. 만약 습관을 만드는 데 21일이 걸린다면 작심삼일을 일곱 번 하면 된다. 66일이라면 작심삼일을 스물두 번만 하면 된다. 그러면 우리가 원하는 행동, 성공을 향한 바람직한 행위가 버릇 들게 되는 것이다.

중요한 것은 습관을 형성하는 데 며칠이 걸리느냐가 아니다. 윌리엄 제임스의 지적처럼 습관이 운명을 바꾼다는 것을 안다면 몇 달이 걸리더라도 작심삼일을 반복하며 끈기 있게 좋은 습관을 들이는 데 최선을 다해야 한다. 그렇다고 해서 꼭 거창한 습관(거창한 습관이라고 하는 것 자체가 우습지만)만이 운명을 바꾸는 게 아니다. 사소한 습관, 작은 습관도 그것이 반복됨으로써 운명을 바꿀 수 있다는 것을 마음에 담아 두고 아침 출근길에 어떤 습관을 만들 것인지 생각해 보자.

"새로운 습관을 들이는 데 있어서 그것이 네 삶에 확실히 뿌리를 내리기 전까지 결코 예외를 두지 말라."

– 윌리엄 제임스

새로 버릇 들여야 할 습관들

우리에게는 어떤 습관이 있는지 점검해 보자. 아침에, 그리고 출근길에 나타나는 습관 말이다. 좋지 않은 습관은 당연히 버리고 새로운 습관을 버릇 들여야 한다. 짧게는 21일 동안, 길게는 66일 동안. 아니, 그 이상 훨씬 더 많은 시간이 필요하더라도 모진 결심으로 한 번 해보자. 그 사소한 습관의 변화가 삶의 변화를 가져오고 때로는 기적을 불러온다는 데 머뭇거릴 이유가 없지 않은가. 출근길 습관을 바꾸는 것이 해병대 극기 훈련을 하는 것은 아니다. 조금의 노력, 약간의 고통을 감수하면 된다.

물론 습관을 고치는 것이 생각만큼 간단한 일은 아니다. 쉬운 듯 어렵다. 늦잠꾸러기에게 아침 일찍 일어나는 습관을 들이라는 것은 해병대 극기 훈련만큼이나 귀찮고 힘든 일일 수 있다. 그러나 해야 한다. 직장 생활과 삶에 기적을 원한다면.

고쳐야 할 습관, 새로 버릇 들여야 할 습관은 여러 가지일 것이다. 사람마다 다를 것이다. 우선 한 가지만이라도 확실히 실천에 옮겨보자. 여유 있게 출근을 준비하는 것, 그것 한 가지만이라도 말이다 (제발이지, 꼭 그렇게 하라). 그것이 우리의 직장 생활을 확실하게 바꿔줄 것이다. 여유 있게 출근하려면 어쩔 수 없이 여유 있게 기상해야 한다. '상대적으로' 일찍 일어나야 한다.

호주의 세계적인 신경정신과 의사인 클레어 윅스는 말했다. "아침에 눈을 뜨는 것에 주목해야 한다. 그 순간은 하루 중에서 가장 중요한 시간이다." 그래서 전문가들은 아침에 눈을 뜨면 주저 없이 '벌떡' 일어나라고 조언한다. 이른바 '벌떡 기상'이다. 잠에서 깨어나 눈을 뜨면 현실과 직면하게 되고, 그러면 본능적으로 약간은 두렵고 불안한 마음이 될 수 있기에 그런 감정이 스며들 틈을 주지 말고 벌떡 일어나야 한다는 것이다.

그것은 현실에 대한 '선제공격'이다. 미적거리다 보면 다시 잠이 들 수도 있다. 그러나 꼭 '벌떡' 일어나야 할까? 그것 역시 사람마다 다르고, 상황에 따라 다를 수 있다.

선배 L씨는 아침에 눈을 뜨면 벌떡 일어나지 않는다. 스스로 이름 붙인 '게으름뱅이 체조'를 침대 위에서 하기 시작한다. 게으름뱅이 체조라고 한 것은 침대 위에 누워서 게으른 사람처럼 움직이기 때문이다. 누운 상태에서 15분 정도 몸을 풀고, 그다음에는 앉아서 15분, 그러니까 30분 정도 스트레칭을 하면서 하루를 시작한다. 깊은 잠에서 깨자마자 벌떡 일어나는 것이 오히려 좋지 않다는 것이 그의 지론이다.

사실, 말이 게으름뱅이 체조지 진짜 게으름뱅이는 결코 실천하기 어려운 하루의 리추얼이다. 스스로를 게으름뱅이로 규정해 놓고 현실과 타협한 그 선배의 여유로움이 오히려 돋보인다. 이렇듯 각자의 형편에 따라 아침을 맞이하면 되지만 결론은 '여유 있게'다.

그 밖에도 출근길에 버릇 들여야 할 좋은 습관에는 어떤 것이 있는지 잘 챙겨 보자. 여러 가지가 있겠지만 하나만 더 언급한다. 출근을 위해 아파트 현관문을 나서면 제일 먼저 맞닥뜨리는 것이 엘리베이터다. 엘리베이터를 타고 내려가는 동안 여러 사람을 만날 수 있다. 그때 밝게 인사하는 습관을 들이도록 하자.
'유치하게 뭐 이런 권고까지 하나?'라고 생각할지도 모른다. 그러나 '인사'는 유치원생이나 하는 유치한 것이 아니다. 인사는 인간의 됨

됨이를 가늠하는 바로미터다. 그것 하나를 보면 그가 어떤 사람인지를 알 수 있다.

예전에 내가 살던 아파트에 이런 사람들이 있었다. 한 사람은 왕년에 '고관대작'을 했다고 한다. 은퇴하고 집에 있기에 동네 사람들 눈에 자주 띈다. 그런데 이 사람이 인사를 받을 줄도, 할 줄도 모른다. 엘리베이터의 좁은 공간에서 억지로 무심한 척하는 그를 보면 한심스럽기 짝이 없다. 그가 현직에 있을 때 얼마나 거드름을 피우며 안하무인이었을지 충분히 짐작이 가고도 남는다. 그런 이가 혁혁한 공로를 남겼을 리 없다.

또 한 사람은 젊은 여성이다. 이 녀석도 마찬가지다. 까칠한 젊은 여성의 전형적인 모습 그대로다. 절대로 먼저 인사하는 법이 없다. 부모는 대단히 친절하고 붙임성이 좋은데 그녀는 '돌연변이'다. 그녀 때문에 결국 부모가 욕을 먹고 있다. 그녀가 직장에서 어떤 평판을 받고 있을지 상상이 된다. 동네에서 칭송을 받지 못하는 사람이 회사에서 칭송을 받을 리 만무하다.

엘리베이터 안에서 철저히 인사하라. 밝게 웃어라. 그것이야말로 활기찬 하루를 시작하는 리추얼이요 기본적인 리허설이다. 평소의 인사 습관이 직장에서의 인사(인사이동)와 직결된다.

"예의바른 몸가짐은 그 하나만으로도 사랑받는다. 겸손하게 허리를 숙이는 것은 자신을 존귀하게 만드는 행동이다."

— 발타자르 그라시안 Balthasar Gracian(스페인 작가)

3부

멘탈 리허설과
마음 챙기기

요즘은 '수그리족'이 대세(?)다. 수그리족이란 '고개 숙인 사람들'이라는 의미로, 지하철이나 버스에서 고개를 숙이고 스마트폰과 태블릿 PC에 열중하는 현대인의 모습을 지칭하는 신조어다. 조사에 따르면, 출근 시간의 직장인 중에 '수그리족'이 56.8%에 달한다고 한다. 그리고 잠을 자는 사람이 11.9%다.[41] 당신은 무슨 족인가?

'싱킹'으로
편안한 하루를 만들자

오늘, 우리는 어떤 모습으로 출근했는가? 무엇을 하며, 무엇을 생각하며 출근했는가? 〈조선일보〉의 최보식 선임 기자는 칼럼에서 우리의 출근길, 지하철 속의 풍경을 다음과 같이 묘사했다. 《이방인》의 작가 알베르 카뮈가 20대의 나이에 어떤 삶이 가치 있는 것인지를 고뇌하던 것과 비교하면서.

> 오늘 지하철로 출근하니, 삶의 가치에 고민하던 카뮈 또래의 나이들은 모두 스마트폰을 들여다보고 있었다. 직장인은 고스톱에, 여대생은 단조로운 벽돌 깨기 게임에, 또 술이 덜 깬 직장인은 어젯밤 놓친 예능 프로에 열중했다 마치 전염처럼 한 명 예외도 없었다. 어떤 삶을 살다 가야 하는지를 요즘에는 아무도 자신에게 묻지 않는다.[42]

세상살이가 복잡하다. 정신이 없다. IT 시대니 스마트 시대니 하면서 더욱 심해졌다. 휴대전화가 없던 시절과 스마트폰이 나온 지금을 비교해 보면 우리의 삶이 얼마나 복잡해졌는지 확연히 드러난다. 원시原始는 단순하다. 그런 면에서 문명은 역설이다. 아이러니다. 삶을 편하게 하려고 만들어 낸 이기利器가 오히려 삶을 복잡하게 하고 정신없게 하니까 말이다. 그러나 어쩌랴. 그것이 현실이요 '문명'과 '발달'의 속성인 것을.

이런 시대적 상황을 반영하는 흐름이 있다. 유행이라고도 하고 트렌드라고도 한다. 최근 몇 년 동안 그 흐름을 상징한 용어가 있는데, 그것이 바로 웰빙Well-being, 드림Dream 그리고 힐링Healing이다. 한때는 뭐니 뭐니 해도 건강하게 잘 먹고 잘 살자며 웰빙 바람이 불었고, 그에 덧붙여 꿈을 꾸자는 드림 열풍이 일었다. 이름하여 '꿈은 이루어진다'는 꿈 신드롬이다. 그런데 웰빙과 드림이 소망대로 안 됐는지, 아니면 그것들을 추구하다 지치고 상처받았는지 드디어 힐링 바람으로 넘어갔다.

'아프니까 청춘이다', '천 번을 흔들려야 어른이 된다'(이상, 김난도 교수)고 위로했다. 그 위로에 청춘들이 열광했다. '멈추면 비로소 보이는 것'(혜민 스님)이라며 치유의 처방을 내놓기도 했다. 꿈을 갖고 꿈을 이루며 잘 먹고 잘 살기를 추구하다가 결국 상처받은 사람들이 많아졌기 때문이다. 아무래도 꿈을 이룬 사람보다는 이루지 못한 사람이 많게 마련이며, 잘 먹고 잘 살기보다는 아직도 성에 차지 않는 사람이 많아진 것이다. 그리하여 부지불식간에 위로받고 치료받아야 할 환자가 되어 버린 것이다.

살얼음을 딛는 듯한 일상

TV 프로그램도 힐링 타령(?)이요, 출판계에서도 힐링을 주제로 한 책이 베스트셀러에 올랐다. 힐링 캠프, 힐링 음악, 힐링 여행, 힐링 유머, 힐링 육아, 심지어 힐링 우화 등 힐링을 앞에 세워야 관심을 끌 수 있게 되었다. 그래서인지 방송에 출연하는 강사나 베스트셀러 저자 중에 힐링과 관련성이 짙어 보이는 스님이나 신부님 등 성직자들이 종종 눈에 띈다.

웰빙, 드림, 힐링, 다 좋다. 꿈꾸는 것도 좋고 위로도 좋으며 치유도 좋다. 그런 단어들은 어감까지 좋아서 입에 올리거나 머리에 떠올리기만 해도 뭔가 이루어질 것 같고, 왠지 마음이 느긋해지고 평온해지는 듯하다. 모르핀 효과가 있는 것이다.

그러나 환상을 깨자. 문을 박차고 현실로 나와 보자. 따뜻하고 편안한 잠자리와 출근길의 치열함만큼이나 대조적인 상황에 직면한다. 전쟁터와 같은 현장과 맞닥뜨리게 된다. 자칫 한 걸음만 잘못 디뎌도 꿈을 이루는 것은 고사하고 천 길 낭떠러지로 추락하고 만다. 힐링이 아니라 오히려 깊은 상처를 받기 십상이다.

113
•

아침 출근길에 나서 보면 삶이 전쟁임을 실감한다. 어딘가를 향해 종종걸음으로 줄지어 가는 사람들. 그들에게서 참전參戰의 모습을 본다. 버스를 타기 위해 뜀박질을 하고, 지하철에 먼저 타려고 밀치고 들어가는 것부터 이미 치열한 전쟁이다.

그렇게 출근한 직장에서는 또 어떠한가. 사무실 출입 카드를 메달처럼 목에 걸고, 부스로 칸막이된 좁은 공간에서 컴퓨터 모니터를 두세 개씩 켜놓고 일하는 모습들. 사진으로 보면 그럴듯하고 멋져 보이지만 당사자로서는 정신없는 일상과 스트레스를 상징하는 것이나 다름없다.

이 정도는 그래도 견딜 만하다. 코드가 맞지 않은 상사는 참을 만하다. 더 험악한 일들이 넘실거린다. 인간 같지도 않은 악성 고객을 왕처럼 상대하며 깊은 상처를 받는다. 일을 처리하는 와중에 일어나는 작은 실수가 숨죽이며 공들인 직장 생활에 결정타를 날리고, 때로는 잘못 만난 사람 때문에 삶이 송두리째 무너지기도 한다.

수년 전, 내로라하는 지위에 있던 사람이 "악마의 덫에 걸렸다"는 유언을 남기고 세상을 등졌다. 성공한 분이기에 그만큼 인맥이 넓었을 것이고, 후덕한 인품이었기에 인연이 있는 사람의 도움을 거절하지 못한 것이 화근이었다. 이것이 어디 남의 일인가? 너 나 할 것 없이 사방에서 널름거리는 위험에 노출되어 있는 것이다.

건성으로 살면 별다른 어려움이 없는 것처럼 느껴지지만(그러다가 큰일을 당한다), 깊이 생각해 보면 하루하루가 살얼음판을 딛듯 아슬 아슬하고 불안하다. 뉴스를 보면 세상이 과연 제정신인가 싶을 때가 많다. 단 하루도 조용히 지나가는 날이 없을 정도로 온갖 사건, 사고로 얼룩진다. 자동차에 설치된 블랙박스 덕분에 동영상으로 생생하게 보게 되는 교통사고 장면은 우리 모두가 절벽을 향해 대책 없이 질주하고 있는 것은 아닌지 회의하게 한다. 그것이 문밖의 상황이요 우리의 일상이다.

'싱킹'으로 출근길을 생산적으로 바꾸자

상황이 이런데 어쩔 것인가? 건성으로 현실을 외면하고 살 것인가? 대책 없이 허겁지겁 살 것인가? 계속 꿈 넋두리만 할 것인가? 웰빙과 힐링만 외치고 있을 것인가? 움츠리고만 있을 것인가? 상황이 그렇기에, 일상이 그럴수록 중심을 잡아야 한다. 좀 차분해질 필요가 있다. 덩달아 허겁지겁해서는 안 된다. 질서가 헝클어져서는 삶 전체가 헝클어지고 말 것이다.

　그럼 어떻게 해야 할까? 웰빙과 힐링의 대안은 무엇일까? 아니, 꿈을 이루고 웰빙하고 힐링하기 위해서라도 이제는 다른 방도를 동원할 필요가 있다. 어떻게 한다? 그런 궁리 끝에 머리에 떠오른 것이 '출근길'이다. 짧은 시간의 출근길이지만 매일매일 반복된다는 사실이 중요하다. 무언가 요긴하게 활용할 수 있다는 힌트가 된다. 모든 직장인에게 공통적인 출근길. 하루를 여는 시간에 계속 반복

115

되는 출근길. 그 시간을 잘 활용할 필요가 있다. 무엇으로 어떻게 활용하지? 이 책의 구상은 바로 그 의문에서 비롯되었다.

무엇으로 복잡한 세상사에 상처받지 않고 전진할 수 있을까? 낭떠러지에 떨어지지 않고 질서 있게 삶을 영위할 수 있을까? 널름거리는 위험으로부터 스스로를 보호할 수 있을까? 그 대책으로서 우선 할 수 있는 것이, 아니 꼭 해야 할 것이 마음을 차분히 안정시키고 생각에 질서를 세우는 것이다. 세상이 흔들릴수록 정신을 차리자는 말이다.

이것을 나는 싱킹Thinking이라고 정리했다. 직역하면 '생각하기'이지만, 이를테면 '싱킹'은 단순한 생각하기가 아니라 자기계발 차원에서의 '계획적인 생각하기' '깊이 생각하기'다. '실행이 답'이라지만, "생각 없는 실행은 실패의 지름길"이라는 피터 드러커Peter Ferdinand Drucker의 말을 명심하면서 실패 없는 실행을 위해 마음을 챙기고 생각을 정돈해 보자는 말이다.

그렇다고 프랑스 철학자 데카르트René Descartes의 말처럼 '나는 생각한다, 고로 존재한다'는 식의 거창한 철학적 사유를 하자는 것은 아니다. 워낙 복잡하고 정신없는 세상에 노출되었으니 이제는 생각을 좀 더 깊이 하며 다듬고 정돈하면서 삶을 영위하자는 것이다. 마음을 추슬러 상처를 덜 받고 살아가자는 것이다. 그래서 삶에 질서를 잡고 흐트러지거나 낭패당하는 일 없이 앞으로 나아가자는 말이다. 아침 출근길에 말이다.

출근길에 싱킹을? '웬 한가한 소리를 하나' 하고 볼멘소리를 할지도 모른다. 지하철 속이 수도원이라도 되는 줄 아나? 지하철 속의 아비규환을 알기는 아나? 이렇게 투덜거릴지도 모른다. 잠시만 한눈을 팔면 버스를 놓치는 판에 무슨 계획적 생각하기며 깊이 생각하기냐고 할 수도 있다. 그러나 모든 것은 마음먹기 나름이요 생각하기에 달렸다. 하려고 하면 못할 것도 없다. 아니, 상황이 그렇기에 오히려 '싱킹'이 요긴하다. 남들이 하기 힘든 것을 해야 기적이 일어난다.

《몰입》에서 황농문 교수는 일상 속에서 '20분간 생각하기'를 권하면서 출퇴근 시간을 활용하라고 했다. 출퇴근 시간이 좋은 것은 그것이 규칙적으로 실행할 수 있는 기회이기 때문이라는 것이다. 내 주장과 꼭 같다. 그 시간에 자신이 현재 해결해야 할 문제에 대해 20분간 골똘히 생각하면 출퇴근 시간이 소모적 시간에서 가장 생산적인 시간으로 바뀌게 된다는 것이다.[43]

오만 가지 생각
다스리기

우리 민족 고유의 민속악인 판소리를 들어 보면 '오만'이라는 어휘가 자주 등장한다. '오만 잡놈들이 모여 갖고', '오만 가지 약을 써봐도 소용이 없고', '오만 잡것들이 팔을 걷어붙이고' 등등. 판소리뿐만이 아니다. 우리 일상에서도 '오만'이라는 수사는 자주 사용된다. '오만상을 찌푸리고', '오만 군데가 아프고', '오만 곳, 안 가본 데가 없고'… 그 연장선상에서 '하루에 오만 가지 생각을 다 한다'는 말도 자주 쓰고 있다.

여기서 오만伍萬이란 꼭 50,000의 의미는 아니다. 사전에 "매우 종류가 많은 여러 가지를 이르는 말"이라고 해석되어 있듯이 '많음'을 표현하는 우리네 특유의 과장법이기도 한다. 그런데 재미있는 것은, 과장이 아니라 사람들이 실제로 하루에 5만 가지 생각을 한다는 사실이다. 우리 선조들은 어떻게 그걸 알았을까? 선조들의 탁월한 식견에 감탄하게 된다.

미국의 유명한 심리학자 섀드 헴스테터Shad Helmstetter 박사가 여러 제자들과 많은 연구비를 들여서 '사람들은 하루에 몇 가지 정도의 생각을 하는지'를 연구했다. 그 결과 하루에 깊이 잠자는 시간을 제외한 약 20시간 동안에 5만~6만 가지 생각을 하는 것으로 밝혀졌다. 하루에 5만~6만 가지나? 실제로 계산을 해보자. 5만~6만 가지를 20시간으로 나누면 1분에 대략 40~50가지가 되고 이는 곧 1~2초에 1가지 생각을 한다는 계산이 나온다. 이렇게 분석해 보면 아마 수긍이 갈 것이다. 우리의 일상에 순간순간마다 머릿속을 스치는 생각들이 얼마나 많던가.

그런데 짚고 넘어갈 것이 있다. 즉 하루에 5만 가지 생각을 한다고 해서 한 달 동안에 1,500,000(50,000×30)가지의 생각을 하는 것은 아니라는 점이다. 조사한 바는 없지만 상식적으로 생각할 때 한 달이든 일 년이든 결국은 5만 가지 생각의 범주를 벗어나지는 못할 것이다. 아니 그 5만 가지 생각도 중복된 것을 체크해 보면 훨씬 줄어들 것으로 여겨진다. 결코 많은 생각을 하지는 않을 것이다. 우리의 경험으로 봐도 충분히 알 수 있다.

마음의 힘, 정신의 괴력을 믿자

그렇다. 우리는 오만 가지 생각을 한다. 그런데 우리의 생각 중 85%

가 부정적인 생각이고, 그중에서도 어제 했던 걱정들이 60%를 차지한다고 한다. 그러니까 한마디로 쓸데없는 생각과 상상으로 괜한 머리를 쓰고 있다는 계산이 된다. 그래서 '오만 가지 생각'이라면 '쓸모없는 잡념'이라는 의미로 사용되는 것이다.

이제부터 출근길을 통해 그 쓸데없는 생각, 잡념을 걸러내고 쓸모 있는 생각을 하자는 것이 '출근길 싱킹'의 핵심이다. 마음을 잘 다스려 부정적인 생각, 괜한 걱정거리를 물리치자는 말이다. 머리만 복잡해지는 의미 없는 생각을 버리고 체계적이고 계획적이고 몰입적인 생각을 하자는 것이다. 그럼으로써 하루를 잘 보낼 수 있도록 마음의 평안을 찾고 좋은 생각을 잘 챙겨서 생산적인 하루를 열자는 말이다.

인간이 정신적 동물임은 설명할 필요조차 없다. '정신일도하사불성精神一到何事不成'이다. 정신을 한곳에 모으면 무슨 일이든 이룰 수 있다. 그래서 옛 선각자들은 일찍이 명상이라는 것을 개발하고 실천했다.

마음의 힘, 정신의 괴력을 증명하고 설명하는 책들은 많다. 미국 심리학자 마틴 셀리그먼Martin Seligman이 창시한 '긍정심리학'에서부터 호주의 TV PD이자 방송작가인 론다 번Rhonda Byrne의 '시크릿'에 이르기까지 다양한 주장이 있지만 결국은 마음의 힘, 정신세계의 괴력을 뒷받침한 것이다. 그중에서도 김상운 기자가 쓴 베스트셀러 《왓칭》과 《마음을 비우면 얻어지는 것들》은 과학적으로 증명된 우주의 원리와 정신세계의 오묘한 현상을 실제 사례를 중심으로 집대성한 것이다.

그런 책들을 읽고 나면 마음 쓰임이 하나도 조심스러워질 정도로 신비한 분위기에 휩싸인다. 영혼이 있는 것은 물론이요, 내가 어떻게 마음먹느냐에 따라 모든 것이 달라질 수 있음을 받아들이게 되기 때문이다. 세상은 마음먹은 대로 되며, 기도하고 염원한 대로 이루어진다는 것이 그들의 공통된 주장이다. 그런 책들을 보면 명상을 하거나 생각을 깊이 한다는 것이 얼마나 중요한지 깨닫게 된다. 김상운 기자의 책에 소개된 간단한 사례 하나만 훑어보자.

고혈압에 당뇨에 고지혈에 간까지 나빠서 '4관왕'이라고 불리던 우리나라 30대 여성의 이야기다. 임신하면 태아에게 영향이 미칠까봐 약 먹기를 두려워하는 그녀에게 정신과 의사가 특이한 처방을 내렸다.

"마음을 텅 비우면 병이 저절로 사라진다. 머리 30센티미터쯤 위에 한 줄기 하얀 빛이 떠 있다고 상상하라. 그리고 그 빛이 소용돌이치면서 머리를 타고 내려와 온몸을 구석구석 돌면서 나쁜 생각을 말끔히 빨아들인다고 상상하라. 이제 그 나쁜 생각들이 빛과 함께 발바닥을 통해 빠져나간다."

그녀는 매일 의사가 시키는 대로 했다. 어려운 일이 아니었다. 방

121

에 있을 때는 눈을 감고 그렇게 했고, 눈을 뜬 채로 지하철에서 하기도 했다. 길게는 몇 분씩, 짧게는 몇 초씩. 그것이 전부다. 결과는 어땠을까? 몇 달 후 병원에서 검진을 받아본 결과 혈압도 혈당도 정상치였다. 돈도 안 들이고 약도 먹지 않고 고질병을 고친 것이다.[44]

설마? 당연히 그런 의문을 가질 것이다. 물론 누구나 그렇게 한다고 해서 고질병이 치유되는 것은 아니다. 그러면 의사가 무슨 소용이 있겠는가. 유념할 것은, 때로는 마음의 힘과 정신의 괴력이 강력히 작용하는 경우가 분명히 있다는 사실이다. 그래서 오묘한 마음의 힘과 정신세계를 믿는 것이 좋다. 믿으면 때때로 기적 같은 일이 벌어질 수 있기 때문이다.

모든 것은 마음먹기에 달렸다. 확실히 그렇다. 그렇기에 출근길에 임하면서 가장 먼저 할 것 하나가 마인드 컨트롤이다. 마인드 컨트롤이라고 하면 대단한 것 같지만 그렇지 않다. 생각을 바꾸면 마음도 바뀐다. 젊은 날 출근길이 힘겹던 나는 그것을 극복하기 위해 마음을 바꿨는데, 그 상황을 이렇게 글로 남겼다.

서울에서의 전철 통근은 대단한 고역이다. 한때, 서울 변두리에 직장을 두고 있던 나는 한 시간 반이 넘는 거리를 버스와 전철을 갈아타며 출퇴근을 했었다. 내가 사는 동네의 전철은 특히나 붐비는 노선이어서 그렇잖아도 지옥철이라 일컬어지는 지하철의 매운맛을 혹독하게 봐야만 했다. 꾸역꾸역 사람을 채워 넣고 전차는 시침 뚝 떼고 유유히 미끄러져 가지만 그 안에서의 사정은 아비규환 바로 그것이다. 유리창이 터져 나갈 정도로 사람을 채운지라 여기저기서 끄응끄응 신열 않는 소리가 들리는가 하면, 전차가 요동을 치거나 브레이크가 걸려 한쪽으로 쏠릴 때는 가냘픈 여자의 외마디 비명이 사람들의 틈새에서 애처롭다. 전철의 손잡이에 몸을 매달려 다른 이의 체중까지 지탱해 주다 보면 팔에 경련이 일고, 이러다가 허리라도 크게 다치는 것은 아닌가 아찔할 때도 많다. 그 와중에서도 소매치기를 걱정하여 주머니 속의 지갑을 확인해야 하고, 자칫 손을 잘못 놀렸다가 옆 사람의 은밀한 부위에 '물컹' 손이 닿아 성희롱의 누명을 쓰게 될까봐 전전긍긍한다. 구두를 밟히는 건 예사요, 비가 오는 날이면 흥건히 물에 젖은 우산을 부둥켜안아야 하니 이거야말로 금상첨화(?)요 점입가경이 아니고 무엇인가. 그럴 때는 짜증이니 신경질이니 하는 차원을 넘어 나의 처지가 슬퍼지기도 한다. 역에 도착하여 전철에서 간신히 몸을 빼어 나오면 온몸은 한증막을 빠져나온 듯 땀으로 뒤범벅이라, 하! 이 짓거리를 매일매일 어찌할까 정말 난감하였다. 그곳은 분명 지옥이었고 그것은 통근이 아니라 전쟁이었다. 그래도 참전參戰의 횟수가 늘어가면서 점점 백전노장의 노런미가 발휘되기 시작하였다. 콩나물시루에서도 누워서 자라는 것이 있다고 그 지옥 속에서도 조금은 편한 곳이 있음을 발견하게 된 것이다. 그래서 나는 전철의 문이 열리기가 무섭게 그 자리를 선점하려고 육탄돌격을 감행하는 용감무쌍한 전사로 변해 버렸으니 그 꼴사나움이란 하늘에서 내려다보고 계실 조상님이 혀를 찰 일이 아니던가. 그 짓도 하루 이틀이고, 혹시 내 얼굴을 알아보는 이가 있으면 망신스럽다는 생각에 결국은 새로운 방도를 찾아내기로 했으니 나는 아예 마음을 싹 바꾸기로 일대 결단을 내린 것이다.

나는 지옥철의 고통을 철저히 즐기기로 작정하였다. 그렇잖아도 운동 부족으로 걱정을 했는데 그 속에서의 시달림을 하드 트레이닝을 받는 기회로 활용코자 한 것이다. 매달려 가는 것을 아예 팔 운동으로 생각하고 팔에 힘을 주었다 풀었다 하였으며, 정력에 좋다는 속설에 따라 그 틈새에서나마 발꿈치를 들었다 내렸다 하면서 하초 운동을 계속하였다. 사람이 밀리면 밀리는 대로 '좋다 좋아. 나는 신난다. 나는 신난다'고 속으로 주문처럼 뇌까렸고 이런 기회에 민초들과 애환을 함께 안 하면 언제 하냐는 식으로 마치 민정 시찰 나온 고관대작처럼 그 순간을 즐겼던 것이다. 나는 확확 확실히 말하건대 얼마 지나지 않아 그 지옥 속에서 실실 웃고 있는 나 자신을 발견할 수 있었다. 그뿐 아니라, 나의 앞뒤를 예쁜 아가씨와 맞붙어 가는 재수 좋은(?) 날에는 '더 꽉꽉 싫어라, 더 밀어라'며 '해피'한 기분을 만끽하며 출퇴근을 했으니, 세상만사

마음먹기에 달린 게 아니고 무엇인가 말이다. 말인즉슨.

이 글은 1990년에 쓴 나의 책 《여자는 몰라요》에 나오는 내용이다. 사반세기 전의 이야기이지만, 그때나 지금이나 출근길 풍경에 달라진 것이 별로 없다.

일체유심조다, 생각을 바꾸자

사반세기가 지난 지금, 나는 책을 쓰고 강의하는 일을 한다. 책을 쓰기 위해 몰입하면 세상이 어떻게 돌아가는지 모를 정도로 푹 빠진다. 이럴 때 가장 신경 쓰이는 것이 체력 관리다. 더욱이 황종문 교수의 《몰입》을 읽다가 일에 푹 빠지는 사람들이 자칫하면 건강을 해치고 정신분열증이나 우울증으로 고생한 사례가 많다는 것을 알고는 식겁했다.

이론상으로는 규칙적인 운동을 해야 하는데, 그것을 모르는 것이 아니라 사정이 허락하지 않을 때가 많은 것이다. 우선 강의 일정만 해도 내 마음대로 되는 게 아니다. 어떤 때는 조찬을 겸한 강의가 있고, 어떤 때는 심야에 강의가 있다. 거의 언제나 낯선 청중과 마주해야 하며, 그때마다 그들의 욕구를 채워 줄 수 있는 맞춤형 강의를 해야 한다. 그러니 강의 시작 직전까지도 머릿속으로 상상 강의를 해보며 바짝 긴장하게 된다. 이것이 학교 교사와의 차이다.

그에 더하여, 책을 쓴다는 것 또한 간단한 일이 아니다. 책을 쓸

125

때는 시간 가는 줄 모르고 몰입하게 된다. 아니, 몰입해야 글다운 글이 나온다. 아침에 눈을 떴을 때, 좋은 구상이 떠오르면 그것을 잊지 않으려고 잠옷 차림으로 부리나케 컴퓨터 앞에 앉는다. 그렇게 시작된 일이 훌쩍 오후 두세 시까지 가는 경우가 비일비재하다. 지독한 몰입이다. 그런 때는 운동하는 시간 자체가 아까워진다. 이렇듯, 이런저런 사정으로 그만 운동할 기회를 놓치는 수가 많은 것이다(물론 운동을 하지 않는 가장 중요한 원인은 게으름이요, 그 게으름의 습관화다).

이렇게 운동을 하지 못해서 은근히 걱정이 들고 스트레스를 받던 나는 생각을 확 바꿨다. 일부러 시간을 내어 운동을 하는 대신 일상에서 최대한 운동을 하고 체력 관리를 하자고 말이다. 그때부터 세운 몇 가지 원칙이 있다. 첫째, 가능한 한 많이 걸을 것. 둘째, 전철에서는 앉지 않을 것. 셋째, 출장길에서 만나게 되는 계단은 철저히 걸어서 오를 것이다.

나는 많이 걷는다. 전철의 한 정거장 거리는 재미 삼아, 운동 삼아 걷는다. 내 집에서 왕복 40분 거리인 서점까지 걸어 다니는 것은 물론이다. 또한 전철 속에서는 앉지 않기 위해 노약자석 앞에 선다. 일반석 앞에 서 있으면 앉은 사람이 하차힐 때마다 서 있는 사람들끼리 누가 앉을 것인지 서로 눈치를 보게 되지만, 노약자석 앞에 서 있으면 그런 부담이 적기 때문이다. 그리고 출장길에 만나게 되는 에스컬레이터는 이용하지 않고 철저히 계단으로 걸어 오른다. 아니, 뛰어서 오른다.(내가 알기로는 대전의 지하철역에서 지상의 대전역까지가 계단이 가장 많고 높은 것 같다. 숨차다.)

　중요한 것은 그것이 귀찮거나 힘들지 않고 즐겁다는 사실이다. 가야 할 목적지가 20~30분 정도 걸어야 할 거리일 때는 마음이 편안해진다. 계단을 만나면 반갑다. 운동할 기회가 생겼기 때문이다. 그리고 뭔가 생각을 정리할 시간을 갖게 되기 때문이다. 비록 짧은 시간이기는 하지만 평소에 생각하던 주제를 곰곰이 되씹어 가며 유유히 걷고 또 걷는다. 이거야말로 일체유심조요, 일석삼조가 아니고 무엇인가.

13

'오버싱킹'은
안 된다

"해결될 문제라면 걱정할 필요가 없고,

해결되지 않을 문제라면 걱정해도 소용없다."

— 티베트 격언

홀로 여행을 하던 한 노신사가 밤이 깊어 호텔에 투숙했다. 그는 잠을 자려고 침대에 걸터앉아 신발을 벗다가 한쪽 신발을 놓쳐 버렸다. 신발은 '쿵' 하는 소리를 내며 마룻바닥에 떨어졌다. 신사는 그 소리가 옆방 손님들의 잠을 방해할까봐 걱정이 됐다. 그래서 나머지 한쪽 신발은 조심스레 바닥에 내려놨다.

그리고 막 잠이 들려는데, 누군가 방문을 노크하는 게 아닌가. 신사는 일어나 문을 열었다. 문 앞에는 그 호텔의 투숙객인 듯한 사람이 잠옷 바람으로 서서 '이래서는 곤란하다'는 표정을 짓고 있었다.

멘탈 리허설

신사는 '아! 신발 떨어지는 소리에 잠이 깼나 보다' 짐작하고 사과할 생각으로 무슨 일이냐고 물었다. 그러자 그 사람이 말했다.

"저는 옆방에 묵는 사람인데, 나머지 한쪽 신발은 대체 언제 떨어뜨릴 겁니까? 궁금해서 도무지 잠을 잘 수가 있어야죠!"

오버하는 '싱킹'은 병이다

미국 매사추세츠 종합병원에서 정신과 상담 의사로 이름을 떨친 조지 월턴George Lincoln Walton(1854~1941) 박사가 "걱정은 습관이고 질병"이라며 쓴 책《Why Worry?》에 나오는 이야기다.[45] 이 정도면 "걱정도 팔자"라는 말이 나올 만하다. 그러나 이것은 남의 이야기가 아니다. 표현을 하지 않아서 그렇지 우리 현대인들은 갖가지 '쓸데없는' 걱정에 전전긍긍한다. 겉으로는 유유하고 태연한 척하지만.

'걱정'을 걱정스럽게 연구한 조지 월턴이나《느리게 사는 즐거움》,《게으른 사람의 행복 찾기》등을 통해 삶에서 불필요한 것을 덜어내고 쉽고 느리고 편하게 살기를 권한 세계적 베스트셀러 작가 어니 젤린스키Ernie J. Zelinski(이 사람은 캐나다 앨버타 대학교에서 공학을 공부했는데, 현대인의 삶을 위한 다양한 책을 쓰고 컨설팅을 했다)는 우리의 걱정 대부분이 별 볼일 없는 것이라고 했다.

걱정을 연구한 사람들의 주장은 이렇다.

"걱정의 40%는 절대 현실로 일어나지 않는다. 걱정의 30%는 이미 일어난 것이다. 그리고 걱정의 22%는 사소한 것이다. 8%만이 우

129

3부 멘탈 리허설과 마음 챙기기

리가 걱정하고 염려해야 할 일인데, 그중에서도 4%는 우리가 해결할 수 있는 것이다. 결론적으로, 걱정하는 것의 4%만이 어쩔 도리 없는 진짜 걱정이요 96%는 쓸데없는 걱정이라는 말이다."

이 통계가 우리 한국인들에게도 그대로 적용될지는 의문이지만 '대충'은 맞는 것 같다. 나 자신을 돌아봐도 괜한 걱정에 잠 못 이루는 경우가 많기 때문이다. 주위 사람들을 살펴봐도 별로 다를 것이 없다. 이렇게 생각이 많고 걱정이 많은 것을 '오버싱킹overthinking'이라고 한다.

오버싱킹이란 부정정인 생각이 꼬리에 꼬리를 물고 계속되는 것으로, 미시간 대학의 심리학자 놀렌 혹스마SuSan Nolen-Hoeksema 교수가 정의한 것이다.[46] '유비무환有備無患'이기에 적절한 걱정은 후환을 없애는 좋은 방법이다. 또한 자신을 돌아보고 반성하는 일도 좋은 것이다. 그러나 그것이 지나쳐서 일어나지도 않을 일을 걱정한다거나 또는 이미 저질러 버린 자신의 언행을 곱씹어 가면서 두고두고 후회하며 걱정한다면 그건 분명히 '오버하는 싱킹'이요 병이다.

앞에서 언급한 조지 월턴이나 어니 젤린스키, 그리고 티베트 사람들의 이야기를 들으면 괜한 걱정에 시달리지 말고 마음 턱 놓고 살아도 될 듯하다. 그들의 주장을 빌려 쓸데없는 걱정하지 말고 편안히 살라고 권하는 이들이 많다. 그러나 문제는 '현실'이다. '쓸데없는' 걱정은 하지 않는 것이 당연히 맞는다. 그러나 그것이 쓸데없는 걱정인지 쓸데 있는 걱정인지는 가봐야 안다. 또한 걱정다운 걱정은 4%밖에 안 된다지만 그 4%의 일이 언제 터질지 모르니 걱정이 되고 불안한 것이다. 오히려 그 4%가 삶에 결정적일 수 있다는 생각을 하면 태평스럽게 마음을 풀고 살 수는 없다. 걱정을 과학적으로 풀어 보고 통계적으로 분석해 보면 별게 아닐지 몰라도 아침마다 일터로 나가는 직장인으로서는 여러 면에서 걱정과 불안이 가슴을 파고드는 것이 사실이다.

마음의 위로와 긍정적 에너지를 주는 글귀로 가득한 책《나를 위한 하루 선물》에서 서동식 작가는 당신의 걱정이 어떤 의미가 있는지 의문해 보고 당신의 고민이 상황을 변화시킬 수 없다면 걱정을 멈추라고 했다. "우리는 태어나면서부터 수많은 문제들 속에 둘러싸여 있었고, 대부분의 문제들은 모르는 사이에 해결되었다. 내가 해결할 수 있는 문제라면 잘 해결될 것이고 그게 아니라면 상황이 바뀔 것이다."[47]

우리의 걱정을 분석해 보자

그러면 어떻게 한다? 걱정을 하란 말인가, 하지 말란 말인가. 결론적으로 오버싱킹은 하지 말라는 것이다. 그러면 어느 수준부터가 오버싱킹인가? 어느 것이 '쓸데없는' 걱정인가? 그것을 알려면 먼저 자신의 걱정에 의문을 가져 보기를 권한다. 마음이 불안하고 우울하고 걱정이 된다면 그것의 실체를 분석적으로 파악해 보자는 말이다. 막연한 걱정에 휩싸이지 말고 종이를 꺼내 기록해 보자. 지금 무엇이 그렇게 걱정되는지 말이다. 그것을 꼼꼼히 살펴보면 걱정의 수준을 알 수 있다.

정말로 걱정해야 할 걱정거리라면 당연히 걱정해야 한다. 걱정을 하지 않는 것이 오히려 병이다. 적극적인 해결책이 필요하다(다음 장에서 다룰 것이다). 그런데 막연한 걱정, 괜한 불안감, 월요병 같은 걱정이라면 툴툴 털어야 한다. 툴툴 터는 것이 마음대로 되느냐고 항변할 것이다. 그렇기에 '싱킹'을 말하는 것이다. 매일 아침 출근길에 마음을 다듬고 생각을 정리해 보는 기회를 갖자는 것이다.

예일 대학 교수였던 수잔 놀렌 혹스마Susan Nolen Hoeksema는《생각이 너무 많은 여자》에서 오버싱킹을 다루면서 그것을 해결하는 좋은 방법으로 '산책'을 권했다.[48] 슬슬 걸으면서 마음을 정리하라는 것이다. 슬슬 걸으면서 싱킹을? 그렇다면 출근길이 제격이다. 충분한 시간 여유를 갖고 집을 나서라. 그리고 버스 정류장이나 지하철 역까지 천천히 걸으며 '산책'의 여유를 부려 보자. 때로는 일부러 한

정거장쯤 일찍 내려 회사까지 걸으며 마음을 다듬고 생각을 정리해 보는 것도 좋다. 그럼으로써 오버싱킹에서 벗어나 행복한 하루를 시작하는 것은 어떨까? 아니, '어떨까'가 아니라 반드시 그렇게 해야 한다.

두려움을 털고
마음의 평온 찾기

《불안》의 작가 알랭 드 보통은 말했다. 우리가 인생에서 실패를 두려워하는 것은 소득이나 지위를 상실하는 것 때문이 아니라 남들의 판단과 비웃음 때문이라고. 남들의 시선이 두려운 것이다. 이러한 현상은 일종의 '속물근성'에서 비롯되는 데, 속물근성이야말로 현대인이 죽을 때까지 안고 가야 하는 숙명적 불안이다.[49]

— 헬렌 S. 정

출근하면서 무슨 생각을 하는가? 오늘은 어떤 기분인가? 직장인들은 이유를 알 수 없는 불안과 걱정에 휩싸이는 경우가 많다. 어떤 조사에 따르면, 상사에게 결재를 받아야할 것도 은근한 걱정이지만 뱃살이 점점 늘어나는 것도 걱정이고 심지어 점심으로 무엇을 먹을 것인지도 걱정거리 가운데 하나라고 한다(참, 별 걱정을 다 한다).

물론 근심 걱정이 없는 사람은 없다. 적절한 걱정에는 삶의 활력소가 되는 긍정적인 기능도 분명히 있다. 걱정거리가 있으면 그것을 해결하거나 벗어나려 할 것이고, 그것은 곧 발전을 위한 강한 동기가 되기 때문이다. 그러나 쓸데없는 걱정이라면, 즉 긍정적 걱정이 아니라면 그것은 스트레스임이 틀림없다. 더욱이 걱정의 수준을 훌쩍 넘어 두려움, 공포의 단계로 나아가면 큰일이다. 걱정과 두려움은 차원이 다르다.

그렇잖아도 여러 고민으로 마음이 무거운 것이 직장 생활이다. 앞에서, 우리네 직장인들은 물론 외국(프랑스)의 직장인들 역시 3분의 2가 '출근 공포'에 시달린다고 이미 지적했다. 언제 어떤 일이 벌어질지 모르기에 두렵다. 질책에 대한 두려움, 감원에 대한 두려움, 승진 탈락에 대한 두려움, 각종 실패에 대한 두려움, 거절에 대한 두려움, 건강에 대한 두려움 따위에 시달린다. 성공에 대한 두려움과 동시에 실패에 대한 두려움을 함께 느끼며, 심지어 실체를 설명할 수 없는 막연한 두려움 등 온갖 두려움을 느끼게 된다. 인생은 불확실하기에 불안하고 두렵다. 그렇기에 성경에는 '두려워하지 말라'는 말이 365번이나 반복된다고 한다.

이런 두려움에 대해서는 적극적으로 대처해야 한다. 그래야 출근길 발걸음이 가벼워지고 하루를 희망으로 시작할 수 있다.

두려움에 둔하게 반응하라

무엇보다도, 심리적으로 마음을 잘 다스릴 필요가 있다. 두려움과 공포에 직면하면 '괜한 걱정을 하지 말자', '무서워 말자'고 스스로를 위로하며 좀 둔감하게 대응하는 것이 좋다. "두려움이 속삭일 경우 당신이라면 어떻게 할 것인가? 그때 자신감과 용기를 쌓는 좋은 방법은 두려움의 속삭임을 들리지 않게 하여 다소 귀가 먹은 듯이 행동하는 것이라는 것을 나는 깨달았다." 세계 제일의 세일즈맨 중 한 사람이었던 조 지라드Joe Girard의 충고다.

두려움에 대해 연구한 사람들 중에는 두려움을 지닌 채 행동하라든가, 충분히 두려워하라고 말하는 이도 있다. 이것은 두려움에 굴복하라는 의미가 아니다. 두려움을 그대로 인정하되 의도적으로 대수롭지 않게 여기며 당당하게 맞서 그것을 극복하라는 말이다. 정도의 차이는 있지만 누구나 두려움의 속삭임을 듣는다. 그때 너무 민감하게 반응하면 두려움이 더욱 기승을 부리게 된다. 그것이 바로 두려움에 굴복하는 것이다. 두려움에 굴복하지 않으려면 좀 무덤덤하게 받아들이는 것이 좋다. 두려움의 속삭임으로부터 둔하게 반응하자는 것이다.

걱정과 마찬가지로 두려움 역시 대부분은 실체가 없다. 절벽에서 뛰어내려야 하는 상황이라면 이건 실체가 있는 두려움이다. 두려워하지 않는 것이 비정상이다. 그러나 일상에서, 직장에서 맞닥뜨리는 두려움은 막연한 두려움이 대부분이다.

앞에서 세일즈맨 조 지라드의 충고를 들려준 것은 직장인들이 가장 힘들어하고 두려워하는 일 가운데 하나가 영업이요 세일즈이기 때문이다. 그 일을 잘하면 무엇이든 잘할 수 있다고 할 정도다. 자동차, 보험, 투자 상품 등을 판매하는 세일즈맨들은 회사에서 실시하는 다방면의 교육과 훈련을 받는다. 어떻게 고객에게 접근하여 어떻게 설득할 것인지 각양각색의 기법을 배우게 된다. 특히 낯선 고객과의 상담을 위해 부끄러움이나 대인공포증을 극복하는 교육은 필수다. 그렇게 교육과 훈련을 받지만 막상 실전에 나서려면 망설여진다. 두렵고 떨리는 것이다.

세일즈 하는 과정을 눈감고 상상해 보라. 걱정되는 일, 두려운 일이 한두 가지가 아니다. 쑥스럽고 얼굴이 붉어질 상황도 예상될 것이다. '초면인 고객이 냉랭하게 대하면 어떻게 하나'라는 문제에서부터 시작해 거절당하고 돌아서는 자신의 모습을 그려 보면 끔찍할 수도 있다. 애처롭고 초라하고 불쌍하고 치사하고 얼굴 뜨거워지는 일일 것이다. 상상을 하면 할수록 두렵고 주눅이 든다. 보통 배짱으로는 사람을 만나러 나서지 못한다. 당연히 주눅이 들게 되고 심하면 포기하게 된다.

그러나 곰곰이 따져 보자. 왜 두려운가? 실체가 없다. 고객은 적이 아니다. 당신을 해코지할 일도 없고 폭력을 행사할 사람도 아니다. 단지 낯설다는 사실 하나 때문에 두려운 것이다. 그러니 조금만

137

생각을 바꿔 보면 전혀 두려워할 까닭이 없다. 만약 고객을 만나 세일즈를 했는데 거절당한다면 또다시 다른 고객을 찾아 나서면 된다. 그뿐이다. 고객의 거절은 당연한 것 아닌가? 그렇게 생각하면 마음이 편해질 수 있다. 출근길의 '싱킹'을 통해 그렇게 마음을 정리하면 된다. 그렇게 생각하면 출근하는 발걸음이 훨씬 가벼워질 것이다.

최악의 상황에 직면하라

그래도 두려운가? 마음이 다스려지지 않는가? 하긴, 실체가 없는 막연한 두려움이 더 문제다. 실체가 있는 두려움이라면 원인을 제거함으로써 두려움에서 벗어날 수 있지만, 아무리 '싱킹'으로 마음을 달래도 두려우면 두려운 거다.

그렇다면 데일 카네기의 충고에 귀 기울여 보자. 《카네기의 행복론How to stop worrying and start living》을 보면 걱정을 해결하는 '캐리어의 마술 공식'이 소개된다. 그것은 다름 아니라 '최악의 상황에 직면해' 보는 것이다. 윌리스 H. 캐리어라는 기업인이 실행했고 카네기가 실천함으로써 그 효과가 입증된 고민 해소법인데, 이 방법은 걱정뿐만 아니라 두려움을 극복하는 데에도 유용하다. 마음에 두려움이 가시지 않으면 다음과 같은 3단계로 해결해 보자.

우선, 상황을 냉정하게 분석하고 그 결과로 어떤 일이 일어날 수 있는지 최악의 경우를 예측해 본다. 그다음으로는, 그렇게 예측함으로써 상상할 수 있는 최악의 상황을 감수할 수 있는지 판단해 본다.

멘탈 리허설

감수할 수 없다면 그건 어쩔 수 없는 고민이요 두려움이다. 그러나 받아들이기로 마음먹으며 '상황 끝'이다. 최악의 경우를 감수하기로 마음먹은 이상 더는 고민할 것도 두려워할 필요도 없다. 조금이나마 개선하려는 노력을 하면 그뿐이다.

'마술 공식'이라고 해서 정말 마술 같은 일이 벌어지는 것은 아니다. 거창하거나 특별한 것도 아니다. 요점은 '가장 나쁜 상황을 예측하고 미리 각오한다'는 것이다. 그 공식을 몰랐더라도 우리는 실생활에서 그렇게 하고 있지 않은가.

데일 카네기와 같은 충고를 한 사람은 여럿 있다. 아마도 그 방법이 가장 효과적이기에 그럴 것이다. 중국의 석학 임어당林語堂도 《생활의 발견》에서 같은 충고를 하고 있다. "참다운 마음의 평화는 최악의 사태를 감수하는 데서 얻어지며, 이는 또 심리학적으로 에너지의 해방을 의미한다."

윌리엄 제임스 역시 제자들에게 이렇게 가르쳤다. "마음 편히 최악의 일을 받아들이도록 하라. 왜냐하면 일단 일어나 버린 일을 받아들인다는 것은 온갖 불행의 결과를 이겨 내는 첫 단계이기 때문이다."

최악의 경우를 예측해 본다는 것은 어디까지 내려갈 것인지 '바닥'을 상상해 보는 것이다. 그러고는 그것을 감수하기로 결정한 순간, 중대한 변화가 일어난다. 한결 마음이 홀가분해지고 깊은 안도감을 맛볼 수 있다. 두려움으로부터 해방될 수 있다. 온갖 불투명한 상상이 배제되며 침착한 마음으로 그 상황을 담담하게 받아들이게 된다.

최악의 상황에 직면하는 것은 속된 말로 '죽기 아니면 살기'라는 말이다. '죽기 아니면 살기'란 '죽기'와 '살기' 중에서 하나를 선택하라는 의미가 아니다. 적어도 죽음의 상황은 피할 수 있다는 희망과 믿음의 표현이다. 카네기를 비롯한 여러 선각자들이 '최악의 상황에 직면하라'고 권고한 것도 최악의 상황으로 빠지라는 것이 아니라 그렇게 함으로써 최악의 상황에서 탈출할 수 있다는 지혜를 말해 주고 있는 것이다.[50]

두려움이나 불안이 꼭 나쁜 것만은 아니다. 자기 발전에 좋은 자극이 될 수 있다. 두려움이 최선의 노력을 강화하게 된다. 캐나다의 세계적인 미래학자 리처드 워젤Richard Worzel은 두려움의 긍정적인 면을 강조했다. 즉 사람들이 어려운 상황을 뚫고 나아가는 힘, 동기부여는 미래에 대한 '꿈'과 '두려움' 두 가지에서 비롯한다는 것이다. 두려움은 목표에 도달할 수 있는 도구가 되고 인생을 발전시키는 원동력이 될 수 있다. 두려움을 그렇게 넉넉히 받아들이는 느긋한 자세 또한 필요하다.

이제 두려움, 공포의 실체를 이해했는가? 어떻게 대처해야 하는지 알았는가? 오늘 출근길에 당신의 마음에 어떤 두려움이 있는지 생각해 보자. 그리고 그것을 어떻게 받아들일지에 대해서도 확고한 결론을 내려 놓자. 그러면 한결 마음이 편하고 발걸음이 가벼워질 것이다. 매일매일 출근길의 '싱킹'을 통해 걱정과 두려움에 끌려가지 않도록 하자. 얼마나 할 일이 많은데, 얼마나 희망찬 일이 많은데 말이다. 자, 힘차게 나아가자.

출근길에
마음을 챙겨 보자

출근길

일 년 내내 같은 길인데

언제나 낯설다

어제의 피곤이

아쉬운 듯 어깨에 머무는데

오늘 또 한 짐을 지러 나선다

바쁘게 오가는 사람들

어디서 무엇을 하다

이리 쏟아져 나올까

모두들 어디로 가고 있는가

〈하버드 비즈니스 리뷰〉 2014년 3월호에는 '복잡한 시대에 주목할 만한 마음 챙김의 미학Mindfulness in the Age of Complexity'이라는 제목으로 무려 40년 동안이나 '마음 챙김mindfulness'을 연구한 하버드 대학 심리학자 앨런 랭어Ellen Langer(우리나라에서는 엘렌 랭어, 또는 엘렌 랑거 등으로 소개되기도 했다)의 인터뷰 기사가 실렸다. 인터뷰의 제목 그대로 복잡한 시대에는 '마음 챙김'이 반드시 필요하다는 주장이다. 마음 챙김이라면 우리는 대개 명상을 떠올린다. 명상에서 말하는 마음 챙김이란 수행을 통해 집중력을 높임으로써 청명하고 고요한 내면의 평화를 찾는 것으로, 명상의 핵심이라 할 수 있다. 랭어 박사의 '마음 챙김'은 명상에서 하는 그것을 포함하여 범위가 더 넓고 훨씬 더 '생활 친화적'이라고 할 수 있다(여기서, 앞에서 다룬 '싱킹'과 '마음 챙김'의 차이에 의문이 생길 것이다. 같은 개념으로 봐도 무방하다. 차이가 있다면, '싱킹'이 상대적으로 논리적·이성적이고 범위가 넓다고 할 수 있다. 반면에 '마음 챙김'은 명상적 요소가 좀 더 강하고 감성적이라 할 수 있다. '생각'과 '마음'만큼 차이가 있다.)

그녀의 '마음 챙김'을 쉽게 이해하려면 그것과 반대의 상태인 '마음 놓음mindlessness'을 생각하면 된다. 우리가 흔히 '마음을 놓는다'고 말할 때의 상태, 즉 방심放心 말이다. 우리 삶에 만연해 있는 '마음 놓음'으로 인해 얼마나 많은 사건, 사고가 일어났던가. 방심하다가 얼마나 많은 심리적·신체적·사회적 손실을 치렀던가.

우리는 매일매일의 반복된 패턴 속에서 습관적으로 또는 무의식적으로 고정화된 생각과 편견에 사로잡히는 경향이 있다. 이렇게 무의식적인 패턴에서 반응하는 것이 우리 삶의 대부분이라 해도 과언이 아니다. 이것이 바로 '마음 놓음'이요 방심이다.

앨런 랭어는 《마음챙김Mindfulness》이라는 책에서 '마음 놓음'이 어떤 결과를 가져오는지에 대해 비행기 추락 사건을 사례로 설명하고 있다.

1985년의 어느 추운 날, 워싱턴 D.C.발 플로리다행 여객기의 조종사와 부조종사는 출발하기 전에 사전 안전 점검을 했다. 하지만 이들은 항상 따뜻한 날씨에서만 비행을 해왔기 때문에 습관적으로 방빙 장치(항공기의 프로펠러, 공기 흡입구 등이 비행 중에 얼지 않도록 하는 장치)를 꺼두었다. 그 장치를 꺼둔 채 비행기는 하늘을 날았고 결국 예상치 못한 추운 날씨 때문에 74명의 귀중한 생명이 목숨을 잃는 대형 사고가 발생했다. 한마디로 '마음 놓음'이 가져온 결과다.[51]

그러니까 랭어 박사의 '마음 챙김'이란 무의식적으로 마음을 풀어 방심하는 게 아니라 온전히 현재에 집중하는 것이다. 자신이 하는 일과 그 일을 하는 이유에 늘 주의를 기울이는 것이다. 새로운 것에 적극적으로 신경을 쓰는 것이다. 한발 뒤로 물러서서 자신을 객관적으로 바라보며 '이걸 왜 하고 있는가?', '어떻게 하는 게 가장 좋은 방법일까?', '이것 말고 더 나은 대안은 없을까?'를 깊이 생각하는 것이다. 이거야말로 멘탈 리허설의 요체다.

그녀는 인터뷰에서 마음 챙김이 복잡한 이 시대를 사는 데 매우 중요하고 또한 효과가 크다고 강조했다. 흔히들 생각을 많이 하면 스트레스가 생기고 에너지가 고갈된다고 믿지만 마음 챙김은 오히려 에너지를 샘솟게 한다는 것이다. 마음 챙김을 통해 주의를 집중하게 되고 자신이 한 일을 더 잘 기억하며, 좀 더 창의적이 된다고 했다. 기회를 잡을 수 있는 능력이 생기는 반면에 위험이 닥치기 전에 피할 수 있게 되며, 일을 미루거나 후회하는 습관도 자취를 감추게 된다는 것이다. 그녀의 말을 조금 더 들어보자.

"샌드위치를 먹든 보고서를 쓰든, 어떤 일을 하든 마음 챙김을 하면서 할 수 있다. 자기 분야에서 최정상의 자리에 오른 사람들을 보면 마음 챙김을 실천하며 살아간다는 공통점을 발견할 수 있다.[52]

출근길에 해보는 명상

마음 챙김을 다루다 보면 당연히 '명상'이 나온다. 명상의 핵심이 '마음 챙김'이다. 앨런 랭어가 권했듯이 현재에 하는 일에 집중하는 것을 넘어 때로는 명상의 차원으로 깊이 있게 들어갈 필요도 있다. 출근길에 명상을 해보자는 말이다.

출근길에 명상을? 무슨 한가한 소리냐고 할지도 모르겠다. 일이 분을 다투며 허겁지겁 달려가는 출근길이 무슨 산책길이라도 되나? 아비규환의 전철 속이 산사나 수도원인 줄 아나? 여차하면 교통사고에 직면하는데 딴생각을 하다가 어쩌려고 그러나?

부정적인 사람은 안 되는 이유만 찾는다. 그러나 긍정적인 사람은 방법을 궁리해 낸다. 콩나물시루 속에서도 누워서 크는 여유가 있게 마련이다. 명상이라고 해서 조용한 산사에서 가부좌를 틀고 하는 것이 아니다. 그런 여유가 있다면 명상을 하라고 하지도 않는다. 복잡하니까 마음을 챙기고 생각을 정돈하자는 것이다.

'명상'이라면 산사나 수도원이 연상될 수 있다. 때로는 가부좌를 틀고 앉아 있는 도인이나 종교적인 것을 떠올리게 된다. 그러나 여기서의 명상은 그런 고전적(?) 의미의 명상에 얽매이지 않는다. 마음을 챙기고 정화하는 본래의 명상은 물론, 생각을 정리 정돈하고 깊이 궁리하는 것도 명상의 범주로 삼아 실용적으로 받아들이면 된다. 그러면 덜컹이는 출근 버스나 왁자지껄한 전철 안에서도 할 수 있다. 걸으면서도 할 수 있고 사무실의 책상 앞에서도 할 수 있다. 이름하여 '출근길 명상'이다.

출퇴근을 하면서 명상하는 것에 대해 수년 전 영국의 BBC 방송이 보도한 적이 있다. 지하철이나 버스 속에서는 물론이요 운전을 하면서도 명상을 할 수 있다는 것이다. 운전 중에 명상을 한다? 그러다 사고 나는 것 아니냐고 생각할지 모른다. 명상을 한다고 해서 운전 중에 작심하고 눈을 감으라거나 딴생각에 깊이 빠지라는 것은 당연히 아니다.

BBC에 따르면 출근할 때 운전을 하면서 마음을 가라앉히려 노력하는 것만으로도 명상에 버금가는 효과를 얻을 수 있다고 한다. 즉, 운전자가 '올바른 마음 구조'를 유지하면 하루 일과를 고요한 마음의 상태에서 마칠 수 있다는 것이다. 연구를 이끈 콘래드 킹에 따르면 운전 중 머릿속에서 일어나는 사고思考의 유형은 명상 상태의 그것과 유사하다. 운전을 하는 동안에는 뇌의 논리적 영역의 통제력이 약해지면서 뇌는 '자동 항법' 상태를 취하게 된다. 차분히 마음을 가라앉히면 삶의 의미를 따지는 일에서부터 신호등이 왜 내 앞에서만 빨간색으로 변하는지에 이르기까지 복잡다단한 문제에서 벗어날 수 있다는 것이다. 이렇게 출근 시간 중에 명상을 취하면 회사 일을 더욱 원활히 그리고 편안히 해낼 수 있다고 한다.

BBC는 많은 명상 전문가들이 출퇴근 명상의 중요성을 강조한다면서, 출퇴근 시간 또는 일상생활에서 명상을 취할 수 있는 방법을 다음과 같이 정리했다.

밝은 음악을 듣는다.
천천히 그리고 깊이 호흡을 취한다.
편안한 장소를 상상한다.
긍정적인 내용을 글로 써본다(물론 운전하면서 글을 쓰라는 건 아니다).
서 있다면 가방을 내려놓고 마음과 몸을 편안히 한다.
버스를 타고 있다면 풍경을 바라보며 집중한다.
교통 체증 상태에서는 마음을 중립 상태로 유지하고 몸을 편안히 한다.[53]

웃는 것도 명상이 된다고?

어떤가? 당신의 출근길 모습은 어떠한가? 당신은 무엇을 하면서 출근하는가? 자, 이제부터는 출근길을 바꿔 보자. 출근의 모습과 풍경을 바꿔 보자. 출근 명상에 빠져 보자. 마음 챙김에 빠져 보자. 하루에 30분만, 아니 단 10분만 해도 직장 생활이 달라질 것이다. 명상에 관한 여러 연구의 공통된 결론은 명상이 뇌 구조를 변화시켜 스트레스를 덜어 주고 긍정적 마인드를 갖게 함으로써 전반적인 행복감을 높이고 신체 면역력까지 향상시킨다고 한다. 그리고 무엇보다 중요한 것은 미친 듯이 갈팡질팡하는 세파에 휩쓸려 병들지 않고 굳건히 삶의 중심을 잡을 수 있다는 점이다. 그리하여 직장 생활에, 그리고 인생에 밝은 지평이 열리게 된다. 확신한다.

명상을 어렵게 생각할 필요는 없다. 생활의 모든 것에 명상적 요소가 있다. 밥을 먹으면서도 명상을 할 수 있다고 한다. 물론 '도사'의 경지다. 흥미로운 것은 웃는 것도 명상이 될 수 있다는 사실이다.

인도 뭄바이에 사는 마단 카타리아Madan Kataria 박사. 그는 의사이지만 진료보다는 웃음 전도사로 더 유명하다. 1995년 3월, 그는 불현듯 떠오른 아이디어에 따라 몇몇 주위 사람들에게 웃음 클럽을 제안했다. 웃음 클럽이란 매일 아침 공원이나 마을 녹지대, 쇼핑

센터 등에 모여 30분 동안 웃는 작은 모임이다. 오늘날 전 세계에 2500군데가 넘는 곳에서 정기 모임이 열리는 이 웃음클럽의 '웃는 요령'은 그냥 웃는 것이다. 즉 '생각 없는' 웃음이다. 세계 최고 수준의 미래학자로 평가받는 다니엘 핑크Daniel Pink는 카타리아 박사의 '웃음'을 경험하고는 "나는 아무런 이유 없이 웃는다는 것에 회의적이었다. 하지만 웃음은 분명 기분을 좋게 만들고 사람들의 기운을 돋우는 데 뚜렷한 효과가 있었다"고 경험담을 말했다.[54]

카타리아 박사는 이렇게 말했다 "웃을 때는 생각이 자리 잡지 않는다. 이는 우리가 명상으로 얻고자 하는 목표와 일맥상통한다."

웃는 것도 명상이 될 수 있다면, 출근길에 의식적으로 웃어 보자. 웃고 있는 당신 자신에게 집중해 보라. 그럼으로써 잡념으로부터 벗어날 수 있고 마음이 평온해질 수 있다. 이치가 이런데도 실제로 우리의 표정은 어떤가? 명상은 고사하고 정반대의 행태를 보이기까지 한다.

오늘 당장 관찰해 보자. 지하철을 타고 가는 사람들의 표정을 살펴보라. 의자에 앉아 눈을 감고 있는 사람을 대상으로 삼아야 한다. 표정이 어떤가? 젊은이나 여성은 그래도 나은 편이다. 연령대가 높아질수록 표정이 점점 더 무표정해지고 결국은 잔뜩 찌푸린 얼굴을 하고 있음을 발견하게 될 것이다. 입술 양옆의 입꼬리를 밑으로 내리고 '우거지상'을 하고 있는 사람들이 의외로 많다는 데 놀랄 것이다. 그런 사람을 집중해서 유심히 바라보면 나중에는 웃음이 터진다. 상대방의 표정은 매우 심각하지만 그 모습은 분명히 희극적이

149

다. 오늘 꼭 관찰해 보라. 내 이야기가 맞음에 놀랄 것이다.

어느 날 우연히 그런 사실을 발견한 뒤로 나는 어쩌다(전철의 좌석
에 앉아 눈을 감을 때는 서 있기를 원칙으로 삼지만 일행 때문에 어쩔 수 없이 앉
는 경우가 있다) 눈을 뜨고 있으면 맞은편 승객 때문에 시선을 어디에
두어야 할지 난감해진다. 미니스커트를 입은 젊은 여성이 앞자리에
앉아 있다면 더욱 그렇다. 나는 일부러 입꼬리를 올리고 미소 띤 표
정을 한다. 의도적으로.

출근길에서, 지하철 속에서 미소 짓기를 권한다. 그리고 자신의
표정에 집중하라. 그것이 명상이다. 더불어 마인드 컨트롤이 된다.
마인드 컨트롤을 비롯한 웃음의 다양한 효과에 대해서는 이미 잘
알려져 있고 귀가 아프게 들었기에 새삼 거론하지 않는다. 단, 웃음
이 명상이 될 수 있다는 점은 다시 한 번 기억해 두자.

프로포폴 과다 처방으로 사망한 세계적인 팝스타 마이클 잭슨Michael
Jackson의 '정신적 스승'이며 전 세계 힐링 열풍의 주역인 영성 철학
자 디팩 초프라Deepak Chopra 박사. 대체의학의 권위자이기도 한 그
가 집필한 책들은 전 세계에서 2000만 권 이상 팔릴 만큼 사람들의
지대한 관심을 받고 있으며, 그는 〈타임〉이 선정한 '세계에서 가장
영향력 있는 100인' 중 한 사람으로 꼽히기도 했다. 그가 한국에 왔
을 때, 일중독을 자랑하지 말라며 무엇이든 지나치면 스트레스가

된다고 했다. 그는 스트레스 해소법으로 'S·T·O·P'을 권했는데, 이것도 일종의 명상 기법으로 웃음이 동원된다.

"첫째, 말 그대로 멈추세요(Stop). 다음은 세 번(Three) 깊게 호흡하는 것입니다. 만면에 미소를 지으면서. 셋째가 관찰(Observe)입니다. 내 몸에서 일어나는 일을 조용히 살펴보세요. 안정이 되었다면 그 깨끗해진 마음으로 다시 일하면(Proceed) 됩니다."[55]

하루에 한 번, 이것이 전부다

하루에 10~20분 정도만 투자해 보자. 명상과 마음 챙김의 결과는 매우 클 것이다. 중요한 것은 매일매일 규칙적으로 하는 것이다. 그것은 출근 시간이 될 수도 있고 퇴근 시간이 될 수도 있다. 때로는 일하는 도중일 수도 있다. 그럼에도 출근 시간을 권하는 것은 남들에게 방해를 덜 받기 않기 때문이다. 퇴근할 때는 동행자가 있기 쉽다. 또한 하루 일과로 지쳐 있을 수도 있다. 그뿐 아니라 시간상으로도 들쭉날쭉하고 어떤 때는 술에 취했을 수도 있다.

근무 중에 규칙적으로 생각하는 시간을 갖는다? 이건 더욱 어렵다. 쉴 새 없이 걸려 오는 전화, 눈코 뜰 새 없이 밀려드는 일거리, 시도 때도 없이 찾아오는 사람들. 그래서 생각이 이어지기 힘들다. 따라서 규칙적인 마음 챙김과 명상을 하기에 딱 좋은 것이 출근 시간이다. 하루에 한 번 규칙적으로 해보자.

차드 멍 탄Chade-Meng Tan. 구글의 초기 멤버로서 엔지니어이면서도 명상에 심취하여 '내면 검색Search Inside Yourself' 프로그램을 구글에 도입한 사람이다. 그는 하루에 한 번, 마음을 챙기기 위한 명상 호흡을 하라고 권했다.

"딱 한 번이다. 주의를 기울이면서 숨을 들이쉬고 내쉬라. 그러면 그날의 약속은 이행된 것이고 그 밖의 호흡은 보너스 연습이 된다. (중략) 기억하라. 앞으로 남은 생애 동안 하루에 한 번씩 호흡하라. 이것이 내가 요구하는 전부다."

물론 그의 말대로 하루에 꼭 한 번만 하면 그것으로 끝이라는 말은 아니다. 그럼에도 '하루에 한 번'을 강조한 이유는 첫째, 그렇게 실행 계획을 적게 잡으면 약속을 지키기가 쉽기 때문이며, 둘째는 명상 의도를 갖는 것 자체가 명상이기 때문이라고 했다. 하루에 한 번씩 명상을 시도하다 보면 귀중한 정신적 습관으로 굳어지고 나중에는 저절로 횟수가 늘어날 것이기 때문이다.[56] 이처럼 마음 챙김이나 명상의 핵심은 일단 시도하는 것에 있다. 하루에 한 번 시도하는 것에 깊은 의미가 있음을 마음에 새겨 두어야 한다.

이 책에서는 우리가 매일매일 꼭 해야 할 멘탈 리허설의 소재들을 다루고 있다. 멘탈 리허설의 요체는 '싱킹'이고 내가 말하는 싱킹은 마음 챙김이나 명상 등을 모두 포괄한다. 아무쪼록 출근 명상을 해보자. 마음을 챙겨 보자. 싱킹을 통해 멘탈 리허설을 해보자. 분명

멘탈 리허설

히 직장 생활이 달라진다. 삶이 변한다. 그것이 자기혁명이다. 차드 멍 탄의 표현을 빌려 나도 당신에게 권하겠다.

"하루에 한 번! 이것이 내가 요구하는 전부다."

16

출근 명상은
이렇게 한다

세계적인 기업 '교세라'를 창업한 이나모리 가즈오稻盛和夫 회장. 확고한 기업 이념과 철학, 미래를 보는 선견력으로 '경영의 신'이라 불리는 그는 우리나라 '근대 농업의 아버지' '씨 없는 수박'으로 유명한 우장춘 박사의 사위이기도 하다. 그는 인생은 결국 하루하루가 쌓여 이루어지는 것이기에 하루하루를 의미 있게 보내기를 강조한다. 그는 이렇게 말했다.

"수행이나 정진을 말하면 흔히 종교적인 것을 연상하지만 꼭 그런 것은 아니다. 산속에서 수양하는 것보다 속세를 열심히 사는 데서 인생의 진리를 찾기가 쉽다. 날마다 하는 일에 최선을 다하고, 생명력을 불어넣는 것이 무엇보다 중요하며, 그것이야말로 영혼을 닦고 마음을 수양하는 숭고한 '수행'이다."[57]

멘탈 리허설

앞에서 싱킹, 마음 챙김, 명상을 뭉뚱그려 다뤘다. 여기서는 출근길에 마음을 평온하게 할 명상에 대해 좀 더 깊이 있게 다뤄 보기로 한다. 명상은 그 종류가 다양하다. 지금도 새로운 명상법이 계속 만들어지고 있다. 그리고 사람마다 선호하는 방식이 다르다. 그러나 그것이 어떤 것이든 기본적으로 마음의 수련이라는 점에서는 같다.

석가모니가 사람들에게 가르쳤던 명상법은 크게 둘로 나눌 수 있다. 하나는 사마타Samatha 명상이고 다른 하나는 위빠사나Vipassana 명상이다. 사마타란 '고요하다'는 뜻으로, 마음이 수행의 대상에 깊이 집중함으로써 평온해지고 고요해지도록 하는 것이다. 그래서 이를 집중 명상concentrative meditation이라고 한다(또는 초월 명상이라고도 한다).

집중 명상은 호흡, 만트라mantra(기도나 명상을 할 때 계속해서 외는 주문), 또는 점이나 정신적 주제 등 어떤 한 대상에 집중함으로써 무념무상의 삼매를 얻는 수행으로 대부분의 명상을 포괄한다. 집중 명상, 즉 이완 반응 명상법을 서양의학에 최초로 도입한 사람은 하버드 의대 교수인 허버드 벤슨Herbert Benson 박사나.

1970년대 중반, 그는 집중 명상을 '이완 반응Relaxation Response'이라는 이름으로 임상에 적용해 후기 산업사회가 발달한 1970년대 이후 현대인이 겪는 스트레스의 온갖 피해에 효율적으로 대처하기 위한 방법으로 도입함으로써 '현대 의학의 구세주'라 불리게 된다.

반면에 위빠사나는 '여러 가지를 관찰한다'는 뜻이다. 우리의 몸과 마음에서 일어나는 여러 가지 현상을 관찰하여 올바르게 이해함으로써 마음의 평온을 얻게 되는 것으로, 통찰 명상insight meditation이라고도 한다(또는 지각 명상이라고도 한다). 통찰 명상은 순간마다 나타났다 사라지는 쾌·불쾌 등의 느낌과 감정을 그 자체로 바라보고 인정하는 것으로, 그렇게 되면 느낌과 감정이 자신의 의지와 관계없는 현상임을 깨닫게 되어 결국은 모든 부정적 감정으로부터 자유로워진다는 것이다.

위빠사나 명상은 자신의 마음과 몸을 있는 그대로 마음 챙김 하도록 가르친다. 쉽게 말해서 현재 당신이 하고 있는 그 일에 마음을 챙겨서 그 일만을 느끼는 것이다. 마음과 몸의 과정을 발생하는 대로 어떠한 선입견이나 분석 없이, 그대로 관찰하고 지켜보고 알아차림으로써 정신과 육체의 내재적인 본질을 올바르게 이해하는 것이다. 즉 우리의 일상이 워낙 복잡다단하기 때문에 명상을 통해 마음을 챙기지 않으면 자기를 잃어버리고 스트레스에 휘둘리게 되므로, 마음 챙김을 통해 스트레스를 덜 받고 좀 더 자유스러워지며 평온한 삶을 영위할 수 있게 된다는 것이다. 이 명상법은 미국 매사추세츠 대학의 존 카밧진Jon Kabat-Zinn 박사가 체계화하고 일반인들에게 보급했다.

그러나 집중 명상은 만트라에 집중하는 등 종교적 색채가 강하기 때문에 가끔 논란거리가 되는 데 비해 후자인 통찰 명상은 초월하지 않고 오히려 딴생각이 일어나더라도 배척하기보다는 그것에 주의를 기울임으로써 마음 수련을 하는 것이다. 예를 들어 몸에 통증이 있거나 또는 마음에 화가 치솟을 때는 아무런 가치판단을 하지 않고 계속해서 관찰하며 '화가 있는 마음이다'라고 알아차리고 의식에서 자연스럽게 나타나고 사라지도록 하라는 것이다. 즉, 마음과 몸의 과정을 단순하고 자연스러운 과정으로 파악함으로써 몸의 통증이나 화난 마음이 사라지고 결과적으로 괴로움으로부터 벗어나게 된다는 것이다. 설명이 너무 어려운가?

여기서 명상법을 전문으로 다루지는 않는다. 제대로 하려면 그것을 따로 공부하고 훈련해야 하는 것은 물론이다. 다만, 몇 가지 명상법을 소개하고 출근길에 어떻게 할 것인지를 다루는 수준에 머물 것이다. 그러나 명상의 기본 원리와 요령을 알고 훈련을 쌓는다면 수준 높은 명상은 아닐지라도 마음을 평온하게 유지하고 활기찬 하루를 여는 데는 손색없는 마음 챙기기는 얼마든지 가능해진다.

명상의 간단한 요령

명상을 제대로 배우려면 상당한 절차와 훈련이 필요하다. 그러나 출근길에 마음을 챙기고 생각을 정돈하기 위한 명상이라면 혼자서도 얼마든지 가능하다. 하루에 10분씩이라도 꾸준히 해보면서 스스로 효과를 느끼고 어떤 경지를 깨달아야 한다. 명상의 요령도 명상의 종류만큼이나 다양하지만 일반적인 요령은 다음과 같다. 출근길의 상황에 적절히 맞춰서 하면 된다. 핵심은 정신의 집중이요, 마음의 평정이다.

:: 조용하고 쾌적한 곳이 명상하기에 좋은 것은 맞는다. 그러나 오히려 당신이 있는 바로 그 자리가 명상을 하기에 가장 적합한 장소라 할 수 있다. 시끄럽고 혼잡한 환경에서 정신을 집중하기 힘들기는 하지만 역설적으로 그런 곳에서 마음의 안정을 찾을 수 있다면 이미 수준급이라 할 수 있다.

:: 편안한 자세를 취한다. 눈은 감아도 되고 떠도 된다. 가부좌를 틀거나 누울 수 있는 환경이면 좋지만 출근길이니 그건 당연히 불가능하다. 이 역시 출근길의 환경에 최대한 적응할 수밖에 없다. 앉아도 되고 서도 된다. 수행자들은 일부러 걸으면서 명상을 하기도 한다.

:: 몸과 마음을 최대한 편안히 한다. 이완시킨다.

:: 호흡이 매우 중요하다. 명상에서는 '길고 깊은' 호흡이 기본이다. 조용히 자연스럽게 숨을 들이쉬고 내쉬되 이때 복식호흡을 하는 것이 좋다. 복식호흡을 한다고 억지로 하복부를 움직이는 것도 좋지 않다. 호흡은 입이 아니라 코로 한다. 숨을 깊이 들이마시고 내쉬되 공기가 코를 통해 배와 가슴에 들어갔다 다시 나오는 과정, 즉 호흡에 관심을 집중한다. 처음에는 좋은 공기가 몸속으로 충분히 들어오고 나쁜 기운이 빠져나간다는 생각으로 숫자를 세며 호흡에 집중하는 것도 하나의 방법이다. 단, 억지로 집중하려는 생각은 버려야 한다. 자연스럽게 공기가 몸속 깊숙이 들어왔다가

나가는 것에 주의를 집중한다. 그럼으로써 잡념이 사라지게 한다.

:: 숨의 드나듦에 주의를 집중하면서 숨을 내쉴 때마다 감사, 행복, 기쁨 등의 긍정적인 단어를 떠올리거나 '좋다', '고맙다', '사랑한다', '나는 평화롭다', '분노가 사라진다' 등의 자신만의 '만트라'를 말한다.(출근길에 혼자 중얼거리면 주위사람들이 정신 나간 사람으로 볼수 있다. 마음속에서 되뇌면 된다.) 또는 평소에 좋아하는 의미 있는 기도문이나 시를 암송하는 것도 좋다.

:: 결국 명상이란 호흡이나 걸음걸이 등에 집중하지만 궁극적인 것은 마음을 비우는 것이다. 명상은 무엇을 생각하는 게 아니라 생각들을 사라지게 하는 것이다. 마음과 정신을 충만하게 하기 위해 쓸데없는 것은 비운다는 것을 생각하라.

:: 이런 식으로 매일 일정한 시간에 때로는 마음과 정신이 혼란할 때 꾸준히 실행하라. 그러면서 스스로 명상의 효과를 깨달아야 한다.

"당신이 숨 쉴 수 있다면, 숨 쉴 시간이 있다면 명상할 시간이 있다."

― 틱낫한 스님

생활 속에서, 현장에서 명상하기

명상이 별건가? 이렇게 말하면 명상을 전문적으로 연구하거나 실행하는 분들은 발끈할지도 모르겠다. '도사' 수준의 명상가가 되는 길은 간단치 않을 것이다. 그러나 우리 모두가 그런 사람이 될 필요도 까닭도 별로 없지 않을까?

나는 생활 명상, 현장 명상을 권한다. '명상'이라고 고상하게 표현하지만 그저 '마음 챙기기', '생각 정리하기' 정도로 받아들이면 된다. 생활 명상, 현장 명상이란 생활의 현장에서 그때그때 생각을 정리하고 마음을 다스리며 살자는 이야기다. 그러지 않고는 세파에 휩쓸려 내가 지금 어디로 가고 있는지도 모르고 함몰되기 십상이기 때문이다. 전철 속에서, 그리고 버스를 타고 가면서, 때로는 전철역이나 회사까지 걸어가는 그 현장에서 한 차원 다른 생각을 하면서 살자는 말이다. 그것이 생활 명상이요 현장 명상이다.

"출근할 때 지하철에서 앉아서 갈 때는 눈을 감고 그날 할 일을 미리 그려본다. 그러면 회사에 갔을 때 바로 업무가 가능해져서 업무 효율성이 높아진다. 빈자리가 없어서 서서 갈 경우에는 내쉬는 숨에 집중하면서 호흡을 히는데, 호흡하면서 단전에 힘을 기르면 명싱이 더 질된다. 지하철 안에서 명상이 여의치 않을 때는 지하철에서 내리는 순간부터 사무실에 도착할 때까지 걸으면서 '나는 모든 문제에 긍정적이며 적극적이고 창조적으로 반응한다. 나는 내가 생각하는 대로 만들어지는 존재다. 나는 모든 것을 할 수 있는 존재다'라고 긍정의 메시지를 되뇐다. 실제로 긍정의 메시지를 되뇌고 나서 좋은 일들이 많이 생겼다."**58**

— 직장 생활 13년차 은행원 W씨

〈빠삐용〉이라는 영화가 있다. 1970년대의 영화이기에 신세대에게는 낯설 것이다. 그러나 우리 세대에게는 참으로 인상 깊은 명작이다. 나는 〈빠삐용〉을 네 번쯤 봤다. 그만큼 강렬한 인상을 받았고, 무엇인가 영감을 얻은 영화다.

그 영화에 이런 장면이 나온다. 살인죄 누명을 쓰고 감옥살이를 하는 빠삐용은 탈옥을 시도하지만 번번이 실패하고 그럼으로써 형기가 늘어 종신형에 처해진다. 너무나 억울했기 때문인지, 꿈속의 법정에서도 자신은 죄가 없다고 결백을 주장한다. 억울함을 호소한다. 그러나 재판관은 유죄를 선고하는데, 그의 죄명은 다름 아닌 '인생을 낭비한 죄'다.

입적하신 법정 스님도 〈빠삐용〉을 관람하신 모양이다. 생전에 스스로 '빠삐용 의자'라고 이름 붙인 의자에 즐겨 앉았으니 말이다. 그 의자는 인터넷을 뒤져 보면 쉽게 찾을 수 있다. 스님이 손수 만들었다는 그 의자는 제대로 다듬지도 않은 참나무로 만든 소박한 의자다.

스님이 말했다. "빠삐용이 절해고도에 갇힌 건 인생을 낭비한 죄였거든. 이 의자에 앉아 나도 인생을 낭비하고 있지는 않은지 생각해 보는 거야.”법정 스님은 빠삐용 의자에서 명상을 했던 것이다. 빠삐용 의자? 지금 당신이 앉아 있는 전철이나 버스의 의자가 바로 '빠삐용 의자'라고 생각해 보는 것은 어떨까? 그리고 법정 스님을 떠올리며 '나는 인생을 낭비하고 있지는 않은가?', '나는 무엇인가?'라고 수시로 깊은 생각에 잠겨 보자. 그것이 바로 생활 명상이요 현장 명상이다.

출근길에 걸으면서도 명상은 가능하다. 아니, 명상을 해야 한다. 원래 걷기 명상을 '경행經行' 또는 '행선行禪'이라고 하여 수행법의 하나로 봤다. 걸으면서 발동작과 발의 느낌에 의식을 집중하여 마음챙김과 깨어 있는 능력을 향상시켜 가는 것이다.

'수도승'이라고 하면 떠오르는 이미지가 있다. 하나는 가부좌를 틀고 앉아 있는 모습이고, 또 하나는 먼 길을 터벅터벅 걸어가는 모습이다. 그만큼 걷는 것은 선禪 수행의 주요한 방법 가운데 하나다. 그것이 서양 쪽으로 가면 철학자나 음악가들이 즐겨 하는 '산책'이되는 셈이다.

초심자에게는 가만히 앉아서 하는 좌선보다 오히려 움직이면서 하는 걷기 명상이 더 효과적이라고 한다. 왜냐하면 꼼짝 않고 앉아서 좌선을 하는 것은 생각보다 어렵기 때문이다. 움직이는 편이 훨씬 낫고 쉽다는 것은 실생활에서도 경험해 보았을 것이다. 가만히 앉아 있으면 좀이 쑤신다. 원래 명상법을 익히는 첫 관문이 걷기 명상이다. 걷기 명상도 전문적 수행으로 들어가면 걷는 방식이 복잡해진다. 그러나 우리가 하려는 걷기 명상은 걸으면서 생각을 정리하고 마음을 다스리는 것으로 쉽게 받아들이면 된다. 걸을 때 의식을 발에 집중하여 매순간 발동작과 발의 느낌을 놓치지 않고 모두 알아차리겠다는 심정으로 순간순간 온전히 주의를 집중하면서, 주위가 산만해서 정신 집중이 안 될 때는 부드럽게 다독이며 원래 자리로 데려오면 그만이다.[59]

"걷는다는 것은 생각한다는 것이다. 인간은 생각하는 동물이다. 생각한다는 것은 정신적으로 살아 있다는 것을 의미한다. 걷는다는 것은 인간이 자신의 속도로 움직인다는 뜻이다. 육체가 허용하는 적절한 속도로 걸을 때 우리의 정신은 편안하다. 가장 생각하기 좋은 속도다."[60]

— 구본형

때로는 명상을 넘어 '멍상'하기를

생각이 많으면 머리가 아프다. 복잡하다. 이것저것 신경을 많이 쓰고 집중하여 머리를 쓰다 보면 머리에 쥐가 난다. '머리에 쥐가 난다'는 표현을 흔히 쓰는데, 나는 그런 경험을 여러 번 해봤다. 정말이지, 머리에 쥐가 나서 생각의 작동이 헝클어지고 멈춰 서버리는 경험이었다. 뇌를 혹사시키면 후유증이 있게 마련이다. 따라서 때로는 명상을 넘어 '멍상'도 필요하다. '멍상'이란 누군가가 우스갯소리로 만든 말인데, 일리가 있다. 멍하니 아무 생각 없이 그냥 그렇게 있을 필요도 있다는 말이다.

명상이란 머리를 비우는 것이다. 무엇인가에 집중하고 머리를 쓰는 것 자체가 머리를 비우기 위해서다. 명상은 절대적인 고요와 평화의 상태이며 아무것도 생각하지 않는 상태다. 그러니까 아무런 생각 없이 멍한 상태에서 머리를 쉬게 하는 것은 명상이 추구하는 목적과 같다.

열심히 머리를 쓰면 베타파가 나온다. 베타파는 생각의 속도가 빠를 때 나타난다. 스트레스를 받을 때 나온다. 더구나 책을 읽거나 업무를 함으로써 눈을 쓰게 되면 베타파 중에서도 빠른 베타파가 나온다. 이때 눈을 감고 있으면 눈으로 전달되는 자극이 차단됨으로써 빠른 베타파가 느린 알파파로 변한다는 것이다. 느린 알파파란 바로 명상을 할 때의 긴장이 완전히 이완된 상태다.

알파파는 고도의 집중 상태에서 나타난다. 긴장과 불안, 잡념이 사라진 몰입 상태의 뇌파다. 중간 정도의 알파파(10~12Hz)는 긴장이 풀려 있으면서도 의식의 집중이 이뤄져 있는 상태고 빠른 알파파(12~13Hz)는 약간 긴장된 상태에서 주의 집중이 이뤄진 상태다. 느린 알파파에서 뇌파가 더 느려지면 세타파(4~7Hz) 상태가 된다. 이는 꾸벅꾸벅 졸거나 잠이 들기 직전의 상태다. 그런데 바로 이 상태에서 아이디어가 가장 잘 나오는 것으로 알려져 있다.[61]

﹡

이제 명상에 대해 어느 정도 알게 되었을 것이다. 도를 닦는 것이 아닌 한, 당신이 실제로 해보고 가장 적절하다고 생각되는 방식으로 마음을 챙기고 다스리면 된다. 어떤 방법이 좋을지는 사람에 따라, 상황에 따라 다를 터이니 자기만의 명상법을 실천하면 된다.

전문가들 역시 특별한 명상의 테크닉에 신경 쓰지 말고 하루에 한 번 자신을 돌아보라고 권한다. 자칫, 방법에만 집착하면 좋은 결과를 얻지 못한다는 것이다. 그저 출근길의 그 순간에 일상의 짐과 걱정거리를 내려놓고 깊은 호흡을 하는 것부터 시작하면 될 것이다. 중요한 것은 매일매일 규칙적으로 하는 것이다. 그러면 자기 나름의 경지와 효과를 스스로 체험해 볼 수 있다.

자, 시작하자. 오늘 출근길에서부터.

17

내면의 소리를
들어 보자

"눈을 감으면 내면의 나를 만날 수 있어. 눈을 감는다는 것은 내 마음을 들여다보는 거룩한 의식이야. 반대로 눈을 뜬다는 것은 사물을 통해 나를 들여다보라는 신호지. 눈을 감고 생각한다는 것은 눈을 감고 본다는 의미야. 마음의 눈을 통해서."[62]

— 이경열

스티븐 코비가 《성공하는 사람들의 7가지 습관》을 낸 지 10년 만에 《성공하는 사람들의 8번째 습관》을 후속작으로 냈다. 그 책의 핵심 메시지는 바로 '내면의 소리를 찾고, 내면의 소리에 귀 기울이라'는 것이다. 열정을 갖고 자신이 세상에 필요한 존재임을 느끼며 내면의 소리에 따라 일을 해야 진정으로 성공한 사람이 된다는 것이다.

　내면의 소리란 겉으로 드러나는 것이 아닌, 진정한 자기 자신으로부터 나오는 진실한 마음이요 외침이다. 내면의 소리란 진아(진정한 자아)의 소리, 진정한 자기의 소리, 마음 깊은 곳에서의 울림, 진정한 소망과 욕구, 양심의 소리다. 사람들은 누구나 마음 깊은 곳으로부터 스스로에게 들려오는 소리가 있게 마련이다. 다만 애써 그것을 외면하여 들으려 하지 않거나 또는 그 소리에 늘 자기변명, 자기합리화를 하려 든다. 자기가 듣고 싶은 소리만 들으려 한다는 말이다.

내면의 소리를 찾는 것은,

'나는 누구인가?'

'나는 어떤 존재, 어떤 종류의 사람인가?'

'나는 어떻게 살아야 하는가?'

'나는 인생을 낭비하고 있지 않은가?'

'나는 인생에 어떤 목표를 갖고 있는가?'

'나는 무엇을 잘할 수 있고 무엇을 하고 싶은가?'

'진정 내가 살고 싶은 삶은 무엇인가?'

'내가 진정으로 하고 싶은 일, 간절히 되고 싶은 모습은 무엇인가?'

'진실한 삶이란 어떤 것일까? 나는 과연 그렇게 살고 있는가?'

'나의 노후는 어떤 모습일까? 이대로 가면 어떻게 될까?'에 스스로 답하는 것이다. 그 답을 통해 정체성을 확립하게 되고 인생의 진로를 다듬게 된다.

나는 어떻게 살아야 하는가?

요즘 우리나라 사람 중에 내가 가장 좋아하는 사람은 장사익 선생이다. 그분은 나와 동갑내기다. 한 번도 만난 적은 없지만 나는 그가 참 좋다(만날 날이 있으리라 믿는다). 왜 좋냐고? 세상에 가장 멍청한 질문이 "왜 사랑하냐?", "왜 좋아하냐?"는 질문이다. 그 사람이니까 사랑하고 그 사람이니까 좋아한다. 나는 그가 그냥 좋다. 그의 소리가 좋고, 그의 인상이 참 좋다.

내 컴퓨터에 저장된 유일한 인물이 장사익이요, 그가 노래하는 장면의 동영상이다. 어떤 이는 마음이 심란할 때 모차르트나 슈베르트의 음악을 듣는다지만 나는 장사익을 듣는다. 그가 소리를 할 때 나도 따라 한다. 다만 그가 부르는 노랫말 중 '봄날은 간다'를 '봄날은 온다'로 개작하여 흥얼거린다. '간다'는 건 부정적이라 혹시 부정 탈까봐 긍정적으로 바꿔 부르는 것이다. 일을 하는데 TV에 그가 출연하면 아내가 소리친다. "장사익 씨 나왔어요!" TV에 대통령이 나와도, 유엔 사무총장이 나와도 소리치지 않는데 그가 나오면 빨리 거실로 나와서 그를 보라고 소리를 지르는 것이다. 내가 그를 얼마나 좋아하는지를 방증하는 일이다.

그의 소리도 좋지만 그의 스토리도 그에 못지않게 좋다. 그는 충청도 사람이다. 점쟁이가 아니라도 그의 모습에서 고향을 알아맞힐 수 있을 정도로 충청도 냄새가 물씬 난다. 그는 7남매의 맏아들로 태어나 가난한 농촌 생활을 했다. 무작정 상경해 선린상고를 다

넸고, 보험회사를 시작으로 열대여섯 개의 직장을 전전했단다. 그리고 마흔셋의 나이이던 1992년 말, '내면의 소리'와 맞닥뜨린다. 그는 자기가 하고 싶은 일과 할 수 있는 일을 더듬어 살폈고 평소에 그토록 좋아하던 국악기 '태평소'를 마음에 찍는다.

그가 길을 가다가 화려한 장미꽃 넝쿨 속에서 진한 향기를 내뿜으며 숨어 있던 찔레꽃을 보고 눈물을 흘리며 한 독백은 내면의 소리가 무엇인지를 함께 듣는 것 같다.

"잘 보이지도 않고 볼품없는 찔레꽃이 나 같아. 폼 나게 살지 못하고 쭈뼛쭈뼛 살고 있는 소시민이지. 어차피 인생이 죽음으로 가는 여행이지만 찔레꽃처럼 진한 향기 한번 뿜어내고 가고 싶어."[63]

내면의 소리를 찾으라고 해서, 마치 장사익 선생처럼 지금 하던 일을 때려치우고 태평스럽게 태평소를 불라는 말은 아니다. 이직을 하라는 것도 아니다. '자유가 그립다'고 자유롭게 처신할 처지가 되지 못하는 게 직장인이다. 내면의 소리란 종류가 다양하다. 그러나 핵심은 진정한 양심의 소리요 자아의 소리란 점이다.

출근길에 생각을 정리하고 내면의 소리에 귀 기울이는 사람이라면 함부로 하루를 보내지 못한다. 더욱이 요즘 크게 문제가 되고 있는 부조리한 일에 손을 댈 상상조차 할 수 없다. 그런 행위는 양심의 소리가 가르치는 것과 너무나 다르기 때문이다.

수시로 자신과 대화하라

내면의 소리를 듣는 것은 진정성을 회복하는 지름길이다. 진정성이란 '진실한 마음이 담겨져 있는 것', '진실된 것', '진심'이라는 의미다. 허례허식이 없다는 것이요, 진심으로 행하는 것이며, 부차적인 것이 아닌 본질을 추구한다는 것이고, 거짓이 없이 솔직한 것이다. 온 마음과 정성을 다하는 것이다.

오늘날 우리 사회의 가장 큰 문제는 '진정성의 결여'다. 정치인은 말할 것도 없고 기업을 하는 사람부터 평범한 직장인에 이르기까지 진정성을 상실하고 있다. 겉으로 보이려는 것과 내면의 그것 간에 차이가 너무 크다. 직업 모럴의 문제가 야기되는 것도 진정성의 상실에 기인하는 것이요, 사회 지도층의 도덕적 해이 역시 진정성의 실종에 원인이 있다.

출근길에 '마음 챙김'을 하는 이유 중 가장 중요한 것은 내면의 소리를 듣는 것이다. 당신의 자아의 소리에 귀 기울여 보는 것이다. 자아 운운하면 거창해진다. 쉽게 말해 양심의 소리를 들으라는 것이다. 당신은 회사에 충성하고 있는가? 상사에게 진정한 복종심을 갖고 있는가? 고객을 진심으로 대하는가? 부정과 비리를 저지르고 있는 것은 아닌가? 그런 반성에서부터 '나는 지금 어디로 가고 있는가?', '이대로 가면 무엇이 될까?'에 이르기까지 곰곰이 생각해 보라. 아니, 생각할 것이 아니라 당신의 마음 깊은 곳에서 나오는 울림을 들어야 한다. 그리고 그 소리에 맞게 행동해야 한다.

"어째서 우리는 자신의 마음에 귀를 기울여야 하는 거죠?"
"그대의 마음이 가는 곳에 그대의 보물이 있기 때문이지."**64**
— 파울로 코엘료

소망과 열정은 머리에서 나오는 것이 아니라 가슴에서 나오는 것이다. 사람들은 우리의 영혼이 무엇을 절실히 원하는지, 어떤 인생을 살아야 할지, 어디로 가야 하는지, 직장 생활을 어떻게 하는 게 바람직한지 고민한다. 그러나 그 나침반과 인생의 지도는 이미 우리들 마음속에 있다. 그것이 바로 내면의 소리다. 출근길에 수시로 자신과의 대화에 나서라. 내면의 소리를 들으며 또 묻고 답하라. 그러면 진정한 답을 얻을 수 있다. 그것은 내면의 '참 나'로부터 오는 답이다.

그대 힘든 일들로 인해 삶의 방향을 잡기 어려울 때일수록 내면에 귀를 기울여야 한다. 중대한 결정을 눈앞에 두었다면 더욱더 그대의 내면을 존중해야 한다. 그대의 마음에서 울려 나오는 소리를 듣고 그 소리를 믿어 라.[65]

– 발타자르 그라시안

18

화나는 일,
속상한 것을 다스리자

"분노를 억제하는 가장 좋은 방법은, 분노가 활활 타오르는 것을 느낄 때
자기 몸을 꾹 누르고 아무것도 하지 않는 것이다. 움직이거나 말을 하면
안 된다. 만일 육체나 혀舌에 자유를 준다면 분노는 점점 더 커지게 된다."

─톨스토이

출근길은 즐거워야 한다. 그래야 일이 잘 풀리고 하루가 즐거워진다.
이건 상식이다. 그러나 세상사가 어디 그런가. 화나는 일, 속상하게
하는 일이 수시로 일어난다. 오늘 출근을 하면서도 어제 직장에서
일어났던 '그 일' 때문에 마음이 찝찝한 경우가 많다. 코드가 맞지
않는 상사 때문에 그럴 수도 있고, 회사의 방침이 자신의 신념과 어
긋나 그럴 수도 있다. 계속 이어지는 야근으로 속이 상할 수도 있고,
'재주는 곰이 부리고 실익은 엉뚱한 녀석에게' 돌아가는 불공평함

173
·

때문에 그럴 수도 있다. 사정은 가지각색이요, 복잡다단할 것이다.

어디 그뿐인가. 출근길에 만나게 되는 낯모르는 사람 때문에도 감정이 상할 수 있다. 순서를 기다리는 버스 정류장에서 난데없이 밀치고 올라타는 사람을 만날 수도 있고, 꽉꽉 실린 전철 안에서 조심하지 않고 신발을 질끈 밟는 사람을 만날 수도 있다.

이런 경우, 생각하면 할수록 상승작용을 일으켜 점점 더 짜증이 나고 화가 치솟을 수 있다. 그렇잖아도 우리나라 사람들의 가장 대표적인 스트레스 반응이 '분노'라고 한다. 다른 나라 사람들과 비교할 때 똑같은 자극에 대해서도 화를 더 잘 낸다는 말이다. 외국 사람들은 우울이나 불안 같은 심리적인 반응이 많은 데 비해 우리나라 사람들은 '열불 나서 진짜…', '화가 나서 미치겠네' 같은 분노 반응이 많다는 것이다. 그리고 그 분노의 수위가 높고 과격하다는 특징이 있다.

문제는 분노가 문제를 해결하지 못한다는 데 있다. 오히려 상승작용을 하여 주위 사람들을 불편하게 할 뿐 아니라 부메랑이 되어 자기 자신에게 결정적 해악이 된다. 따라서 아침 출근길에서부터 여러 형태의 분노에 대해 스스로 조절하는 지혜를 발휘하는 게 좋다. 정말로 좋은 하루를 위해서라도 말이다.

평온한 것처럼 행동하자

사노라면 짜증 나고 화나고 분노할 일은 많고도 많다. 출근길에서도 그런 상황과 자주 맞닥뜨리게 된다. 멀쩡히 잘 달리던 앞차가 갑자기 내 차선으로 끼어들면서 아찔한 순간, 얼마나 짜증 나고 화가 나던가. 아니, 내 앞으로 얌체처럼 끼어드는 것은 그렇다 치고, 1~2분이 아쉬운 출근길에서 흐름을 무시하고 혼자서만 유유히 서행 운전을 하는 앞차도 얼마나 신경을 곤두서게 하던가. 때로는 별것 아닌 일에 신경질을 부리는 자기 자신에게 짜증이 날 수도 있다.

한적한 시골이나 소도시 생활은 그래도 사정이 좀 여유 있다. 그러나 서울 같은 밀집형 대도시 생활이란 어쩌면 일상 자체가 짜증의 연속일지도 모른다. 당사자가 아닌 사람이 옆에서 지켜보면 사실 짜증낼 일도, 분노할 일도 아니라고 볼 것이다. 그러나 심리학자들이 연구한 바에 따르면 오히려 사소한 일이 더 큰 분노를 유발한다고 한다.

짜증, 화, 분노 등 속상한 일에 어떻게 대처해야 할까? 그냥 무방비 상태로 둘 수는 없는 노릇이다. '화'를 잘못 다스리면 나중에 병이 되고 만다. 이른바 홧병이다. 홧병은 영어로 'Hwa-byung'이라고 표기할 만큼 미국의 정신과협회가 세계적으로 인정한 한국인 특유의 병이다. 홧병은 불안이나 우울증 또는 심리적 요인에 따른 신체화身體化 증세가 복합적으로 나타나는 장애다. 화가 누적되고 분한 감정과 짜증이 쌓이게 되면 폭력적이 되거나 극도의 불안과 우울증에 시달릴 수도 있다. 그뿐 아니라 대인 관계를 망치게 되고 자신의 생활을 파국으로 몰아갈 수가 있다.

심리학자 캐럴 태브리스Carol Tavris에 따르면, 화가 나거나 짜증이 날 때 그것을 말로 표현함으로써 최소화할 수 있다고 믿는 것은 '분노'에 대한 잘못된 이해라고 한다. 즉 일련의 연구 결과에 따르면 분노를 노골적으로 표현하는 것이 더 화나게 하고, 화나는 일에 더욱더 집착하게 만들어 상황을 악화시킬 수 있다는 것이다.

아이오와 주립대학의 심리학자 브래드 부시먼Brad Bushman은 분노를 표출하기보다는 오히려 평온한 것처럼 행동함으로써 분노의 감정을 신속하게 누그러뜨릴 수 있다는 사실을 실험을 통해 입증해 보였다. 즉 감정 상태를 전환하여 바로 지금 평온한 것처럼 행동함으로써 실제로 평온함을 찾을 수 있다는 것이다.[66]

그래서 평소에 화와 분노에 노출되지 않도록 적절한 관리가 필요하다. 좀 더 느긋해질 필요가 있으며, 의도적으로 여유와 활기를 찾아야 한다.

조엘 오스틴Joel Osteen은 《긍정의 힘Your Best Life Now》에서 마음의 평안을 누리며 사는 것은 매우 중요하며, 평안을 누리려면 마음을 다스릴 의지와 여유가 있어야 한다고 했다. 설령 짜증이 날 수밖에 없는 일이 생기더라도 마음을 단단히 먹고 스스로를 달래라는 것이다. "내 평안을 빼앗기지 않겠어. 내 감정을 다스릴 거야. 화를 내거나 짜증내지 않겠어. 나는 행복을 선택하겠어."[67]

"네가 옳다면 화낼 필요가 없고, 네가 틀렸다면 화낼 자격이 없다.

— 마하트마 간디

아침 출근길의 짧은 시간에 자신의 감정을 잘 조절하여 여러 가지 속상한 감정을 잘 다스리는 것은 매우 중요하다. 그것은 걸으면서도 할 수 있고, 전철이나 버스의 자리에 앉아서도 할 수 있다.

미국 심리학자 사라 스노드그래스Sara Snodgrass 교수는 걸음걸이 만으로도 감정을 조절할 수 있다고 했다. 걸음걸이 자체가 기분을 좌우한다는 것이다. 그가 연구한 것을 보면, 성큼성큼 걷는 것이 행복감을 높이는 반면에 힘없이 질질 끄는 걷기는 우울한 감정을 자극한다. 그는 걸음걸이의 변화가 감정 상태에 미치는 영향을 연구했는데, 그 결과 일부러라도 다리를 길게 뻗고 고개를 들고 팔을 앞뒤로 흔들며 성큼성큼 경쾌하게 걸은 사람은 어깨를 늘어뜨리고 땅바닥을 보고 발을 질질 끌면서 짧은 보폭으로 걷는 사람에 비해 행복감이 훨씬 높았다. 반면에 후자의 사람은 우울한 감정을 자극했다.

심호흡을 통해서도 신속하고 효과적으로 분노의 감정을 다스릴 수 있다. 요령은 간단하다. 먼저 혀끝을 앞니 바로 뒤 입천장에 갖다 댄다. 그런 다음 코로 천천히 숨을 들이마시면서 다섯까지 센다. 그리고 그 상태에서 숨을 참으며 일곱까지 센다. 이제 입술을 오므리고 천천히 숨을 내쉬면서 여덟을 센다. 이 과정을 네 번 반복한다. 심리학자들이 실제로 사용하고 있는 방법 가운데 하나라니까 효과가 있을 것이다(심리학자의 권고가 아니더라도, 누구나 이 정도로 셈을 하면서 숨을 고르면 분노가 가라앉을 것이다).[68]

자, 우리도 당장 오늘 아침 출근길에 실행에 옮겨 보자. 속상한 마음을 다스려 보자.

이 또한 지나가리라!

우리나라를 방문하여 많은 관심을 모았던 세계 불교계의 지도자 중 한 사람인 틱낫한Thich Nhat Hanh 스님도 분노의 마음을 다루는 요령을 제시했는데, 앞에서 다룬 걸음걸이(보행)와 호흡을 결합한 것이다. 틱낫한 스님이 권하는 요령 중 대표적인 것이 '의식적인 mindful 호흡과 보행'이다.[69] 호흡을 하되 호흡하는 것을 의식적으로 느끼며 호흡하고 또 발을 내디며 걷는 순간에도 그 순간을 자각하라는 것이다. 숨을 들이쉬면서 마음에는 평화를 떠올리고, 숨을 내쉬면서 얼굴의 미소를 의식하고, 차를 마실 때도 내가 지금 차를 마신다는 사실을 자각하고 있으면 몸과 마음이 하나가 되어 화로부터 벗어날 수 있다고 한다. 자신의 몸을 자각할 때 몸에 변화가 일어나듯이 의식적인 호흡과 보행이 화를 감싸 안는다는 것이다. 참으로 도인 같은 말씀이지만 별로 어려운 것 같지 않으니 실천해 보자.

보행이나 호흡을 통해 분노를 다스리는 방법도 있지만 분노를 비껴가는 전략도 있다. 그중 하나가 미국의 레드포드 윌리엄스Redford Williams와 버지니아 윌리엄스Virginia Williams 박사 부부가 《분노가 죽인다》에서 가르쳐 주는 '생각 중단하기'다. '생각 중단하기'란 적대적인 태도나 분노의 감정이 감지될 때, 말 그대로 그런 생각을 멈추는 것이다. 즉, 적대적인 태도와 생각을 향해 "그만둬Stop!"라고 외침으로써 생각을 중단시킨다. 물론 다른 사람들이 들을 수 있도록 큰 소리로 외치라는 것은 아니다. 자기 혼자 있는 자리라면 정말로 소리를 내어 "그만둬!"라고 외쳐도 좋지만 사정이 여의치 않으면 자기를 향해 마음속으로 그렇게 외침으로써 감정을 누그러뜨리고 상황을 반전시킬 수 있다는 것이다.[70]

그렇게 마음을 챙기고 화를 다스려도 가슴에 응어리진 게 있고 분노가 사그라지지 않는다면 이제 마지막 남은 비책이 있다. 비책이라고 너무 솔깃해하지 말라. 마지막 비책이란 다름 아니라 참는 것이다. 주위의 여러 요인으로 인해 화가 치밀어 오를 때는 '일단 참자!'라고 생각하라. 속으로 혼잣말을 하는 것도 매우 요긴하다. 일단 참는 것은 분노를 비껴가는 전략의 하나인 '생각 중단하기'와 비슷하다.

화로 인해 생성된 분노 호르몬은 통상 15초면 사라진다고 한다. 이 15초를 견디지 못해 평생 후회할 일이 생길 수도 있으니 참음으로써 일단 15초를 넘기고 보자는 지혜다. 분노를 다스리는 법 중에서 '화가 날 때는 1부터 10까지 천천히 숫자를 세면서 심호흡을 하라'는 것이 있는데, 이것이 바로 그 정도의 시간을 참으면 분노가 사라진다는 과학적 근거와 일치하는 요령이다.

사노라면 속상하고 가슴 아픈 일이 하나둘이 아니다. 남들은 대수롭지 않게 여기는 것도 당사자는 가슴을 태우며 잠 못 이루는 것이다. 헤어나기 어려운 심적 고통에 빠졌을 때는 '시간'에 맡겨 보는 것도 좋은 방법이다. 희로애락의 감정이란 시간이 지나면서 퇴색하고 흐려지기 마련이어서 그때는 한없이 슬퍼하고 분노하고 절망하던 것도 며칠 지나고 나면 별것 아닌 걸 가지고 괜한 호들갑을 떨었다고 머쓱해지는 경우가 많다. 자고로 '세월이 약Time heals all wounds'이라고 하지 않던가.

이와 관련해 정말 유용한 명언이 있다. '이 또한 지나가리라'가 바로 그것이다. 내 경험으로 말하건대, 이것이 감정을 다스리는 데 상당한 효과가 있다. 이 '명언'의 출처에 대해서는 《탈무드》나 《성경》, 심지어 《논어》나 《장자》라는 설도 있으나 《탈무드》보다 오래된 미드라시Midrash(《구약성경》에 나오는 인물들에 대해 전해 오는 이야기를 담은 유대인의 성경 주석)가 '원조'인 것 같다. 그것을 이런저런 사람들이 시詩나 책에 인용하면서 혼란(?)스러워진 것 같다.

어느 날 다윗은 궁중의 보석 세공인을 불러 명령했다.

"아름다운 반지를 하나 만들어라. 거기에는 내가 전쟁에서 큰 승리를 거두어 환호할 때 교만하지 않게 하며, 내가 큰 절망에 빠져 낙심할 때 크게 좌절하지 않고 스스로 용기와 희망을 가질 수 있게 할 글귀를 새겨 넣어라."

보석 세공인은 왕의 명령대로 매우 아름다운 반지를 만들었다. 그러나 반지에 넣을 적당한 글귀가 좀처럼 떠오르지 않았다. 고민을 거듭하던 그는 지혜롭기로 소문난 솔로몬 왕자를 찾아가 도움을 청했다. 그때 솔로몬 왕자가 알려 준 글귀가 바로 '이 또한 지나가리라It shall also come to pass'라는 것이다.

이 또한 지나가리라! 당신을 속상하게 하거나 고통스러운 일이 있어 출근길이 괴로울 때는 이 말을 읊조려 보라. 계속 말해 보라. 확실히 마음이 평안해질 것이다.

속상한 마음을 어떻게 달랠 것인지, 어떤 식으로 대처할 것인지는 상황에 따라 다르고 성격에 따라 차이가 있을 것이다. 그러나 결론은 우리의 선택에 달려 있다. 아침 출근길, 걸으면서 또는 전철이나 자동차 안에서 스스로 분노를 달래 볼 필요가 있다. 분노를 달래야 하는 결정적인 이유는 분노로 인해 가장 큰 피해를 보는 이가 바로 '나' 자신이기 때문이다.

화를 내는 것도 습관이다. 그러므로 생활의 평온을 유지하고 예기치 못한 상황을 예방하기 위해서는 감정 관리의 지혜를 발휘해야 한다. 감정을 관리하는 것이 아마도 명상이나 마음 챙기기의 핵심적 목표일 것이다.

"큰 슬픔이 거센 강물처럼 너의 삶에 밀려와 마음의 평화를 파괴하고, 소중한 것들을 그대에게서 영원히 앗아갈 때면, 힘든 순간마다 그대의 가슴에 말하라. '이것 또한 지나가리라.This, too, shall pass away.'"

― 랜터 윌슨 스미스Lanta Wilson Smith

행복을 창조하며
출근해 보자

"인생을 제대로 살라. 승진이나 고액 연봉, 넓은 집에 목을 매달고 사는 삶이 아닌 진짜 인생을 살라는 뜻입니다. 어느 오후 심장 발작을 일으키거나, 샤워를 하다가 문득 가슴에 혹이 잡힌다면, 그때도 승진이나 고액 연봉, 넓은 집 따위에 목을 매겠습니까? 행복해지는 법을 배워라. 인생을 곧 막이 내릴 무대로 여겨라. 그러면 기쁨과 열정을 품고 인생을 살게 될 테니까. 그런 마음으로 살면 사는 것처럼 살게 될 테니까."[71]

— 애너 퀸들런

출근길. 우리는 왜 출근하는가? 일을 하려고? 왜 일을 하려는가? 돈을 벌려고? 왜 돈을 벌려는가? … 우리 인생의 목적은 무엇일까? 직장 생활을 하는 목적은 무엇인가? 그것은 사람마다 다르겠지만 아리스토텔레스는 말했다. "인생의 궁극적인 목적은 행복 추구이며 행복이 최고의 선"이라고. 행복을 인생의 목표라고 말한 사람은 그 외에도 무수히 많다. 그중에는 지그문트 프로이트도 있다. "과연 인간이 삶 속에서 얻고자 하는 것은 무엇이며 성취하고자 하는 것은 무엇인가? 의심의 여지 없이 그 해답은 바로 행복이다." 그의 말이다.[72] 그렇다면 우리가 매일매일의 출근길에서 반드시 떠올려야 할 생각의 1순위는 무엇인가? 바로 '행복'이어야 한다.

'싱킹'을 하고, 마음을 챙기고, 명상을 하며 속상한 마음을 컨트롤하려는 이 모든 것들이 결국은 행복하기 위해서다. 이치가 이러한데도 실제로 행복에 대해 깊이 생각하는 사람은 드물다. 하물며 짧은 출근 시간에 '행복'을 떠올리는 사람은 더더욱 드물다. 마치 숨을 쉬며 사는 인간이 '공기'에 대해 깊이 생각하는 경우가 드문 것과 같다.

행복이란 무엇인가? 아무도 행복을 정확히 정의 내리지 못했다. 앞으로도 그럴 것이다. 그러나 많은 심리학자들은 일반적으로 '행복이란 긍정적인 감정 상태, 또는 의미와 목적을 추구하는 과정에서 내면 깊은 곳으로부터 느낄 수 있는 기쁨'이라고 정의한다. 일부 전문가들은 행복이라는 말 대신에 긍정적 감정이나 긍정성이라는 말을 즐겨 사용한다. 심지어 노스캐롤라이나 대학의 행복 전문가 바버라 프레드릭슨Barbara Fredrickson은 행복과 관련된 감정으로 기쁨, 감사, 평온, 관심, 희망, 자존심, 즐거움, 영감, 경외감, 사랑 등 10가지나 꼽을 정도로 행복은 다양한 의미를 담고 있다.[73] 한마디로 행복은 지극히 주관적인 감정이다.

184

행복은 창조하는 것, 선택하는 것

2014년 1월, 서울대 행정대학원 서베이 조사연구센터는 전국의 성인들을 대상으로 행복도 조사를 하여 230개 기초지방자치단체의 행복도 순위를 발표했다. 그 결과가 상당히 의외다. 강원도에서도 오지라 할 수 있는 양구군이 1위를 차지한 것이다. 5점 만점의 행복도 평가에서 4.0201점을 받아 전국에서 유일하게 4점을 넘겼다. 서울 등 대도시나 제주도의 도시를 제친 것이다(그 결과를 놓고 후순위로 밀린 지자체에서 반발한 것은 물론이다). 다시 말해 우리나라 사람들 중에서 양구 사람이 가장 행복감을 느낀다는 말이 되는데, 이런 것 하나만 봐도 행복의 복잡한 속내를 짐작할 수 있다. 한마디로 행복은 생각하기 나름이요 각자의 기준이 무엇이냐에 따라 달라진다. 이현령비현령耳懸鈴鼻懸鈴이다.

다시 묻자. 행복이란 무엇인가? 단언하건대 행복은 '지금 당신이 행복이라고 생각하고 있는' 바로 그것이다. 당신의 행복은 당신이 정의하기 나름이요, 당신의 생각과 기준에 좌우된다는 말이다. 이렇게 행복의 개념이 주관적이라는 말은 누구나 생각과 기준에 따라 행복해질 수 있다는 것을 의미한다. 반대로 누구나 불행을 느낄 수도 있다는 의미가 된다. 세계에서 가장 행복할 것 같은 하버드 대학생들이 심각한 우울증에 시달리고 그 바람에 행복학이 하버드 대학에서 시작됐다는 것은 얼마나 아이러니한가.

이렇게 행복의 실체가 알쏭달쏭하지만 한 가지 분명한 사실은 성

공한 사람이 행복한 것은 아니더라도 행복한 사람은 성공한다는 점
이다. 물론 그 성공의 개념 역시 주관적이기는 하지만 말이다.

당신은 행복한가? 행복하다면 다행이지만 그렇지 않다면? 그러면
행복을 만들어 내야 한다. 행복은 발견하는 것이 아니라 창조하는
것이니까. 행복은 있는 것을 찾아내는 것도 중요하지만 만들어 내
는 것이 더욱 중요하다. 행복은 우리가 느끼는 감정이 아니라 의식
적으로 내리는 선택이다. 그리고 가장 중요한 것은 행복해지겠다고
마음을 먹는 일이다. 링컨Abraham Lincoln은 말했다. "사람은 마음먹
은 만큼 행복해진다"고. 따라서 지금 당장 모든 것을 긍정적으로 받
아들이며 행복해지겠다고 결심해야 한다. '내게는 항상 행복보다
불행만 찾아온다'고 생각하면 정말로 불행해진다. 기쁜 일이 생겨도
기뻐할 줄 모르는 사람은 불행해질 수밖에 없다.

　출근길에 나서면서 '나는 행복할 것이다'라고 생각하고 행복을
발견하려 애쓰며 행복을 창조하고 행복을 선택하는 노력을 해야 한
다. 그 노력의 하나로 매우 유용한 것이 명상이다. 탈 벤 샤하르Tal
Ben-Shahar는《해피어》에서 명상으로 행복을 끌어내는 방법을 소개
한다. 방법은 간단하다. 지금 자신이 있는 곳에서, 그곳이 전철 안이
든 택시의 뒷좌석이든 또는 사무실의 책상 앞이든 또는 걸어가는
중이든 일단 명상을 시도한다(명상을 하는 요령은 앞에서 다뤘다). 그리

고 심호흡을 하면서 긍정적인 감정에 초점을 맞춘다. 사랑하는 사람과 함께 보낸 시간이나 어떤 일을 해서 성공했을 때처럼 특별히 행복했던 순간을 떠올려 보라는 것이다. 30초에서 5분 정도 그렇듯 긍정적이고 행복한 감정을 되살려 보라는 것이다. 매일, 꾸준히 그런 명상을 하면 나중에는 특별한 사건을 떠올리지 않아도 긍정적인 감정에 빠져 행복을 느끼게 된다.[74] 이른바 '행복 명상'이다. 오늘 출근길에도 스스로 행복을 창조해 보자. 만들어 내자.

"행복하려면 두 가지 길이 있다. 욕망을 줄이거나 소유물을 늘리거나 하면 된다. 어느 쪽이라도 된다."

— 벤저민 프랭클린

진정으로 범사에 감사하자

세계적인 베스트셀러인 《누가 내 치즈를 옮겼을까》로 유명한 스펜서 존슨Spencer Johnson이 말했다. "행복이란, 자기가 지닌 모든 것에 감사할 때 느끼는 좋은 기분이다. 우리는 우리에게 없는 것, 갖고 싶은 것만 생각하고 갖고 있는 것을 간과한다. 우리는 다른 사람에게 없는 것을 많이 가지고 있다. 단지 걸을 수 있다는 것만으로도 휠체어를 탄 사람에게는 부러워할 만한 것이다."[75] 그의 말이 아니더라도 행복은 '감사'와 깊은 연관이 있다.

감사하는 마음을 주제를 평생 동안 연구한, 캘리포니아 데이비스 대학교의 심리학자 로버트 에먼스Robert Emmons 교수는 감사야 말로 행복의 첫 번째 요건이라고 했다. 여기서 유의할 것은 행복하기 때문에 감사하는 마음을 갖는 것이 아니라 감사하기 때문에 행복하다는 것이다.[76] 그는 마이애미 대학교 심리학과의 마이클 매컬로Michael McCullough 교수와 함께 흥미로운 실험을 했다. 바로 감사하는 태도가 사람에게 육체적·정신적으로 어떤 영향을 끼치는지에 대한 것이다.

그들은 사람들을 A, B, C 세 그룹으로 나누고 1주일 동안 세 가지 말과 행동에 집중토록 했다. 첫째는 기분 나쁜 말과 행동, 둘째는 감사하는 말과 행동, 셋째는 일상적인 말과 행동이다. 그 결과 B그룹, 즉 감사하는 말과 행동을 한 사람들이 운동도 더 하고 두통이나 감기를 앓은 사람도 없었으며 활동 지수도 매우 높고 행복해했다.

그 후 1년간에 걸친 장기 실험을 통해 매일 감사하는 태도를 연습하면 더 효과적이라는 사실을 밝혀냈는데, 감사하는 태도를 의식적으로 노력한 사람들이 긍정적인 방향으로 큰 변화를 겪는 것으로 나타났다. 의도적으로 감사한 말과 행동을 하는 것만으로도 낙천적인 성격으로 변했으며, 활력이 넘치고 열정적으로 활동했다. 또한 유머 감각이 생기고 스트레스에 강해졌으며 다른 사람들을 적극적으로 돕고 친절해지는 등 여러 효과가 나타난 것이다.[77]

그들은 연구에 참가한 사람들에게 크든 작든 간에 그들이 감사하게 생각하는 일을 하루에 적어도 다섯 가지씩 쓰게 했는데, 하루에 1~2분 정도 투자해서 감사를 표현하는 것만으로도 한 사람의 일생에 지대한 영향을 끼친다는 사실을 밝혀냈다.[78]

또 미시간 대학교 심리학과의 크리스 피터슨Chris Petersen 교수는 은사였던 펜실베이니아 대학교 마틴 셀리그먼 교수로부터 '사람을 행복하게 만드는 데 정말 중요한 것이 무엇인지'를 알아보는 공동 연구를 제안받았다. 두 교수는 행복한 사람들이 가진 공통점을 조사해 '행복 소질'을 도출했다. 이 연구에서 피터슨 교수가 여러 가지 소질 가운데 가장 핵심으로 꼽은 것은 희망, 사랑, 감사 세 가지다. 그런데 그 세 가지 중에서 개인의 노력 여하에 따라 얼마든지 키워 갈 수 있는 유일한 요소가 감사라고 했다. 희망은 절망적인 사람이 갑자기 찾을 수 있는 것이 아니며, 또한 야비한 사람이 사랑스러운 사람으로 변하는 것도 쉬운 일이 아니기 때문이라고 한다.[79]

한 가지 기억해 둘 것은 감사를 하되 진정으로 감사해야 한다는 점이다. 이 점이 매우 중요하다. 매일 감사하고 매 순간 감사하라고 했지만, 기계적으로 타성에 젖은 감사는 효과가 적다는 말이다.

감사의 효과에 대한 연구는 많다. 이렇게 감사하는 말과 생활 태도가 직장 생활을 행복하게 하는 것은 물론 삶 전체에 지대한 영향을 미치는 것이라면 당장 실천해 볼 일이다. 얼마나 좋은가. 돈 한 푼

들이지 않고 행복해질 수 있다는 데 말이다. 그러므로 오늘 출근길에서부터 '감사하기'를 행동에 옮겨야 한다. 걸으면서 또는 전철이나 버스의 의자에서 마음을 챙기고 생각을 정리하면서 '감사하다'고 속으로 말해야 한다.

감사를 연구한 사람들에 따르면, 일단 하루의 출퇴근길에 감사할 것 다섯 가지를 생각해 내 진심으로 감사하기를 권한다. 실제로, '토크쇼의 여왕' 오프라 윈프리Oprah Winfrey는 심리학자들의 권고를 그대로 받아들여 바쁜 일상 속에서도 매일매일 '감사하기'를 실행에 옮겼고, 남들에게도 그렇게 하기를 권했다. 그녀는 하루 동안 일어났던 일들 중에서 감사해야 할 것 다섯 가지를 찾아 기록했다.

세계적인 유명인이라고 해서 감사의 내용과 대상이 거창한 것은 아니다. '오늘도 거뜬하게 잠자리에서 일어날 수 있어서 감사합니다.' '유난히 눈부시고 파란 하늘을 볼 수 있어서 감사합니다.' '좋은 책을 읽었는데 그 책을 써준 작가에게 감사합니다' 등등 일상의 소소한 것들이었다. 우리는 그녀가 세계적인 인물이 될 수 있었던 이유를 그런 에피소드 하나에서도 충분히 알 수 있다. 좋다는 것을 긍정적으로 받아들이며 그대로 실행에 옮긴 그 진솔함에서 말이다.

《100감사로 행복해진 지미 이야기》라는 책이 있다. 자칭 '싸가지'였던 저자가 새로운 사람으로 거듭나는 과정을 담은 책이다. 원리와 요령은 간단하다. 매일매일 감사할 '거리'를 100개씩 찾아 기록하는데, 그 같은 일을 100일 동안 반복하면 전혀 새로운 생각을 갖는 새로운 사람으로 바뀐다는 것이다.

"100일 동안, 내게 어떤 일이 있었을까? 내가 가진 것에 대해 감사하기 시작하자 오늘에 만족하는 마음이 생겼다. 나는 이미 충분히 많이 가진 사람이라는 것을 깨닫자 자신감이 차오르기 시작했고 하루가 즐거워지기 시작했다. 즐거운 마음으로 '오늘'에 감사하며 내 삶을 사랑하게 되었고 '내일'을 기다리게 되었다. 그러면서 입에서는 '행복하다'는 말이 터져 나오기 시작했다."[80]

이렇게 하루에 100가지 감사를 실천하는 사람도 있는데(이렇게 너무 많은 '감사'를 찾다 보면 억지로 하는, 또는 기계적인 감사가 되어 효과가 적다는 반론도 있다), 오프라 윈프리처럼 하루에 다섯 가지 정도를 감사하기는 진심으로 할 수 있고 얼마든지 할 수 있지 않은가. 곧바로 실천에 옮기자.

감사할 것이 있어야 감사할 것 아니냐고? 그렇다면 오프라 윈프리나 유지미 씨를 다시 떠올려 보자. 아무리 생각해도 감사할 것이 없다고? 감사할 것이 별로 없는데 어떻게 감사하냐고? 아직도 그런 생각이라면 당신은 지금 커다란 병에 걸려 있다. 세상을 삐딱하게 보고 부정적으로 보는 병 말이다. 그래 가지고 당신의 하루는 어떻게

191

될 것인지, 미래가 어떨지 걱정되지 않는가. 세상을 삐딱하게 대하지 마라. 그러면 세상이 당신을 삐딱하게 대접하게 된다.

감사할 것을 찾기 힘들다면 눈을 감고 심호흡을 하라. 긴장을 풀고 마음의 평화를 찾아라. 머리와 마음이 차분해지는 느낌을 느껴라. 그러고는 당신을 행복하게 하는 것을 떠올리고 감사할 것들을 찾아내라. 진심으로 감사하는 것이 어떤 것인지 느껴라. 진심으로 감사할 것이 있는가? 있다면 그것을 생생하게 상상하라. 그 순간에 몰두하여 진심으로 감사하는 마음이 생기면 기쁨을 느끼며 미소 지어라. 출근길에 '감사'를 통해 '행복'을 창조하라(내가 실제로 해보니까, 처음에는 너무 작위적이라 쑥스럽기도 했지만 금방 습관이 됐다).

4부

멘탈 리허설과
자기경영

우리가 멘탈 리허설을 해야 하는 가장 큰 이유는 그것을 통해 자기를 더욱 완벽하게 경영하기 위해서다. '출근길의 자기경영'이란 일터로 이동하는 짧은 시간을 최대한 활용하여 하루 일과에 자신을 최적화함으로써 최고의 하루를 만들기 위해 자기관리를 하는 것이다.

'오늘의 일정'은
안녕하신가?

출근길

오늘도 또 간다

어김없이 같은 시간에.

1년에 300번

1만 번을 오가면

인생이 저무는 것을!

"김유한 대리입니다. 선생님! 지금 어디쯤 오고 계십니까?"

전화기 너머로 그 말을 듣는 순간 나도 모르게 '아이쿠!'라며 큰 소리를 지를 뻔했다. '김유한'이라는 이름을 듣자마자 퍼뜩 떠오른 생각이 있었기 때문이다. 피가 거꾸로 솟는 것 같았다. 눈앞이 캄캄

195

해지고 온몸에 힘이 쭉 빠졌다. 시간으로 따지면 일이 초 정도의 순간적인 상황이다. 본능적으로 손목시계를 봤는데 오후 2시를 막 넘기고 있었다. 이 시간이면 서울의 강동 지역에 있는 P기업에서 강의를 막 시작할 시간이다. 그런데 강사로서 강단에 서 있어야 할 내가 지금 사무실에서 열심히 다른 일을 하고 있지 않은가.

아침에 출근할 때 오늘의 스케줄을 머리에 떠올렸었다. 스마트폰의 바탕화면에 깔려 있는 달력이 눈에 선하게 그려졌다. 그리고 특별한 일정이 없는 것으로 여겼다. 그게 큰 실수다. 달력을 열고 시간별 일정을 꼼꼼히 확인했어야 했는데 말이다.

엊그제, P기업의 교육 담당자인 김유한 대리가 확인 전화를 걸어 왔을 때만 해도 "염려하지 마세요. 10분 전까지 강의장에 도착하겠습니다"라고 말해 주었다. 그런데 불과 이틀 사이에 까맣게 잊은 것이다. 아니, 기억에 의존할 게 아니라 아침에 스케줄을 직접 확인하지 않은 것이 잘못이다. 나는 진땀을 흘리며 그에게 사과했다. 실수를 인정하고 "지금 곧 달려갈 테니 1시간만 늦게 강의를 시작하면 안 되겠냐"고 싹싹 빌었다. 그러나 이미 모든 건 끝난 상황.

혀를 차며 투덜거리는 소리가 수화기 너머로 선명히 들려왔다. 결국 김 대리는 회사의 강당에 모아 놓았던 사원들에게 나의 불찰을 공지하며 해산시켜야 했다. 얼마나 나를 원망하고 욕했을까. 지금도 그때를 생각하면 얼굴이 붉어진다. 등골이 서늘해진다. 일생일대의 사건이요 일종의 트라우마로 남아 있다. 어쩌면 다른 기업의 교육 담당자들에게도 소문이 쫙 퍼졌을지 모른다. '얼간이 같은 강사'라고.

디지털 치매에 대처하자

출근에 나서면서 가장 먼저 해야 할 일은 당연히 그날의 일정을 챙기는 것이다. 학창 시절에는 다음 날의 시간표를 확인하고 책가방을 미리 챙겼을 것이다. 그러나 요즘은 전날에 일정을 확인했다 하더라도 당일 아침에 다시 점검하지 않으면 어떤 낭패를 볼지 모른다. 연령을 초월한 현대인들의 건망증 때문이다.

취업 포털 사이트 '인크루트'가 직장인들을 대상으로 조사한 결과에 따르면, 직장인의 88.3%가 건망증이 있다고 응답했다. 또한 77.2%가 건망증이 업무에 방해를 주는 것으로 응답했다.[81] 건망증의 원인으로 노화(2.7%)나 신체적 요인(1.9%)은 극히 적고, 거의 대부분이 업무 과다나 스트레스 때문인 것으로 나타났다. 이것이 바로 IT 시대의 후유증이라 할 '디지털 치매'다. 디지털 치매는 스마트 기기 사용량이 증가하면서 나타나는 일종의 사회현상이다. 정확이 말하자면, 뇌 질환으로 인한 것은 아니기 때문에 진짜 치매와는 다르다. 그래서 'IT 건망증'이라고도 한다.

세상이 디지털화되고 IT 기기가 범람하면서 세상이 편해진 것만큼 복잡해졌다. 아이러니다. 기계가 기억을 대신해 주다 보니 그 반작용으로 사람의 기억력이 형편없이 쇠퇴됐다. 심지어 자기 집 전화번호까지 모르는 지경이 된 것이다. 내비게이션이 없으면 꼼짝 못하게 되었고, 노래방 기기가 없으면 노래 가사를 기억해 내지 못한다.

세상이 복잡해지면서 정신 집중을 못하고 분열된 상태로 살아가는 것이 요즘의 직장인이다. 일종의 '정신분열증'이라 할 만하다. 예를 들어, 주머니 속에 휴대폰을 넣고 회의를 한다고 치자. 그러면 회의를 하면서도 부지불식간에 주머니 속에 신경을 쓰게 된다. 당연히 주의력이 분산되고 분열된다는 말이다.

문제는 이러한 기억력 감퇴나 디지털 치매, 주의력 분산 그 자체에 있는 것이 아니다. 그로 인해 깜빡 정신 줄을 놓음으로써 치명적인 사태에 직면할 수 있다는 것이다. 앞에서 내가 경험했던 것처럼 말이다. 저 정도는 욕을 먹는 것으로 끝날 수 있다. 그 기업의 강의를 못하게 되면 그뿐이다. 그러나 만약 '깜빡'한 내용이 결정적이고 치명적이라면 그때는 어쩔 건가. 단 한 번의 실수로 모든 것이 끝장날 수 있는 사안이라면, 그때는 정말 끝장나는 것이다.

당신의 '까불지'는 무엇인가?

'자기경영'이니 뭐니 거창한 용어를 들먹일 것도 없이 일단 출근길에 나서면, 아니 아침에 눈을 뜨면 하루의 일과부터 확실히 챙겨야 한다. 꼭 두 눈으로 확인하지 않으면 안 된다. 디지털 시대이지만 확인하는 것은 아날로그식이 제격이다. 이것이야말로 출근길에 해야 할 자기경영의 제1조라 할 것이다.

'까불지 키스지유!'

까불지 키스지유? 이건 무슨 주문呪文? 까불거나 키스를 하자는 충청도 사투리? 그런 게 아니다. 내가 여러 번의 시행착오와 실수를 거치면서 만들어 낸 생활의 '지혜'다. 이것이 등장하게 된 사연이 있다. 언젠가 인터넷에서 이런 유머를 봤다. 잘 알려진 유머다.

어느 마누라가 여행을 떠나면서 남편이 꼭 지켜야할 사항을 간단히 메모하여 냉장고문에 붙여 놓았다. 제목은 '까불지마라.' 즉, '까: 까스 조심하고' '불: 불조심 하고' '지: 지퍼를 함부로 내리지 말고' '마: 마누라는 돌아온다' '라: 라면이나 끓여 먹고 있어라'였다.

생각이 깊은 사람은 엉뚱한 것에서도 삶의 지혜를 얻는 법. 나는 이것 참 괜찮다 싶어 조금 더 진화시킨 나만의 버전을 창조해 냈다. 그것이 바로 '까불지 키스지유'다. 워낙 건망증이 심한 나로서는 매우 요긴한 체크 리스트다.

나는 책 쓰기에 몰입하면 생각이 단순해져서 세상이 어떻게 돌아가는지 모른다. 그러니 강의를 하러 집을 나설 때 준비물을 제대로 챙기지 않아 아파트 엘리베이터를 여러 번 오르내리곤 한다. 강의를 갔는데 강의 자료가 들어 있는 USB를 깜빡하는가 하면, 집에 들어갈 때 출입문 열쇠가 없어서 문밖을 서성이는 경우도 있다. 그러던 차에 '까불지마라'를 보았고 그것에서 '까불지 키스지유'를 탄생시켰다. 집을 나설 때마다 이것을 주문처럼 중얼거리며 하나씩 확인한다.

까: 까스 잠갔는지, 불: 전기불 껐는지, 지: 지갑은 챙겼는지, 키:

아파트 출입문 키와 자동차 키는 챙겼는지, 스: 스마트폰은 있는지, 지: 바지의 지퍼는 올렸는지, 유: USB는 챙겼는지.

처음에 내가 만든 버전은 '까불지 키스지'였다. 그러다가 최근에 추가된 것이 '유'다. 앞으로도 더욱 진화(?)될 성싶다.

어떤가? 조잡하다고? 깔보지 마시라, 꿩 잡는 게 매다. 이것이 얼마나 요긴한지는 해본 사람만이 안다. 당신도 해보라. 그 효용에 감탄할 것이다. 고등학교 동창들이 모인 자리에서 이 얘기를 했더니 모두들 메모해 갔다. 특히 아내와 함께 집을 나설 때는 서로가 "까불지 키스지유"를 외치며 함께 점검한다. 이 점검 항목이 탄생하기까지 많은 실수와 경험의 축적이 있었다. 아마 당신도 위의 일곱 가지 중 어느 것 때문에 '아차!' 하며 곤혹스러웠던 경험이 있었을 것이다.

이렇게라도 하며 체크하지 않으면 무슨 낭패를 맛볼지 모르는 게 우리의 일상이다. 이 정도는 개인 생활과 관련된 것이기에 웃고 넘어갈 수 있지만, 만약 직장의 일과 관련해 실수가 생긴다면 그때는 심각해진다. '아차!' 실수가 사람 잡는다. 별것 아닌 것 때문에 결정타를 맞을 수 있다. 자기경영이 별건가? 멘탈 리허설이 별건가? 무엇보다도 실수를 막아야 한다. 연극을 할 때 왜 리허설을 하는가? 실수를 방지하기 위해서 아닌가?

따라서 우리 모두에게는 저마다의 '까불지'가 필요하다. 점검 항목이 있어야 한다. 어떤 방식으로 할 것인지는 각자 알아서 할 일이다. 당신이 확인해야 할 '까불지 키스지유'는 무엇인가?

21

직장과 일에
회의를 느낀다면

일본 교세라의 창업자 이나모리 가즈오 회장이 말했다. "원하는 직장에, 원하는 업무를 맡아, 원하는 환경에서 일하는 사람은 거의 없다. 99.9%가 자신이 꿈꾸던 것과 다른 일을 하게 된다"고. 그리고 충고를 덧붙였다. "지금 하고 있는 일에 더 적극적으로, 가능한 한 무아지경에 이를 때까지 부딪쳐 보라. 그러면 분명 스스로를 그토록 옭아맨 무거운 짐들을 홀홀 털어낼 수 있을 뿐 아니라 상상하지 못한 미래의 문이 열릴 것이다."[82]

매년 연말이 다가오면 여기저기서 재미있는 조사 결과가 발표된다. 새해를 의미하는 사자성어가 발표되는가 하면 새해의 소망들이 발표되기도 한다. 직장인들의 새해 소망은 무엇일까? 해마다 다르고 조사마다 차이가 나는 것은 물론이다. 2012년 12월에 조사된 2013

년의 소망은 '이직移職'이 24.4%로 1위를 차지했고 연봉 인상 및 승진(18.3%), 연애(8.1%), 결혼(7.6%) 등의 순으로 뒤를 이었다(취업 포털 사이트 '사람인' 발표).

2013년 말에 조사된 2014년 새해 소망은 어떨까? 모바일 리서치 기업 K-서베이가 조사한 것을 보면 직장인들의 42%가 '연봉 인상'을 으뜸으로 꼽았지만, 세종사이버대학교의 조사에서는 '연봉 인상'이 12%로 2위를 차지한 반면에 놀랍게도 이직이 무려 71%로 1위에 올랐다. 이에 대한 네티즌들의 반응이 흥미롭다. "이직 1위, 내 마음과 똑같네" "진짜 공감된다" "나도 이직하고 싶다" 등등. 이런 조사 결과에서 볼 수 있듯이 직장인들의 소망은 이직과 돈(연봉)으로 귀결된다. 그리고 이 둘은 서로 연관 관계가 있는 것으로 나타난다. 연봉 때문에 이직을 소망하는 것이다.

연봉 때문이든 아니면 일 자체에 원인이 있든, 일단 직장인들이 자기 직장과 직업에 회의를 느끼는 것은 일종의 대세다. 나도 직장 생활을 하는 동안 '이게 아닌데'라며 회의를 느낀 적이 한두 번이 아니었음을 솔직히 고백한다. 용기가 있고 실력이 있었더라면 아마도 다른 곳으로 옮겼을지도 모른다. 그러나 지금 와서 돌이켜 보면, 과연 이직을 했으면 더 좋았을지 확신이 서지 않는다. 어느 직장, 어떤 직업이든 장단점이 있게 마련이요, 옆에서 보고 생각하는 것과 실제로 그곳에서 그 일을 해보는 것은 하늘과 땅의 차이가 있음을 잘 알기 때문이다. 남의 떡이 더 커 보이는 것이요, 못 가본 길이 더 아름다워 보이는 것이다. 그토록 재미있는 일에 몰두하고 돈도 벌

203

고 이름도 날리는 유명 개그맨이나 탤런트들이 우울증과 공황장애에 시달린다는 걸 샐러리맨들은 이해하기 힘들 것이다.

간절히 하고 싶은 일을 하라고?

당신도 직장에 회의를 느끼는가? 하는 일이 싫고 짜증이 날 때가 많은가? 그것이 '대세'니 자신을 너무 학대하지 말았으면 좋겠다. 인생 자체가 회의스러운데 어찌 직장과 직업이 좋기만 하겠는가. 상황이 이렇게 된 것은 그렇잖아도 마음이 잡히지 않아 전전긍긍하는 터에 여기저기서 부채질을 하기 때문이다. 자기계발서나 성공학자들이 그 '원흉'이다. 때로는 실제로 성공했다는 사람들까지 혼란을 부추긴다.

　사람들은 말한다. 자기가 하고 싶은 일을 하며 살라고. 간절히 하고 싶은 일을 하라, 꿈을 이루려면 꼭 하고 싶은 일을 하라, 자신이 좋아하는 일을 하라, 즐길 수 있는 일을 해야 성공한다, 미치도록 하고 싶은 일을 하라고. 이런 소리를 들으면 정말 미칠 지경이 된다. 미치도록 하고 싶은 일이 아무에게나 있는 게 아니니 내가 미칠 수밖에 없는 것이다. 그렇게 말하는 사람들 중에는 문화나 예술 계통의 일을 직업으로 가진 사람이 많다. 끼가 있고 그래서 미치도록 하고 싶은 일이 있는 경우다. 그러나 보통의 직장인에게는 팔자 좋은 소리다. 세상에 하고 싶은 일을 하면서 직장 생활을 하는 사람이 얼마나 될까? '대통령도 못해먹겠다'는 말이 나올 정도인데, 하물며 샐러리맨 가운데 미치도록 하고 싶은 일을 하는 사람이 몇이나 될까?

그렇게 권하고 강조하는 사람들은 그것이 성공에 이르는 첩경이라고 확신하기 때문이겠지만, 그 이야기를 듣는 우리는 혼란에 빠진다. 상당한 스트레스를 받는다. 좋아하는 일을 해야 성공 확률이 높다는 걸 누가 모르나. 문제는 현실이다. '좋아하는 일', '꼭 해야 하는 일'과 '현실' 사이의 괴리다. 간절히 바라고 좋아하는 일을 해야 하는데 지금 하고 있는 일은 그렇지 않으니 갈등을 느끼게 된다. 그러니 출근길이 행복하기 어렵다. 당연히 한숨이 나오고 발걸음이 무거워진다.

그렇다고 계속해서 그렇게 갈등을 느끼며 살 수는 없다. 매일매일 무거운 발걸음으로 어깨를 늘어뜨리고 출근할 수는 없지 않은가. 그러면 삶에 낙이 없다. 희망이 없다. 인생이 너무 초라해진다. 앞날에 신천지가 전개될 리 만무하다. 터닝 포인트가 나타나지 않는다. 악순환의 고리에서 허덕이다 직장 생활이 끝나고 인생이 마감될 것이다. 두렵지 않은가?

이럴 때 준비된 말이 있다. "피할 수 없으면 즐겨라." "쥐구멍에도 볕들 날이 있다." 이런 권고와 위로가 오히려 현실적이다. 그렇다. 쥐구멍에도 볕들 날이 있다는 희망을 갖고 피할 수 없는 그 일을 즐길 수밖에 없다. 하기 싫은 일을 즐긴다? 이거 억지 아닌가? 스트레

205

스다. 마치 먹기 싫은 음식을 즐기며 먹으라는 것과 비슷한 억지요, 스트레스라는 생각이 들 것이다. 그러나 일이든 음식이든 즐기면 즐길 수 있다. 당신은 싫어하지만 그 일을 좋아하는 이가 있으니 그 직업이 생겼을 게다. 그런 음식을 좋아하는 이가 있으니 만들어지지 않았을까. 그걸 믿는 것도 위로가 될 것이다.

'흑산 홍어'를 먹어 보았는가? 전라남도 흑산도 근해에서 잡히는 홍어 말이다. 젊은 날, 내 상사는 흑산 홍어의 광팬이었다. 틈만 나면 푹 삭힌 홍어와 막걸리를 즐겼다. 엄청 좋아했다. 즐기고 좋아하는 것은 그렇다 치고 툭하면 부하 직원들을 데리고 그걸 먹으러 갔다. 가장 '쫄짜'였던 나는 끽소리도 못하고 따라갔지만, 그날은 정말이지 죽을 맛이 된다. 세상에, 이걸 무슨 맛으로 먹느냐 말이다. 그것 말고도 향미 좋은 음식이 엄청 많은데, 하필이면 입안이 얼얼하고 퀴퀴한 냄새가 나고 목구멍으로 잘 넘어가지도 않는 그걸 왜 먹느냐 말이다. 그것을 억지로 먹고 온 날은 아내에게 그 상사의 욕지거리를 얼마나 했던가. 그런데 결과는? 지금의 나는 흑산 홍어를 없어서 못 먹는다. 그 독특한 맛을 잊을 수가 없다. 이 글을 쓰는 지금도 군침이 돌 정도다.

일도 마찬가지다. 중독성이 있다. 밤낮없이 일만 하는 '일중독'을 말하는 게 아니다. 처음에는 별로 하기 싫던 일도 하다가 보면 좋아져 중독이 된다는 말이다. 회피하고 싶던 일인데 자꾸 하다 보니 의욕이 생기고 애착이 생겨서 나중에는 스스로 즐기며 하게 되는 수가 많다.

지금 하는 일에 푹 빠져 보자

이런 경험이 있을 것이다. 가볍게 책상 정리를 하려다가 서재 전체를 정리하고 청소하게 된 경우 말이다. 싫던 일도 시작하고 나면 열심히 하게 되는 현상을 독일의 정신의학자 에밀 크레펠린Emill Kraepelin은 '작업 흥분'이라고 했다. 일(작업)을 하는 사이에 뇌가 흥분해서 일에 맞는 모드로 생각과 체질이 바뀐다는 것이다. 그러니까 일하기 싫거나 의욕이 생기지 않은 것은 작업 흥분이 일어나지 않아서다. 다시 말해 그 일과 작업에 푹 빠지지 않아서 그런 것이다.

우리 뇌에는 '의욕의 뇌'라고 불리는 부위가 있다. 뇌의 중심부, 이마와 귀 중간쯤에 있는 측좌핵이라는 부위로, 직경 2밀리미터 정도의 작은 곳이다. 이 측좌핵에서 '의욕'을 발동시킨다. 그런데 이 측좌핵은 좀처럼 활동을 하지 않는다. 어느 정도 자극을 주어야 활동한다. 그럼 측좌핵은 어떻게 자극할까? 간단하다. 우선 작업을 시작하는 것이다. '시작이 반'이라는 의미는 이 경우에도 해당된다. 하기 싫은 일은 피할 게 아니라 역설적으로 일단 시작하고 봐야 한다. 그러면 측좌핵이 자극되고 스스로 흥분하여 집중도가 높아진다. 일단 작업 모드로 들어가면 그때부터는 의욕이 펌프질을 하게 된다는 것이다.

그렇게 계속해서 습관화하면 즐기게 된다. 뇌과학 실험 결과, 뇌는 무엇인가를 달성했을 때 즐거움을 느낀다고 한다. 그러니까 설령 처음에는 하기 싫은 일이라도 시도하고 나면 작업 흥분으로 의욕이

207

4부 멘탈 리허설과 자기경영

솟게 되고, 그렇게 되면 무엇인가 달성한 데 대해 뇌가 즐거움(좋은 기분)을 느낀다. 그다음에는 즐거움을 유지하기 위해 뇌에서 도파민, 세로토닌 등의 쾌감을 유발하는 신경전달물질을 내보낸다. 뇌과학에서는 이를 가리켜 '강화학습'이라고 한다. 즉 선순환의 사이클을 만들어 내는 것이다. 그럼으로써 습관화되고 나중에는 스스로 즐기게 되는 것이다.[83] 아시겠는가? 이런 이치를!

많은 사람들이 직장과 일에 회의를 느낀다. 세상에 자기가 좋아하는 일에 종사하는 사람이 얼마나 될까? 꿈에 그리던 직장에 다니는 사람이 얼마나 될까? 설령 좋아하는 일, 꿈꾸던 직장을 잡았더라도 얼마 지나지 않아 '이게 아닌데' 하며 회의하는 경우가 많다. 연봉 정보 사이트 '페이오픈'과 '한국리서치'가 설문 조사한 것을 보면, '일하는 것 자체가 좋다'는 사람은 17.8%에 불과했다.[84] 하물며 새해 소망이 직장·직업을 바꾸는 것이라는 사람이 70%가 넘는다고 하지 않던가. 당신만 그런 것이 아니니 일단 안심하라. 그러나 계속 그렇게 회의하며 직장 생활을 한다면 그건 불행이다. 하기 싫은 일을 울며 겨자 먹기로 억지로 한다면 인생 낭비다. 자기 학대요 자기 파괴다.

그럼 어떻게 한다? 현실적 대안은 한 가지뿐이다. 좋아하는 일을 직업으로 가질 수 없다면 지금 하고 있는 일을 좋아하는 것이다. 지금 하고 있는 일을 즐기는 것이다. 앤드류 매튜스Andrew Mattews는 《즐겨야 이긴다》에서 "행복의 비밀은 자신이 좋아하는 일을 하는 것이 아니라 자신이 하는 일을 좋아하는 것이다. 내가 변할 때 삶도 변한다"고 했다.[85] 괴테Johann Wolfgang von Goethe 역시 "인생의 행복은 내가 좋아하는 일을 찾는 데 있는 것이 아니라 내가 하는 일을 좋아하는 데 있다"고 현실적인 충고를 했다. 그들의 말이 참 좋다.

오늘 출근길에 생각을 바꾸자. 매일 아침, 멘탈 리허설을 할 때마다 다짐하며 출근하자. 오늘 하는 일을 즐기겠다고. 소설가 파울로 코엘료Paulo Coelho가 말했다. "되돌아갈 수 없다면 앞으로 나아가는 최선의 방법만을 생각해야 한다." 니체Friedrich Wilhelm Nietzsche가 거들었다. "반드시 해야만 하는 일을 사랑하는 법을 발견하라. 그러면 삶의 질이 높아질 것이다."

모든 일에는 나름의 가치와 의미가 있다. 그것을 발견하고 스스로 당신의 일에 푹 빠져라. 그러면 분명히 새로운 차원의 직장 생활이 전개될 것이다.

22

삶과 일의 의미를
다시 생각해 보자

로먼 크르즈나릭Roman Krznaric이 말했다. "천직은 '찾는' 것이 아니라 '키워 나가는' 것이다." 그렇다. 하늘이 내게 딱 맞는 일을 주는 것이 아니라 내게 딱 맞는 일을 내가 만들어 가는 것이다. 열정적이고 활기찬 직장 생활을 하려면 무엇보다 먼저 자신의 일에 가치와 의미를 부여해야 한다. 오늘 출근길에서 우리가 하고 있는 일의 의미를 스스로 찾아보자. 만약 발견하지 못한다면 창조할 수도 있다.

로먼 크르즈나릭은 《인생학교: 일》에서 오늘날의 직장인들을 강하게 비판했다. "일터에서 자신이 수행하는 역할에 대해 성취감을 느끼지 못하고 갈팡질팡하는 사람들이 이렇게 많아진 것은 역사상 처음 있는 일이다."[86] 그러면서 현대의 일터에서는 두 가지 치명적인 유행병이 번지고 있다고 한다. 바로 직업에 대한 불만족과, 직업을 선택할 수 있는 방법이 모호하다는 불안감이다. 예리한 지적이다. 아닌 게 아니라 요즘의 직장인들은 갈팡질팡한다. 꿈은 큰데 그것을 이루기가 쉽지 않은 현실에서 우왕좌왕한다. 현실에 만족하기보다 자꾸 뜬구름에 눈길을 준다.

중심을 잡는 것은 중요하다. 내가 왜 직장에 출근하는지 목표가 분명해야 한다. 분명한 목표나 목적을 갖는 것은 만족스러운 삶, 의미 있는 직장 생활을 하는 데 가장 기본적인 것이다. 오늘 출근길에, '나는 왜 직장 생활을 하는가?'라며 삶과 일에 대한 의미를 생각해 보자. 그것이 뚜렷하고 흔들림이 없을수록 성공적인 삶, 행복한 직장 생활이 가능해진다.

성공이란 무엇일까?

젊은이들은 너무 조급한 것 같다. 허긴, 젊음은 원래 조급하다. 혈기 왕성하고 의욕이 넘쳐서 그렇다. 어떻게든 빨리 성공하기를 바란다. 심지어 세월이 빨리 지나가기를 바라는 경우도 있다. 더불어, 대박을 소망한다. 그래서인지 말끝마다 '대박!'을 외친다. 그것이 일상적인 감탄사가 되어 버렸다.

자고로 '대기만성大器晩成'이라고 했다. 큰 인물일수록 늦게 이루어진다는 의미이지만, 늦게 이루어지는 것이 '대박'이라는 뜻도 된다. 그래서 선조들은 초년 출세를 터부시하여 '초년 출세는 독'이라고 했다. 옛날에는 평균수명이 짧았으니까 오히려 초년 출세를 바람

211

직한 것으로 생각했을 텐데 말이다. 대단한 삶의 지혜다.

수명이 크게 늘어난 요즈음 초년 출세를 소망하는 것은 아이러니다. 젊은이들은 애플을 창업한 스티브 잡스Steve Jobs나 페이스북을 만든 마크 저커버그Mark Zuckerberg가 몇 살 때 성공했는지를 따진다. 물론 일찍 성공할 수만 있다면 구태여 피해 갈 필요는 없을 것이다. 그러나 아무나 스티브 잡스가 되고 마크 저커버그가 되는 건 아니다. 간절히 꿈꾸면 이루어진다고 말하지만, '꿈'으로 모든 것이 해결된다면 세상에 성공하지 못한 사람이 어디 있으랴. 현실을 망각하고 조급한 마음에서 성공과 출세만을 꿈꾸며 불만을 토로하고 불안해한다면 스트레스만 쌓일 뿐이다.

사람의 죽음에 안타깝지 않은 것이 어디 있으랴. 더구나 크게 성공한 사람이 일찍 세상을 떠날 때는 더욱 그렇다. 최근의 일로는 스티브 잡스가 떠오른다. 100세 수명을 바라본다는 이때에 세기의 천재, 엄청난 부자가 예순 살도 넘기지 못하고 세상을 떠난 것이다.

성공하면 단명하는 걸까? 출세와 단명에는 상관관계가 있을까? 결론은 어느 정도 관계가 있다는 것이다. 서울대병원 강남센터가 대기업 임원 500명을 조사한 결과를 보면 4명 중 1명이 우울증을 앓고 있거나 경험한 것으로 드러났다. 또한 캐나다 로렌시안 대학이 평균 나이 51세의 CEO를 대상으로 조사한 결과는 CEO의 88%가 일반인보다 암과 심장질환으로 이행하기 쉬운 전 단계에 있다는 것이다. 그런 조사는 많다.

캐나다 케이프브레턴 대학의 스튜어트 매캔Stewart J. H. McCann 교수가 〈성격 및 사회심리학 저널〉(2001년 2월호)에 발표한 연구 결과에 따르면, 미국의 역대 주지사 가운데 비교적 젊은 나이에 주지사가 된 사람은 나이 들어서 주지사에 오른 이들보다 수명이 더 짧은 것으로 나타났다.[87] 미국과 프랑스의 대통령, 캐나다·영국·뉴질랜드·호주의 총리, 그리고 대법관과 노벨상 수상자들의 수명을 비교·분석한 결과도 마찬가지다. 그들은 취임 및 수상 시점이 빠른 사람일수록 수명이 짧았다. 심지어 평균보다 빨리 교황이 된 사람은 13년이나 먼저 선종했다. 한마디로 '초년 출세는 독'이라고 한 선조들의 혜안을 통계적으로 증명한 셈이다. 일찍 출세하면 명이 짧은 이유는? 스트레스가 주범이다.[88]

현실에 만족하지 못하고 불안해하는 것은 성장을 위한 동력이 될 수 있다. 대박과 초년 출세를 노리는 것도 동기부여의 핵이 되는 것이 분명하다. 그러나 그것이 도를 넘거나 능력 범위를 추월하면 문제는 심각해진다. 그래서 소크라테스가 "너 자신을 알라"고 하지 않았던가. 때로는 '안분지족'도 삶의 훌륭한 지혜다. 우리 직장인들은 수시로 자신의 위치를 돌아보며 중심 추를 분명히 잡아야 한다.

성공이란 무엇일까? 어느 날 아침(2012년 12월), 나는 페이스북에 이런 글을 올렸다. 마침 그날이 우리나라의 대통령을 선출하는 날이었기에 '성공'을 떠올렸는지도 모른다.

성공이란 무엇일까? 오늘 아침, 뜬금없이 그런 의문이 떠올랐습니다. 성공에 대한 정의는 각양각색입니다. 팔다리가 없는 몸으로 세상 사람들에게 용기와 희망을 주고 있는 닉 부이치치Nick Vujicic는 "희망을 잃지 않고 최선을 다하는 것이 성공"이라고 했습니다. 그와 비슷한 말을 한 사람이 전설적 스포츠 스타요 '농구의 아버지'로 칭송받는 존 우든John Robert Wooden입니다. 그는 "당신이 최선을 다했다면 그것이 성공"이라고 했습니다. 또한《좋은 기업을 넘어 위대한 기업으로》로 유명한 짐 콜린스는 "세월이 흐를수록 가족과 주위 사람들이 점점 더 좋아하는 것"이라고 성공을 정의했고, 워런 버핏도 같은 말을 했습니다. 그는 "무엇이 성공입니까?"라는 한 대학생의 질문에 "성공이란 주변 사람들에게 사랑받는 것"이라고 대답했습니다.

미국의 저명한 심리학자 하워드 가드너Howard Gardner는 "성공은 일반적으로 행운이나 비합법적인 행동이 아니라 헌신과 노력을 통해 어떤 것을 획득한 상태를 말한다. 특히 한 영역에 공헌했다는 평가를 받을 때 그 사람은 진정으로 성공한 것이다"라고 교수답게 논리적으로 설명했습니다.

반면에, 랠프 월도 에머슨Ralph Waldo Emerson은 철학자이자 시인답게 이렇게 정의했습니다. "자주, 그리고 많이 웃는 것. 지혜로운 사람들에게 존경을 받고 아이들에게서 사랑받는 것. 정직한 비평가의 찬사를 듣고, 친구의 배신을 참아 내는 것. 아름다움을 분별할 줄 알며, 다른 사람들의 좋은 점을 발견할 줄 아는 것. 건강한 아이를 낳든, 한 뙈기의 정원을 가꾸든, 사회 환경을 개선하든 조금이라도 더 나은 세상을 만들어 놓고 떠나는 것. 자신이 한때 이곳에 살았음으로 인해 단 한 사람의 인생이라도 행복해지는 것. 이것이 진정한 성공이다"라고 말입니다.

'아는 길도 물어 가라'는 말대로 사전을 찾아보니 "성공成功: 목적하는 바를 이룸"이라고 나와 있습니다. 이 원론적이고 사전적인 정의가 마음에 듭니다. 그렇습니다. 목적하는 것을 이루면 성공입니다. 그런데 사람마다 삶의 목적이 다르므로 성공의 정의 역시 사람마다 다릅니다. 당연히 달라야 합니다.

저는 이쯤에서 이런 말씀을 드리고 싶습니다. 사람들 각자는 자기 나름의 성공을 자신의 목적에 맞춰 독립적으로 정의해야 한다고 말입니다. 이건 대단히 중요합니다. '성공에 대해 정의하지 않으면 결코 성공에 닿을 수 없다'는 말대로 일단 성공을 자기 나름대로 정의하는 일이 중요합니다. 성공을 어떻게 정의하느냐에 따라 삶의 방식이 달라지니까요.

오늘 책을 읽다가 재미있는 글을 봤습니다. 우리나라 컴포트화

(신발) 매출 1위를 달리고 있는 (주)안토니의 김원길 대표는 "성공이란 고객에게 사랑받고 사회로부터 존경받으며 직원 모두가 만족하는 행복지수 1등 기업을 만드는 것"이라고 자신의 목표에 맞춰 성공을 정의했더군요. 참 좋은 목표요, 그분 나름의 성공에 대한 정의라고 여겨집니다.

자, 우리 페친 여러분은 성공을 어떻게 정의하십니까? 한 해를 보내며, 그리고 새로운 대통령을 뽑는 이날에 각자의 성공을 정의해 보시는 것은 어떤는지요.

'의미 동기'를 만들어 내자

당신은 성공을 어떻게 정의하는가? 아직 답을 찾지 못했다면 출근길에 많은 생각을 해보기 바란다. 그것을 어떻게 정의하느냐에 따라 삶의 방식이 달라진다. 그리고 그것을 정의하려면 먼저 삶의 의미, 일의 의미부터 찾아야 한다. 성공과 출세를 생각하기보다 삶의 의미, 일의 의미를 찾는 것이 우선이다. 그 의미를 확고히 해야 성공에 대한 정의 역시 분명해지기 때문이다.

일의 의미를 말할 때 단골로 등장하는 이야기가 있다. '세 사람의 벽돌공 이야기'다. 어떤 사람이 한창 건물을 건축 중인 공사장을 지나다가 벽을 쌓고 있는 벽돌공 세 사람을 보았다. 그는 첫 번째 벽돌공에게 물었다.

"지금 무슨 일을 하고 있습니까?"

첫 번째 벽돌공이 대답했다. "보다시피 벽돌을 쌓고 있지요." 두 번째 벽돌공에게 같은 질문을 했다. "벽을 만들고 있는 중"이라는 대답이 돌아왔다. 그러나 세 번째 벽돌공은 이렇게 말했다.

"저는 지금 아름다운 성당을 짓고 있는 중입니다."

누군가가 지어낸 이야기일 것이다. 솔직히 말해 벽돌을 쌓은 일에 무슨 대단한 의미가 있겠는가. 그러나 '의미'는 그렇게 창조하고 만드는 것이다. 그렇게 의미를 만들어 놓고 보면 세상을 보는 눈이 달라진다. 당연히 성공이나 출세의 의미와 정의 또한 달라진다.

벽돌공 이야기는 일의 의미를 어떻게 '창조'하는 지를 보여 준다. 그래서 조금은 억지스러울 수 있다(때로는 그런 억지도 필요하다). 그와는 다른 차원에서 일과 성공의 의미를 생각하게 하는 스토리가 있다. 이것은 '창조'보다는 '발견'이라는 점에서 좀 더 현실적이다.

그는 독일의 작가와 음악가들의 거리에서 거리 표지판을 닦는 청소부다. 그는 열심히 표지판을 닦는 성실한 사람이다. 그러던 어느 날, 자기가 닦고 있는 거리 표지판들이 단순한 거리 이름이 아니라 시인이나 음악가, 작곡가들의 이름인 것을 알게 된다. 그 순간 자기가 하고 있는 일의 의미를 깨닫는다. 그래서 그는 표지판을 더욱 정성스럽게 닦을 뿐 아니라 자기가 닦고 있는 표지판에 적힌 사람들을 보다 더 잘 알기 위해 공부를 시작한다. 깊이 공부할수록 일의 의미를 깊이 알게 되고 그럼으로써 그 일을 더 사랑하게 된 것은 물론이다.

그는 결국 시를 알고 음악을 알고 작곡을 아는 유명한 청소부가 되었다. 여기저기서 강의 요청이 들어오고 대학의 강단에 서달라는 제의도 있었지만 그는 거절한다. "나는 내가 하는 일을 사랑하고, 지금까지 그랬듯이 그냥 거리의 표지판 청소부로 머물고 싶습니다." 일의 의미를 모르는 대학교수보다 일의 의미를 찾은 거리의 청소부가 때로는 더 행복하고 가치 있음을 보여 준다. 진정한 성공과 행복이 무엇인지를 그는 웅변하고 있다.[89]

인간은 본질적으로 의미를 찾고 내적인 이유를 갖추려는 정신적인 존재다. 하기 싫거나 힘든 일이라도 왜 그것을 해야 하는지 그 이유가 명확해지거나 의미 있는 것으로 느껴지면 그 일을 스스로, 그리고 열심히 하게 된다. 그것이 바로 '동기'다.

우리는 동기를 말할 때 흔히 '외적 동기'와 '내적 동기'로 말한다. 보상이나 타인의 인정 따위가 외적 동기라면, 그 자체의 즐거움 때문에 움직이는 것이 내적 동기다. '가슴 뛰는 일을 하라'고 말할 때, 그것이 바로 내적 동기다. 그러나 솔직히 가슴 뛰는 일을 발견하기가 어디 그렇게 쉬운가. 그것을 찾지 못하니 가슴이 답답해지는 것이다. 그럼 내적 동기를 찾지 못하면 영원히 답답하게 살아야 할까?

그건 아니다. 정신과 전문의로 좋은 글을 쓰는 문요한 의사가 말했다. "외적 동기와 내적 동기의 사이에 또 하나의 동기가 있는데, 그것이 '의미 동기'다." 즉 가슴 뛰는 일(내적 동기)이 발견되지 않으면 그 답답함과 고민을 내려놓고 지금 자신이 하고 있는 일의 의미나 중요성을 찾아보라는 것이다. 스스로 찾아낸 그 의미가 가슴 뛰는 순간을 선사해 줄지도 모른다는 것이다. 모니카 페트의 청소부처럼 말이다. 비록 하기 싫거나 힘든 일이라도 자신에게 중요하거나 의미 있다고 느끼게 되면 외적 동기가 내적 동기로 바뀌는 마법이 일어난다.[90]

나의 직업, 내가 하는 일에 의미가 부여되면 자신의 존재 이유를 알게 되고, 그럼으로써 만족과 충만감, 그리고 행복을 느끼게 되는 것이다. 연구 결과에 따르면, 자신의 일에 의미를 찾고 부여하는 사람들은 일에 만족함으로써 더욱 의욕적으로 일하며 조직에 헌신하게된다. 결근도 적고 적대감이나 우울증 수준도 낮게 나타난다고 한다.

아무쪼록 '의미 동기'를 만들어 보자. 그러면 오늘 하루 신바람이날 것이다.

'운칠기삼', 스스로 행운을 개척하자

우리가 하는 일이 좋아지기를 기다릴 것이 아니라 지금 하고 있는 일을 좋아해야 한다. 하는 일에 스스로 몰입하면 그 일이 좋아지게 될 것이다. 그런 사실을 믿는 것이 긍정성이다. 긍정성을 갖고 일을 좋아하다 보면 결국 일이 잘된다. 그럼으로써 운이 열린다. 행운이 온다. 이렇게 운은 개척하는 것이다. 긍정성은 행운을 개척하는 훌륭한 방도요 도구다.

'운칠기삼'이라고 한다. 세상살이에 운이 작용하는 것이 70%나 된다는 말이다. 운, 운명이 있는 걸까 없는 걸까? 사주나 점 따위를 신봉하는 사람들은 절대적으로 운명을 믿을 것이다. 그러나 '그런 게 어딨어?'라며 거부하는 사람도 당연히 있다. 나는 어느 쪽일까? 운명론자도 아니고 역학이나 점을 신봉하는 사람도 아니지만 솔직히

멘탈 리허설

운에 대해서는 '있다'는 쪽에 서고 싶다. 모두 공개할 수는 없지만, 지금껏 살아온 발자취를 더듬어 보면 운으로 돌릴 수밖에 없는 기막힌 사연이 여럿 있기 때문이다. 아마 당신도 더듬어 보면 분명히 그런 사연이 있으리라 믿는다.

성공한 사람들이 언론과의 인터뷰에서 성공 요인을 말하는 경우를 종종 듣는다. 자신의 피나는 노력을 성공의 요인으로 내세우는 사람도 있지만 대부분은 노력과 더불어 "운이 좋았다", "행운이 따랐다"고 덧붙인다. 그것은 겸양의 표현일 수도 있고 솔직한 생각일 수도 있다. 사람이 자기 힘만으로 모든 걸 이룰 수는 없다. 운이 따라야 하고 행운이 뒷받침되어야 큰일이 성사된다. '진인사대천명'이라는 말도 결국은 최선을 다하고 난 후의 영역은 운의 영역임을 에둘러 표현한 것이나 다름없다. 그뿐 아니라, 그 말은 최선을 다하면 운이 도와줄 것이라는 기대의 표현이기도 하다. 즉, 최선을 다하면 운이 만들어질 수도 있다는 말이 된다.

실제로 수많은 선각자들이 노력에 의해 운이 만들어진다고 주장한다. 일본에서 경영의 신이라는 별명을 가지고 있는 후나이 유키오船井幸雄. 일본 최대의 경영 컨설팅 회사인 '후나이 총합연구소'의 창립자인 그는 실패한 적이 거의 없는 경영 컨설팅으로 유명한데, 그런 사람조차 사업 경영에는 운이 매우 중요하다고 강조한다. 그리고 그 운은 사람의 노력으로 조절할 수 있다고 말한다. 그는 특히 사물의 이치를 거스르지 말 것을 권한다. 즉 '세상의 질서를 유지하고 있는 틀'에 따라 행동하면 운이 따르지만 그것을 어기면 운이 따

221

르지 않는다는 것이다. "순천자順天者는 흥興하고 역천자逆天者는 망亡이다"라고 한 옛사람들의 말 그대로다.

그가 말하는 '세상의 질서를 유지하는 틀'이란 무엇인가. 복잡하거나 거창한 이론이 동원되는 게 아니다. 세상살이의 상식 같은 것들이다. 예를 들면 '사물을 부정하거나 악담·비판하지 말 것', '항상 감사하고 반성하며 기쁜 마음으로 봉사할 것', '예의바르게 행동하고 사물의 현상을 긍정적으로 수용할 것' 등이다. 즉, 우리의 마음가짐이나 태도가 운과 관련이 있다는 말이다.

행운이 지나갈 때 깨어 있어라

심리학자 리처드 와이즈먼Richard Wiseman은 우리의 생각과 태도가 성공과 어떤 관련이 있는지 연구했다. 그 결과 긍정적인 태도(감사하기 등)가 성공의 기회를 발견하고 성공의 가능성을 높여 준다는 사실을 알아냈다. 그는 어떤 사람에게는 계속 행운이 쏟아지는 반면에 어떤 사람에게는 계속 불운이 닥치는 이유가 분명히 존재한다고 말한다.

과학자들은 타고난 행운을 인정하지 않는다. 그러나 주목할 것은 '타고난' 운은 없을지 몰라도 운을 '만들 수는' 있다는 사실이다. 와이즈먼 교수의 실험 결과가 그것을 말해 준다. 즉 어떤 생각과 태도를 갖느냐에 따라 성공의 가능성에 차이가 생기는데, 이 성공 가능성이 바로 '운'이다.

자신이 운이 좋은 사람이라고 생각하는(긍정적인 또는 감사하는) 사람과 자신이 지독히 재수 없는 사람이라고 생각하는 사람 간의 믿음의 차이는 성공의 기회를 살리는 빈도의 차이와 상관관계가 있음을 와이즈먼 교수는 밝혀 낸 것이다. 기회는 모든 사람들에게 공평하게 주어지지만 그 기회를 발견하는 행운은 전적으로 개인의 생각과 태도에 달려 있는 것이다.[91]

이 글을 구상하는데, 2014년 신년 특집이 TV에서 방영되고 있었다. 〈글로벌 리더의 선택〉이라는 프로그램으로 세계 출판계의 거물, 세계 최대 규모의 출판사 엘스비어의 지영석 회장을 다뤘다. 그의 스토리는 감동적이었다. 여러 이야기 중에서 뇌리에 착 달라붙은 것이 있다.

어느 날 그는 프린스턴 대학의 단짝인 존 잉그람의 집에 초대된다. 저녁 식사를 하다가 친구의 아버지 브론스 잉그람에게 질문을 던졌다. 평생 동안 지영석 회장의 멘토가 된 브론스 잉그람은 〈포브스〉의 재산 평가 50위 안에 드는 사업가다.

"부자가 되려면 어떻게 해야 하나요?"

그의 질문에 아버지 잉그람은 5분이 넘도록 대답을 하지 않고 음식만 먹었다. 청년 지영석이 무안해할 때쯤 잉그람이 입을 열었다.

"더 열심히 일해라. 그러면 운을 얻을 것이다."

상상력을 동원해서 그 식사 테이블에 당신도 함께 앉아 있다고 그림을 그려 보라. 영화의 한 장면보다 멋진 장면이다. TV를 보다가 그의 말을 들으면서 내 가슴이 찌릿해지는 걸 느꼈다. 깊이 공감한 다는 증거다. 그 후 지영석 회장은 잉그람의 충고대로 밤낮 없이 열심히 일했다. 그리하여 운을 개척하고 행운을 잡았다. 그의 말 중에서 특히 가슴에 와 닿은 것이 있다.

"세상의 중요한 사건은 24시간 중 단 1시간 안에 벌어질 수 있다. 그 순간 당신이 현장에서 일을 하고 있어야만 그 기회를 포착할 수 있다. 만약 8시간을 일한다면 그 기회를 잡을 확률은 3분의 1이지만 12시간을 일하면 2분의 1이 될 것이다. 그리고 24시간이라면 반드시 기회를 잡게 된다."

기회란 곧 운이다. 그러니까 운이 지나갈 때 깨어 있어야 한다는 말이다. 그것이 바로 운을 개척하고 운을 잡는 것 아니겠는가?

나는 운을 믿는다. 그리고 운을 믿는 것만큼 운은 스스로 만들 수 있다는 사실도 믿는다. 내 나이 서른 살 때 직장에서 책을 쓴 사람을 상사(과장)로 만난 것은 운이었다. 운명이었다. 그전까지 나는 문학 청년도 아니었고, 책을 쓴다는 것에 대해 어떤 생각도 갖고 있지 않았으니까. 내가 그를 만나게 된 것은 나의 뜻이 아니라 회사의 인사 발령에 의한 것이었으니 말이다.

그러나 그 상사에게서 자극을 받아 책을 쓰기로 결심한 것은 지영석 회장의 표현대로라면 내가 깨어 있었기 때문이다. 평범한 현실을 깊은 자극으로 받아들였기 때문이다. 아무리 책을 쓴 사람을 운명적으로 만났더라도 그것을 자극으로 받아들이지 않았다면 운은 피해 갔을 것이다. 나는 자극으로 받아들여 책을 쓰기로 결단했다. 그것은 나의 선택이다. 더 나아가 줄기차게 40여 권의 책을 쓴 것은 나의 노력이다. 바로 그 선택과 노력으로 나는 운을 개척했다. 행운을 만들어 냈다. 오늘의 내가 있게 된 것은 (그것이 남들이 보기엔 보잘 것없는 것일지라도) 그 선택과 피나는 노력이 운과 결합되었기 때문이라고 믿는다.

당신의 운은 어떤가? 하는 일이 늘 안 된다고? 운이 없는 것 같다고? 운을 탓하기 전에 당신이 운을 잡아야 할 순간에 깨어 있었는지 반성해 보자. 수많은 행운이 당신 옆을 스쳐 지나갔는지도 모른다. 당신이 그것을 알지 못한 것은 아닐까? 놓쳐 버린 것은 아닐까?

밝은 기운을 뿜어라

운을 개척하고 행운을 잡는 방법은 사람마다 다르다. 방법도 무수히 많다. 지영석 회장은 운을 잡을 수 있도록 항상 깨어 있고, 열심히 일할 것을 권했다. 역학을 신봉하는 사람이라면 부적을 몸에 간직하라고 조언할 수도 있다. 부적이란 잡귀를 쫓아내 재앙을 물리침으로써 행운이 오도록 하는 것이다.

나도 당신에게 권하고 싶다. 재앙을 물리치고 운을 잡는 부적을 지니라고. 내가 말하는 부적이란 '세상을 긍정하는 밝은 분위기'를 말한다. 이것이 행운을 여는 부적 중에서도 최고의 부적이다. 열심히 일하는 것도 중요하고, 기회를 잡을 수 있도록 항상 깨어 있는 것도 중요하다. 그러나 그보다 더 소중하고 기본적인 것은 '밝은 분위기의 사람이 되는 것'이다. 언행이 활기차고 표정이 밝아야 한다. 말과 행동이 시원시원하고 긍정적이어야 한다. 그것이 불운을 물리치는 부적이요 행운을 부르는 부적이다. 그런 부적을 갖고 있다면 확실히 운이 열릴 것이다. 세상을 살면서 나름대로 내린 결론이다.

세월이 흐르면서 강의하기가 점점 더 어려워지는 것 같다. 나이가 들면서 체력이 약해졌기 때문이 아니다. 청중이 까다로워졌기 때문이다. 구태의연한 방식과 내용으로 강의를 했다가는 시장에서 사라지는 것은 물론이다. 재미가 있어야 하면서도 동시에 내용이 좋아야 한다. 알맹이 없이 말재간만 화려해도 안 되고, 내용은 좋은데 무미건조해도 안 된다. 그만큼 청중의 수준이 높아진 면도 있지만, 따지고 덤비는 뻐딱한 청중 또한 많아졌다. 그뿐 아니라 장비가 좋아져서 청중 중에 몰래 녹음을 하거나 동영상을 촬영하는 사람이 의외로 많다. 자칫 잘못했다가는 설화에 휩쓸리거나 인터넷에 부적절한 동영상이 떠서 곤욕을 치를 수도 있다.

단상에 올라서 청중을 휘둘러보면 누가 요주의 인물인지 금방 알 수 있다. 그리고 그 예측은 거의 빗나가지 않는다. 얼굴과 표정과 자세에 묻어나는 것이다. 그는 강의를 듣는 게 아니라 트집거리를 잡으려는 것 같다. 강사의 이야기가 조금 빗나간다 싶으면 표정이 삐딱하게 일그러진다. 강의가 한발 더 나아가면, 이때다 싶어 항의성 질문을 하기도 한다. 때로는 청중들 틈에서 혼자 '씨부렁'거리기도 한다. 똑똑해서 그렇다고? 문제의식이 있는 사람이라고? 아니다. 그는 원래 심성이 어두운 사람이요, 스스로 행운을 막고 불운을 부르는 사람이다. 누가 과연 그런 사람을 좋아할까. 회사에서 그의 '지금'과 '앞날'이 어떨지는 불을 보듯 뻔하다.

요주의 인물들의 공통점이 있다. 표정이 어둡고 불만이 가득하다. 반항적인 눈초리를 갖고 있으며 자세 또한 삐딱하다. 그는 분명히 그 회사에서 왕따를 당하고 있거나 별 볼일 없는 존재임이 틀림없다. 그런 표정과 태도로 운이 열리지 않을 것은 뻔한 이치다. 점쟁이가 아니더라도 그 정도의 운세는 충분히 점칠 수 있다.

예전에 나는 사원 채용 면접관이 된 적이 여러 번 있다. 그때마다 면접실의 문을 열고 들어오는 대상자를 '척' 보는 순간 대충 판별은 끝난다. CEO 시절, 나를 찾아오는 거래처의 영업 직원을 많이 만났는데, 그들 역시 내 집무실의 문을 열고 들어서는 순간 이미 판가름

난다. 빨리 만남을 끝내고 내쫓아야 할 사람에서부터 호감이 가기에 오랫동안 대화를 나누고 싶은 사람에 이르기까지.

아무쪼록 밝은 기운이 넘치는 사람이 되자. 언행은 활기차고 표정은 밝아야 한다. 그것이 바로 행운을 부르는 '부적'이다. 그런 밝은 기운은 갑자기 쇼를 하거나 연출을 한다고 되는 것이 아니다.

표정과 언행은 마음가짐이나 '정신머리'의 표출이다. 마음 한구석에 항상 불평불만을 안고 있는 사람에게서 밝은 기운이 뻗쳐 나올 수는 없다. 표정이 어두운 사람에게서 활기찬 기운을 기대할 수도 없다. 링컨은 나이 마흔 살이 되면 자신의 얼굴에 책임을 지라고 했지만, 스무 살만 되어도 자신의 분위기에 책임을 져야 한다. 그것은 평소의 생활 태도를 그대로 보여 주는 것이기 때문이다.

매일매일의 출근길에, 길을 걸을 때, 또는 버스 안에서 밝은 기운을 뿜어내도록 노력해야 한다. 스스로 활기차게 걷고, 스스로 미소 띤 얼굴을 만들어야 한다. 어쩌다 마주치는 사람에게 선의의 시선을 보내야 하며, 세상을 선의로 바라봐야 한다. 그것을 버릇 들일 수 있는 최고의 '연수원'이 바로 출근길이다.

밝은 운을 얻고 싶으면 밝은 사람이 되라. 삐딱한 사람이 되면 삐딱한 세상이 다가오게 된다. 운이란 인간의 힘을 초월하는 것이기는 하지만 그 초월적 힘은 때때로 인간 자신에게서 나온다. 운은 만드는 것이요, 개척하는 것이다.

가끔은 초심을
곱씹어 보자

우리가 지금의 직장에 취업하기 위해 면접에 임했을 때의 장면을 회상해 보자. 아니면 가상으로도 충분히 상상할 수 있다. 서류 전형이나 필기시험을 통과하고 드디어 면접을 보게 되었을 때(기업에 따라 필기시험을 보기 전에 면접을 먼저 보는 곳도 있지만) 마음이 설레었을 것이다. 긴장되었을 것이다. 이제 한고비만 넘으면 희망하는 곳에 취업이 되기 때문이다. 마지막 관문 앞에서 우리는 어떻게 하는가? 그 상황을 나는 《신입사원의 조건》에서 다음과 같이 그렸다.

떨리고 긴장되기에 전날부터 카운트다운에 들어갑니다. 마음 자세를 가다듬습니다. 아마도 머리를 가꾸고 피부 마사지를 받기도 할 것입니다. 내일 면접장에 입고 갈 옷을 챙기고 예상되는 질문을 점검할 것입니다. 그리고 경건한 마음, 기도하는 심정으로

229

잠자리에 듭니다. 면접 전날 술에 만취해 잠자리에 드는 사람은 없을 것입니다. 물론, 배짱 좋게 면접 알기를 우습게 아는 사람도 있을 테지만 그런 모습이 결코 정상은 아닙니다.

드디어 면접 날. 아침 일찍부터 준비합니다. 몇 번씩 거울을 보며 용모를 점검할 것입니다. 새내기에 어울리는 정숙하고 단정한 복장에 화장도 우아하게 할 것입니다. 초미니 스커트나 청바지 차림, 또는 야한 화장으로 면접장에 가는 사람은 드뭅니다. 그리고 여유 있게 일찍 집을 나섭니다. 교통 체증 등 예상치 못한 돌발 사유가 발생할까봐 조바심이 나기 때문입니다. 지각을 하게 되면 '십년공부 도로아미타불'이 되기 때문입니다.

드디어 면접장. 낯선 곳이 풍기는 서먹함과 긴장감이 있습니다. 안내를 받아 면접 주의사항을 청취하고 대기실에서 순서를 기다릴 때의 심정이 어떻습니까? 면접을 기다리며 화장실에 자주 들락거리는 것만 봐도 초조하고 불안해하는 심정을 헤아릴 수 있습니다. 면접을 안내하는 기존의 회사 직원이 무척 부럽게 보입니다. 화장실에 오가다 그들과 마주치면 인사할 것입니다. 적어도 목례 정도는 합니다. 그뿐이 아닙니다. 건물 내의 엘리베이터에서도 조용하고 공손한 태도를 취합니다. 커피 잔을 손에 들고 난잡하게 떠드는 사람은 없습니다. 오가는 복도에 휴지 따위가 나뒹굴면 냉큼 주워서 쓰레기통에 버릴 것입니다.

왜 이렇게 조심스럽게 행동할까요? 왜, 평소와는 달리 조신하게 처신할까요? 어디선가 자기를 지켜보고 있을지도 모른다는 생각 때문입니다. 진심을 갖고 정성을 다해야 합격할 것이라는 나름의 믿음이 있기 때문입니다.

이제 당신의 순서가 되어 면접장에 들어섭니다. 들어서자마자 깊숙이 머리 숙여 인사합니다. 그러고는 발걸음을 가볍게, 그러나 씩씩한 자세로 면접관에게 다가섭니다. 공손한 자세로 두 손을 모아 앞에 서면서 최대한 예의바른 모습을 보이려 노력할 것입니다. 면접관의 질문에는 활기차고 또렷한 목소리로 대답할 것이며 표정은 최대한 밝게 할 것입니다. 면접관의 질문에 흔쾌히 대답하는 것은 물론, 특정한 행동을 요구하면 선선히 따를 것입니다. 웃겨 보라든가, 끼를 보여 주기 위해 춤을 춰보라고 해도 말입니다. 물구나무를 서라고 한들 안 하겠습니까. "고생스런 부서에 배치되면 어떻게 할 것이냐?"고 물으면 "그래도 최선을 다할 것입니다"라고 큰 소리로 답할 것입니다. "야근을 시키면 어떻게 하겠냐?"는 질문에도 "당연히 할 것입니다"라고 씩씩하게 소리칠 것입니다.

심지어, 평소에 재벌의 2·3세 경영이나 문어발식 경영에 대하여 핏대를 올리며 비판적이던 사람도 막상 면접에서 "대기업의 경영 방식을 어떻게 생각하느냐?"는 질문을 받으면 2·3세, 문어발 경영의 장점을 열거하며 긍정적인 대답을 하기도 합니다.

왜 그럴까요? 면접 전날부터 면접장에서까지 사람들은 왜 그렇게 행동할까요? 왜 그렇게 답하고 그런 태도를 보일까요? 합격하기 위해서라고요? 맞습니다. 합격하기 위해서입니다. 그렇다면 그런 태도와 행동이 결국은 합격에 유리하게 작용할 것으로 믿고 있다는 말이 됩니다. 면접에서 부지불식간에 그렇게 말하고 행동한다는 것은 본능적으로 회사의 요구가 어떤 것인지, 회사가 어떤 사람을 원하는지 알고 있다는 의미가 됩니다.[92]

이 글을 길게 인용한 까닭이 있다. 이 글 한편에 《신입사원의 조건》에서 말하려고 한 핵심 메시지가 모두 담겨 있기 때문이다. 직장인이 마음에 담아야 할 모든 덕목이 함축되어 있기 때문이다.

우리의 초심은 무엇이었나?

그렇다. 우리는 직장인으로서 어떻게 처신하고 어떻게 일해야 하는지를 직장에 들어오기 전에 이미 알고 있다. 이름난 책을 읽을 필요도, 특별한 조언을 들을 필요도 없다. 입사 시험 면접을 볼 때부터 본능적으로 알고 있는 것이다. 이것이 면접 정신이며, 면접 정신이야말로 직장인의 초발심이요 첫 마음이다.

오늘, 출근길에 이 면접 정신을 돌아보자. 그때의 마음가짐으로부터 얼마나 일탈해 있는지 반성해 보자. 간부가 되어서도 입사 시험을 볼 때와 똑같은 태도를 견지할 수는 없다. 그러나 가끔은 그 초발심을 떠올려 봐야 한다. 세상살이의 원리는 신입사원이나 간부나 기본적으로 같기 때문이다. 출근길에서, 세월의 흐름과 더불어 우리가 얼마나 무너져 있는지 점검하는 것은 가치 있는 일이다. 너무 빗나가 있다면 옷깃을 추슬러야 한다. 정신 줄을 바짝 당길 필요가 있다. 그러면 오늘 우리의 하루는 분명 달라진다. 오늘 우리의 직장 생활에 작은 기적이 일어날 것이다.

※

'초심을 잊지 마라.' '초심을 지켜라.' '초심으로 돌아가자.' 우리가 자주 입에 올리는 말이다. 초심初心이란 어떤 일을 시작할 때 갖는 마음가짐이다. 첫 마음이다. 때로는 초발심이라고도 한다.

승가에는《초발심자경문初發心自警文》이라는 글(책)이 있다. 한자를 그대로 풀이하면 '처음 시작할 때의 마음을 자기 스스로에게 일깨우는 글'이라는 의미가 되겠다. 출가한 사미沙彌(수행 중인 어린 승려)가 지켜야 할 덕목을 적은 기본 규율서다. 승가에서는 이 책을 평생 곁에 두고 마음가짐이 흔들릴 때마다 열어 봐야 한다고 가르친다. 그럼으로써 언제나 초심을 잊지 않으며 수행에 정진할 수 있는 것이다.

당신이 직장 생활을 처음 시작할 때의 초심은 무엇이었는가? 기억하는가? 되살려 생각해 보라. 필요하다면 종이를 꺼내 적어 보는 것도 좋다. 아마도 잊고 지냈을 것이다. '초심이 뭐였지?'라며 아예 기억조차 없는 이도 있을 것이다. 초심을 잊은 것이 아니라 처음부터 특별한 마음가짐이 없었는지도 모른다. 막연히 '잘해야지' '최선을 다해야지' 정도로 직장 생활을 시작한 사람이 대부분일 것 같다.

특별한 초심이 기억나지 않는다면 '면접 정신'을 돌아보면 된다.

233

나는 직장인들에게 강의할 때(특히 신입사원들에게) 늘 상기해야 할 초심으로서 '면접 정신'을 강조한다. 지금은 어떨지 몰라도 내가 그 용어를 처음 사용할 때는 구글이나 네이버 등 인터넷에 검색을 해도 전혀 발견할 수 없던 용어다. 거창하게 표현하면 내가 '창시자'요 '원조'라는 말이다. 면접 정신이야말로 직장인의 초심이요 초발심이다.

일일작심, 일순작심 하자

면접 정신이 직장인의 초발심이기는 하지만 꼭 그것만이 초심은 아니다. 무엇인가를 새롭게 시작할 때의 마음가짐이면 모두 초심이다. 예를 들어, 간부로 승진했다면 간부로서 어떻게 일할 것인지 새로운 각오를 다지게 될 것이다. 그렇다면 그것은 그 직위에 있는 동안 마음 깊이 간직할 초심이 된다. 그뿐 아니라 새해를 맞이하면서 결심하는 것도 초심이요 초발심이다.

초심을 끝까지 지킨다는 것은 쉬운 일이 아니다. 그 어려움을 잘 나타내는 것이 '작심삼일'이다. 이 말은 동시에 초심을 유지하라는 경고의 의미로도 흔히 동원된다. 미국 스트랜튼 대학 연구팀이 '초심'에 대해 연구했다. 새해의 결심을 얼마나 오랫동안 지키는지 실험한 것이다. 실험 참가자들이 결심한 것은 나쁜 습관을 교정하는 것이었다. 새해 결심의 3분의 2는 다이어트와 금연이었고, '싫은 일은 싫다고 거절하기', '나만을 위한 시간 갖기', '결정에 책임지기' 등이 뒤를 이었다. 그 결심들은 얼마나 지켜졌을까? 조사 결과 1주일 만에 4분의 1 이상이 결심을 지키는 데 실패했다. 그리고 1개월 후에는 절반 가까이 실패했으며, 6개월 후까지 새해의 초심을 지킨 사람은 40%에 지나지 않았다.[93]

요즘 자주 사용되는 말 중에 '지속 가능 경영', '지속 가능한 발전'이라는 것이 있다. 쉽게 말하면 꾸준히 지속될 경영을 하고 발전을 하자는 말이다. 그에 빗대어, 개인이 꾸준히 발전하는 자기경영을 하려면 '지속 가능 결심'을 하지 않으면 안 된다. 초심을 지속적으로 잘 관리해야 한다는 말이다.

그런 의미에서 '작심삼일'의 나약함을 벗어던져야 한다. 원래 '작심삼일'이란 '선先삼일 후後작심' 즉, 3일 동안 생각한 후에 결심을 한다는 의미였다. 한번 결심을 할 때는 깊이 생각하여 그 결심이 흔들리지 말아야 한다는 뜻이다. 그러나 지금은 '선先작심 후後삼일' 즉, 결심이 3일을 가지 못한다는 의미로 사용된다. 보통 인간이라면 결심의 '약발'이 3일 정도 지속된다는 암시이기도 하다. 그것이 인간의 속성이요 한계라는 말이다.

그렇다면 어떻게 결심이 오랫동안 지속되게 할까? 방법은 간단하다. '작심'을 계속하며 그것이 이뤄질 때까지 끈질기게 실천하는 수밖에 없다. 우리의 한계가 '작심삼일'이라면 그 '3일 작심'을 계속하라는 말이다. 마치 한 번 넘어지면 3년밖에 못 산다는 고개에서, 일부러 여러 번 넘어져 장수했다는 '3년 고개'의 교훈처럼 말이다.

초심을 끝까지 유지하는 것은 성공의 지름길이다. 자기실현의 일화를 남긴 사람들은 '작심삼일'의 한계를 뛰어넘은 사람들이다. 어떻게 그 한계를 뛰어넘었을까? 한번 결심하면 끝까지 마음이 흔들리지 않는 독특한 사람들이었을까? 아니다. 그들도 우리네와 똑같은 사람이다. 단지 결심이 무너지지 않도록 '3일 작심'을 계속했을 뿐이다. 아니 일일작심一日作心, 매일 결심하고, 일순작심一瞬作心, 순간마다 초심의 결의를 다짐으로써 초심이 변치 않도록 했을 것이다.

오늘, 출근길에 초발심을 떠올려 보자. 그리고 그것이 흔들림 없이 굳어지도록 일일작심, 일순작심의 멘탈 리허설을 하자.

겸손과 품격을 갖추자

"실패한 사람들을 보면 겸허함이 없고 자신의 의견만을 고집하는 경향이 있다. 그에 반해 겸허한 마음에서 우러나는 확신이 생긴 사람은 그것을 훌륭한 신념으로 만들어 일을 성공적으로 이끌어 간다. 이런 사실은 특히 위에 있는 사람일수록 깊이 명심해야 한다. 아랫사람은 겸허함을 깨닫도록 윗사람이 주의를 줄 수 있지만 윗사람은 누구도 겸허함이 없다고 주의를 주지 않기 때문이다. 따라서 윗사람 스스로가 자신을 훈계하고 자신이 겸허한지 항상 자문자답해야 한다."[94]

- 마쓰시다 고노스케

'경영의 신'으로 불리는 마쓰시다 고노스케 회장. 그는 재산가로서가 아니라 겸손함과 품격 있는 태도로 더 존경을 받았다.

1975년 어느 날, 오사카에 있는 한 레스토랑.

협력사의 임원과 점심식사를 하게 된 마쓰시타 회장은 주문한 스테이크를 절반밖에 먹지 못하자 웨이터에게 오늘 요리를 담당한 요리사를 불러 줄 것을 부탁했다. 대그룹의 회장이요 단골손님의 부름이기에 요리사는 바짝 긴장하며 그의 앞에 나타났다.

"저… 잘못된 일이 있는지요?"

자기 앞에 있는 인물이 누군지 아는 요리사는 안절부절못했다.

"스테이크 요리하느라 수고했군요."

마쓰시타는 얼굴에 웃음을 지으며 말을 잇는다.

"난 절반밖에 먹지 못했어요. 아주 맛이 있었습니다. 그렇지만 내가 나이 80인 노인이다 보니 식욕과 식사량이 예전 같지 않군요. 내가 반밖에 먹지 않은 것을 보고 요리사님의 기분이 상할지 모른다는 생각이 들어서 이렇게 부른 것입니다. 미안합니다. 맛이 최고입니다."[95]

오늘 점심 때 회사의 구내식당이든 아니면 근처의 레스토랑에서든 당신은 어떤 마음으로 식사를 하며 어떤 마음으로 종업원을 대할 것인가? 멘탈 리허설을 해보자.

겸손이란 보잘것없음을 아는 것

1852년의 어느 날, 인도의 데라둔에 있는 대삼각측량국장 앤드루워 경의 방으로 기록관 헤네시가 들어와 보고했다.

"앤드루 경! 세상에서 가장 높은 산을 발견했습니다!"

그 산은 관측소로부터 160킬로미터나 떨어진 히말라야 산맥에 우뚝 솟아 있었다. 그 산은 그때까지만 해도 이름조차 정해지지 않은 무명의 봉우리로 'Peak XV(피크 15 : 인도 측량국이 붙인 번호)'라는 기호로만 언급되던 산이다. 헤네시의 측정 결과에 따르면 그 산의 평균 해발고도는 8840미터에 달했다(현재 8848m로 알려진 에베레스트의 높이는 오래전에 인도 조사대가 조사한 수치로 이 산 주변의 포인트 열두 군데에서 측정한 높이의 평균값이다).

이렇게 높이가 확인된 인도 북동쪽, 네팔과 중국(티베트) 국경에 솟아 있는 세계 최고의 봉우리가 영국왕립지리학회에 의해 '마운트 에베레스트Mount Everest'라고 공식적으로 명명된 것은 그로부터 13년이 지난 1865년의 일이다. 그 과정에서 흥미로운 에피소드가 전해지고 있다.

1830~1843년에 영국 식민지였던 인도의 측량국장으로 일한 영국인 조지는 자신의 기술로 여러 산을 측량하고 'Peak XV'가 가장 높다고 주장했다. 그러나 그 주장은 공인되지 않았다. 그때까지만 해도 측량 기술이 변변치 못했기 때문이다.

그런데 후임으로 부임한 앤드루 워는 1846년부터 1855년까지 히말라야의 고봉 79개에 대해 커다란 경위의經緯儀로 정밀 측정을 했고, 마침내 그 어떤 산도 'Peak XV'의 적수가 될 수 없다며 세계 최고봉임을 확인한다. 그리고 그 산의 이름을 '마운트 에베레스트'라고 명명한 것이다. 왜 에베레스트였을까? 그것은 오래전부터 그 봉

239

우리가 가장 높다고 주장했던 전임 측량국장의 이름이었다. 조지 에베레스트George Everest.

전임자의 공적을 인정하고 기리는 후임자의 자세에서 우리는 직장인이 지켜야 할 또 하나의 겸허함과 품격을 배우게 된다. 오늘 출근길에 당신은 전임자에 대하여 어떻게 하고 있는지 돌아보는 것도 가치 있을 것이다.

"겸허한 인간은 영화의 절정에 있을지라도 그 품위와 처신이 아름답기만 한 법이다. 그것은 그의 겸손이 정신과 영혼의 완벽한 조화를 이루게 하기 때문이다."

— 화이트헤드A.N.Whitehead(영국의 철학자, 수학자)

내려갈 때 보았네
올라갈 때 보지 못한
그 꽃

고은 시인의 이 시는 매우 짧다. 그러나 함축하고 있는 의미는 그 어떤 시보다 풍부하다. 아마도 이 시를 읽으며 느끼는 감정과 솟구

치는 생각은 사람마다 제각각일 것이다. 특히 나이가 들어 은퇴를 앞둔 사람은 만감이 교차할지도 모른다.

통섭이라는 용어를 처음 만들어 낸 최재천 교수는《통섭적인 인생의 권유》에서 "제1인생이 성공이란 목표를 향해 땀을 흘리며 산을 오른 시기(오름 인생)라면, 제2인생은 삶의 의미를 찾으며 산을 내려가는 여정(내림 인생)이다. 내림 인생이 훨씬 더 멋질 수 있다"고 했다. 어떤 인생이 더 멋있는지는 모르겠다. 다만 나이가 들면서, 즉 내려갈 때가 되니까 그동안 보이지 않던 것이 보이는 것은 맞다. 올라갈 때 보이지 않던 꽃이 보이는 것이다.

여기서 '꽃'이 상징하는 것은 무엇일까? 여러 가지일 것이다. 인생의 가치일 수도 있고, 보람일 수도 있다. 고은 시인이 무엇을 떠올리며 그 시를 썼는지는 모르지만 나는 이 시에서 '겸손'을 본다. 인생의 오르막길을 오르던 패기에 찬 젊은 날에는 미처 생각하지 못했던 겸허함 말이다. 인생의 내리막길이 되니까 그것이 보이는 것이다. 적어도 내 경험으로는.

겸허, 겸손이란 무엇일까? 어떤 이는 이렇게 말하기도 한다. "겸손은 자기 비하나 열등의식이 아니다. 오히려 자신의 무한한 능력과 잠재력을 믿는 위대한 사람만이 가질 수 있는 미덕이다." 어떤 정의가 마음속에 딱 와 닿을지를 늘 전전긍긍하던 나는 얼마 전 이런저런 자료를 찾아 나름대로 편집하여 이렇게 규정했다. 나의 페이스북에 올린 정의는 이렇다.

"겸손이란 자기를 낮추는 것이 아니라 자기의 '위대함'이 얼마나 보잘것없는지를 아는 것이다."

그렇다. 겸손은 의도적으로 자신을 낮추는 것이 아니다. 그 자체가 위선이요 또 하나의 교만일 수도 있다. 그보다는 자신이 내세우는 우쭐함이나 자랑거리, 심지어 위대함조차도 얼마나 보잘것없는 것인지를 진심으로 아는 것, 그것이 겸손이라고 생각한다. 그것을 바르게 인식한다면 직장에서 상사는 물론이요 동료나 부하를 대하는 태도가 확연히 달라질 것이 틀림없다.

매너와 품격을 갖춰라

내가 잘 아는 '고관대작' 한 사람. 그는 지위는 높은데 매너와 품격은 엉망이다. 그의 언행을 보면 어떻게 그 자리에까지 올라갔나 싶을 정도다. 말하는 것부터 술자리, 골프, 심지어 고스톱에 이르기까지 '제멋대로'다. 많은 이들이 뒷전에서 그의 행태를 화젯거리로 삼는다. 어느 날, 그와 함께 일본식 식당에 간 적이 있다. 그곳에서 소문으로만 듣던 그의 진면목을 확인했다.

식사를 기다리며 대화를 나누던 중에 그는 손을 닦으라고 식탁 위에 올려놓은 물수건을 들더니 얼굴을 쓱쓱 문질러댔다. 거기까지는 그렇다 치자. 문제는 그다음이다. 얼굴을 닦은 그 물수건에 가래를 칵! 뱉어 버리는 것이었다. 주위 사람을 전혀 의식하지 않고. 아연실색! 나도 모르게 얼굴이 찌푸려졌음은 물론이다.

그뿐만이 아니다. 대화를 나누면서 계속 발을 주무르는 것을 보고 무척 신경이 쓰였는데, 식사 후에 과일이 후식으로 나오자 그 손으로 덥석 과일을 집어 먹는 것이었다. 이쯤 되면 매너니 품격이니 할 것도 없다. 거의 엽기적인 수준이다. 아무리 지위가 높으면 뭐하는가. 그의 삶이 어떠할지 알고도 남는 것을.

그런데 왜 그런 '작태'가 나올까? 덜 배워서 그런가? 식사 매너를 몰라서 그럴까? 아니다. 근본은 겸손하지 않다는 데 있다. 매너와 품격은 겸손의 표현이기 때문이다. 겸손이 몸에 밴 사람은 알게 모르게 품격이 드러난다. 영국의 종교가요 감리교의 창시자인 존 웨슬리John Wesley가 말했다. "모든 덕은 겸손에서 시작된다."

오늘 출근길에는 당신의 겸손과 품격을 돌아보자. 겸손은 비천함이 아니다. 그것은 품격과 어우러질 때 멋있다. 존 템플턴John Templeton은 《열정》에서 말했다. "겸손은 자기 비하나 열등의식이 아니다. 역사상 위대한 사람들은 대부분 매우 겸손한 사람들이었는데, 그의 위대함이 자기 자신에게서 유래한 것이 아니라, 고귀한 능력이 자신을 통해서 발휘되는 것뿐임을 잘 알고 있었기 때문이다. 즉 진정한 의미의 겸손이란 자기 자신이 고귀한 능력을 담는 그릇임을 아는 것이다."

오늘의 출근길에는 진실로 겸손한지 반성해 보자. 그것은 인간적인 매력이다. 매력이 경쟁력이라고 하지 않던가.

싫은 사람과
잘 지내기

"세상에서 가장 어려운 일이 뭔지 아니?"

"흠, 글쎄요, 돈 버는 일? 밥 먹는 일?"

"세상에서 가장 어려운 일은 사람이 사람의 마음을 얻는 일 같아. 각각의 얼굴만큼 다양한 각양각색의 마음은 순간에도 수만 가지의 생각이 떠오르는데, 그 바람 같은 마음이 머물게 한다는 건, 정말 어려운 거 같아.[96]

— 문서영

직장은 스트레스가 많은 곳이다. 일 때문에도 그렇지만 무엇보다도 인간관계에서 오는 스트레스가 심하다. 80%가 넘는 직장인들이 직장 내의 인간관계가 스트레스의 주요 원인이라고 답했다.[97] 특히 상사와의 관계가 문제다. 앞에서 이미 언급했듯이 직장인의 84.7%가 꼴 보기 싫은 상사가 있다고 했다. 그래서 직장인들 중에는 상사 때문에 이직을 결심하는 경우가 적지 않다. 흥미로운 것은, 대리급 이상 상사들은 대부분 본인이 꼴 보기 싫은 상사에 해당하지 않는다고 생각한다는 점이다(76.7%). 남들에 대해서는 혹평을 하면서도 자기 자신에 대해서는 후한 평가를 하는 것이다.

심리학에서는 이런 현상을 가리켜 '긍정적 착각positive illusion'이라고 한다. 즉 사람들은 자기 자신을 평균 이상으로 좋게 평가한다는 것이다. 미국의 칩 히스Chip Heath와 댄 히스Dan Heath의 연구에 따르면, 고등학생들 중에서 자신의 리더십 능력이 평균 이하라고 생각하는 학생은 불과 2%밖에 되지 않았다. 또한 일반인들의 25%는 남들과 어울리는 대인 관계 능력에서 자신이 상위 1%에 속한다고 믿으며, 대학 교수들 가운데 무려 94%는 자신이 평균 이상의 연구 성과를 내고 있다고 생각한다. 더욱 웃기는 것은, 사람들이 자신은 남들보다 자기 자신에 대한 평가를 훨씬 정확하게 할 수 있다고 믿는다는 사실이다.[98] 사정이 이러하니 자기의 잘못을 고칠 리 만무하다.

우리나라 사람들도 예외는 아니다. 한국 인간발달학회 연구팀이 우리나라 중년 직장인을 대상으로 조사하여 발표한 것을 보면, 응답자의 75%가 '자신의 생각이 젊고 열려 있다'는 등 긍정적 착각에 빠져 있는 것으로 나타났다.[99] '착각은 자유'라지만 그 때문에 자기 혁신을 방해받으니 그게 문제다.

감정과 행위를 구별해 보자

상사든 동료든 또는 부하든 간에 꼴 보기 싫은 사람은 어디에나 있게 마련이다. 그리고 그것은 엄청난 스트레스가 된다. 나도 그런 상사를 만난 적이 있는데, 그 스트레스 때문에 지독한 과민성대장증상으로 고생했었다. 지나고 보면 아무것도 아닌 것을 그때는 왜 그렇게 심각했는지 모른다. 다시 그때로 돌아간다면 현명하게 대처할 것 같다. 이 항목의 글을 쓰게 된 것도 그때의 경험과 후회가 있기 때문이다.

　직장 생활을 하노라면 마음에 딱 드는 사람이 있는 반면에 그렇지 못한 사람도 있다. 흔히 이성 간에 궁합을 말하지만 이성이 아니더라도 궁합은 현실적으로 존재한다. 사람과 사람 사이도 그렇고 사람과 일, 사람과 직장 사이에도 궁합이 있다는 게 나의 주장이다. 궁합이 맞지 않는 사람과는 좋은 일을 도모해도 결국 좋지 않게 끝나는 수가 많다. 궁합이 맞지 않는 직장에서 곤욕을 치른 사람이 직장을 바꾸고는 훨훨 나는 수도 있다. 나도 그런 경험을 해봤다.

직장에서 궁합이 맞지 않는 사람과는 어떻게 해야 하나. 이건 정말 고민이다. 그러나 피할 것이 아니라 적극적으로 해결책을 모색해야 한다. 갈등을 그대로 두면 직장 생활에 실패할 확률이 크다. 더구나 아직 뿌리를 내리지 못한 신입사원이 직장 내에 싫은 사람이 있다면? 궁합이 안 맞는 사람이 있다면? 그러면 직장 생활의 위험성은 더욱 높아진다.

마음에 맞지 않는 사람, 꼴 보기 싫은 사람을 그대로 두고 대책 없이 간다면 출근길의 발걸음이 무거워진다. 위험천만하다. 여러 면에서 그렇다. 때로는 그 원수(?)와 외나무다리에서 만날 수도 있다. 그렇게 되면 치명적이다. 적극적 후원자가 있어도 뭣할 판에 '원수'가 있다? 그렇게 직장 생활을 할 수는 없는 노릇이다. 직장에서 '적과의 동침'은 있을 수 없다.

그러면 어떻게 할까? 당신이 진정으로 갈등의 상황이 개선되기를 원한다면, 당신이 통제할 수 있는 단 한 가지, 즉 당신 자신에게 초점을 맞춰서 해결책을 찾아야 한다. 그것이 요령이다. 상대방이 반응하든 반응하지 않든, 내가 처해 있는 상황에 영향을 줄 수 있는 가장 긍정적인 방법은 나 자신, 즉 내가 '될 수 있는 것', '할 수 있는 것'에 대해 노력하는 것이다. 그중에서 가장 유용한 수단이 바로 '용서'와 '사랑'이다.

앤디 앤드루스Andy Andrews는《폰더 씨의 위대한 하루―실천편》에서 매일 용서하는 마음으로 하루를 맞이하라고 했다. 그는 모든 사람을 무조건 용서하라면서, "특히 이 사람만은 절대로 용서할 수 없다고 생각하는 사람을 용서하라"고 강조한다. 그렇게까지 용서를 해야 하는 이유는 용서를 통해 상대방이 얻는 것보다 나 자신이 얻는 것이 더 많기 때문이라고 한다.

스티븐 코비는 한 술 더 떠서 용서를 넘어 '사랑'하기를 권한다. 그는 《성공하는 사람들의 7가지 습관》에서 상대방에게 조건 없는 사랑과 지원을 하라고 했다. 주도적으로 사랑하라는 것이다. 그러면 상대방도 내가 보여 준 주도적인 본보기의 영향을 느끼고 같은 방법으로 반응하게 된다는 것이다.

주도적인 사랑을 하라고? 그 '웬수' 같은 사람을? 싫은 사람을 사랑할 수 있을까? 미운 사람을 어떻게 사랑할 수 있는가. 우리는 성자가 아닌데 말이다. 그러나 게리 채프먼Gary Chapman은 《5가지 사랑의 언어》에서 사랑의 감정과 사랑의 행위를 구별해 볼 것을 권한다. 그러면 싫은 사람을 사랑할 수 있다는 것이다.

"전혀 없는 감정을 있다고 한다면 그것은 위선이다. 그러나 상대방에게 유익하거나 만족을 주는 행위를 하는 것은 선택이다. 미워하는 사람에게 따뜻한 감정이 없는 것은 당연하다. 따뜻한 감정을 갖는다는 것이 비정상이다. 그러나 그를 위해 사랑의 행위를 할 수는 있다. 행동은 반드시 깊은 감정적 연대감에서만 나오는 것은 아니다. 행동은 선택할 수 있다. 그러나 그 선택된 행동으로 인하여 상대방의 태도나 행동에 긍정적인 영향을 미칠 것이다."

사랑의 감정과 사랑의 행위는 다를 수 있다는 말이다.[100]

고 김수환 추기경은 이렇게 말했다. "사랑은 감정이나 느낌이 아닙니다. 사랑은 의지입니다. 참된 사랑은 참으로 사랑하겠다는 결심에서 출발합니다." 미국의 저명한 정신의학자이자 베스트셀러 작가인 스콧 펙M. Scott Peck도 같은 말을 했다. "사랑은 의지의 행위다. 의지에는 선택이 따른다. 우리가 반드시 사랑해야 하는 것은 아니다. 우리는 사랑하기로 선택한 것이다."

의지로써 상대를 사랑한다? 어찌 보면 성인군자가 되라는 말처럼 들릴 수도 있다. '사람들 때문에 당하는 고통으로 분노가 극에 달했는데 능동적으로 사랑하라고?' 이렇게 반문할 수도 있다. 그렇다. 당신이 분노의 미로에서 빠져나오려면 능동적으로 무한히 사랑해야 한다. 그것은 '옳은 일'이기 때문이 아니라, 그것이 결국은 상대방과 당신에게 유익한 일이기 때문이다.[101]

상대방을 사랑하기로 선택했다면 상대를 있는 그대로 인정하고 받아들여야 한다. 비교하거나 옳고 그름을 따지는 한 결국 또 다른 갈등이 생기게 된다. 사랑한다는 것은 상대방을 있는 그대로 완전히 받아들이는 것이다. 존재하는 그대로를 인정하는 것이다. 나의 잣대와 눈높이로 재단하고 평가하는 것이 아니다. 인정하고 수용함으로써 이해하게 되고 그럼으로써 따뜻한 배려와 관대함이 나오게 된다.

오늘 출근길에서 갈등을 느끼는 '그 사람'을 떠올려 보자. 궁합이 맞지 않는가? 그러면 어떻게 하겠는가? 정녕 그를 받아들이지 못하겠는가? 조금만 생각을 바꾸면 기적이 일어날 수 있다. 그를 사랑할 수 있는 기적이. 그것은 감정의 문제가 아닌 선택의 문제다. 그리고 매우 유익한 선택이다. 그 선택의 결단을 내려 보자. 출근길에서.

싫은 사람에게 사랑의 에너지를 보내 보자

세계적인 동기부여 강사이며 베스트셀러 작가인 샌드라 앤 테일러 Sandra Anne Taylor. 그녀는 양자역학 이론에 입각한 성공학으로 유명한데,《부와 행복의 놀라운 성공법칙 28가지Quantum Success》에는 '사랑'으로 사람의 마음을 움직이는 원리가 소개되어 있다.

원리는 간단하다. 생각과 말에서 분노와 두려움 같은 부정적인 것들을 버리고 사랑이라는 말과 행동으로 대신하라는 것이다. 크고 작은 모든 상황에서 우리의 목소리와 움직임에 사랑을 담아 보내면 상황이 바뀌고 상대가 바뀐다고 주장한다.

상황이 어렵거나 다루기 힘든 사람이 있으면 그 방향으로 사랑 에너지를 보내야 한다. 깊고 차분하게 심호흡을 하면서 "사랑!"이라고 되풀이 말하면 결국 상황이 바뀌고 상대가 변한다는 것이다. 그녀는 그것을 실증하는 사례가 많다고 했다. 그중 하나만 보자.

어느 날 그녀는 어느 스튜디오에서 복잡한 녹음장치를 대여받았다. 그런데 막상 기계를 작동해 보니 시원치가 않다. 그녀는 기계를 돌려주고 대여금을 환불받으려 했지만 24시간 이내에 반환하지 않으면 환불이 불가능하다는 계약 규정에 따라 환불받을 수 없게 된다. 화가 머리끝까지 치밀어 오르는 일이었지만 마음을 달래며 '사랑'을 동원한다. 그녀는 기계를 돌려주기 위해 차를 몰아 가면서 줄기차게 "사랑!"을 외쳤다. 그곳까지 가는 30분 동안 스튜디오 쪽으로 사랑이라는 말을 계속했다. 드디어 스튜디오에 도착해 그곳의 운영자를 만났는데, 그 운영자가 이렇게 말한다.

"지금까지 한 번도 이런 적이 없었지만 이번에는 예외로 봐드리겠습니다."

그러고는 대여료 전액을 환불해 주었을 뿐 아니라 녹음테이프 하나를 무료로 주었다. 그 운영자가 기계를 갖다 놓으려고 자리를 비웠을 때 카운터 직원이 말한다.

"정말 여태까지 한 번도 환불을 해준 적이 없어요. 무슨 말씀을 하셨기에 생각을 바꿨는지 모르겠네요."[102]

(사실 이 사례는 좀 허황되게 들린다. 그러나 그녀의 말로는 이런 경험이 셀 수 없을 정도로 많다고 했다. 그중에서 대표적인 사례로 소개했으니 믿는 게 좋을 것 같다.)

❧

오늘 하루 만나게 될 사람들을 사랑으로 대하겠다는 생각을 해보자. 심지어 꼴 보기 싫은 사람까지도 말이다. 생각만이 아니라 실제로 행동에 옮겨 보자. 사랑하는 마음 없이 참된 인간관계는 불가능하다. 인간애가 바탕에 깔리지 않은 인간관계는 허구다. 인간애란 타인에 대한 배려요 관대함이다. 인간애가 있는 사람은 인간미가 있다. 아름다운 것이다.

특히 사랑은 타인에게보다 나 자신에게 더 기분 좋은 에너지를 만들어 준다. 그것은 이 세상에서 가장 위대한 동기부여의 힘을 발휘한다. 삶을 특별하게 만들어 주며 풍요롭게 해준다. 나 자신을 위해서 타인을 사랑하는 것이다.

27

위대한 사람을
흉내 내보자

출근길의 멘탈 리허설은 우리가 '하루'라는 인생의 무대에 오르면
서 머릿속에서 미리 하루의 일과를 훈련하는 것이다. 또한 앞으로
일어날 일들을 미리 예측해 보고 그에 대비하는 것이다. 그러나 한
걸음 더 나아가, 우리가 목표로 삼아야 할 훌륭한 사람, 성공한 사
람의 삶의 방식이 어떠했는지를 상상 속에서 경험해 보는 것도 자
기경영을 위해 매우 의미 있는 정신적 리허설이다.

요즘은 뜸해졌지만, 한때 '벤치마킹benchmarking'이 크게 유행했었
다. 잘 아는 바와 같이, 벤치마킹은 우수한 상대를 목표로 삼아 자
기와의 차이를 비교·분석하고 배움으로써 자기혁신을 추구하는 경
영 기법이다. 원래는 기업 혁신의 한 방법으로 시작됐지만 지금은
개인도 뛰어난 상대에게서 배울 것을 찾아 배우는 '자기경영'의 한

방법으로 사용한다. 이때 벤치마킹의 대상이 되는 사람을 흔히 롤모델이라고 한다.

우리가 성공적인 직장 생활, 더 나아가 성공적인 삶을 목표로 한다면 앞서 성공한 사람들을 롤모델로 정해 두는 것이 바람직하다. 닮고 싶은 사람을 마음속에 정해 두자는 말이다. 그런데 롤모델은 멘토와는 달리 직접 상면할 수 없는 경우가 많다. 멘토는 신뢰할 수 있는 스승 또는 지도자로서 일단 서로 연락이나 접촉이 가능하다는 것을 전제하게 되지만 롤모델은 그렇지 못한 이상형이 대상이 되는 수가 많다.

롤모델이 있으면 세상을 살아가면서 어떤 판단과 행동을 할 때 '그 사람이었다면?' 하고 상상해 보면서 우리의 판단과 행동을 결정할 수 있다. 이것은 매우 가치 있는 멘탈 리허설이다. 그럼으로써 롤모델의 수준에 한발씩 다가서게 되고 따라가게 되는 것이다.

그 사람이라면 어떻게 했을까?

버락 오바마 미국 대통령은 집무실에 링컨의 흉상을 세워 두고 "이런 상황에서 링컨 대통령은 어떻게 했을까"라며 링컨과 가상의 대화를 나눈다고 한다. 이것도 의미 있는 멘탈 리허설이다. 오바마 대통령만 그런 것이 아니다. 링컨 이후에 등장한 미국의 대통령 대부분은 링컨을 롤모델로 삼았을 것 같다. 백악관에 오래전부터 링컨의 초상화가 걸려 있었다는 사실이 그것을 증명한다. 루스벨트 대통령은 이렇게 고백한 적이 있다.

"결론을 내려야만 될 문제가 생겼을 때라든지, 복잡하고 처리하기 곤란한 일 또는 대립된 권리나 이해관계가 얽힌 문제에 직면했을 때, 나는 언제나 링컨의 초상을 쳐다보면서 그가 현재의 내 입장에 처해 있다면 어떻게 처리했을까 하고 생각해 봅니다. 묘하게 들릴지 모르지만, 솔직히 나는 그 덕택으로 문제가 쉽게 해결되었다고 느껴집니다."[103]

이렇게 자신을 유명한 사람, 훌륭한 사람과 견주어 가며 그 사람의 시각에서 문제를 바라보고 문제 해결의 방법을 찾아내려 노력하는 것을 '나폴레옹 기법Napoleon technique'이라고 한다. 다른 사람의 입장에서 문제를 바라보면 생각지도 못했던 새로운 시각, 새로운 발상이 가능할 수 있기 때문이다. 만약 뉴턴이 지금 내가 겪고 있는 문제에 직면했다면 어떻게 행동했을까? 패튼 장군이라면 이 고민에 어떻게 대처할까? 마더 테레사 수녀라면? 하고 말이다.[104]

이처럼 누군가를 롤모델로 정하고 직장 생활을 하는 것은 그냥 멋스러운 게 아니라 현실적으로 의미 있고 가치 있다. 롤모델은 역사적으로 이름난 훌륭한 사람이나 세계적으로 크게 성공한 유명인을 목표로 삼는 방법이 있고, 또는 우리 주위에서 비교적 쉽게 볼 수 있는 특정한 사람을 정하는 방법도 있다. 양쪽 모두 장단점은 있

멘탈 리허설

다. 전자의 경우는 우리의 삶이나 하는 일과 너무 차이가 나기 때문에 자칫 뜬구름 잡는 식이 될 수 있고, 후자의 경우는 쉽게 따라 할 수 있다는 장점은 있지만 나중에 묘한 상황에 처할 수도 있다.

묘한 상황이라고? 훌륭한 사람이다 싶어서 롤모델로 삼아 본받으려 했는데, 그가 어떤 사건에 연루되어 '험악한 이면'이 드러나 뉴스의 초점이 되는 사례가 빈번하기 때문이다. 물론 '험악한 이면'은 볼 것 없고 우리가 본받으려는 부분만 취한다면 별문제는 없을 것이다. 결론은, 누구를 롤모델로 하든 간에 마음속에서 분명한 기준이 될 수 있는 사람이면 된다. 그뿐 아니라 롤모델이 꼭 한 사람일 까닭은 없다. 상황에 따라 여러 사람을 기준으로 삼아도 좋다.

앞 장에서 싫은 사람과의 관계를 개선하기 위한 방법으로 '용서'와 '사랑'을 다뤘다. 출근길의 멘탈 리허설에 그것을 포함시킨 데는 개인적인 '사연'도 약간 작용했다. 슬슬 나이 들어 가면서 젊은 날에는 실감하지 못했던 용서와 사랑의 의미를 마음 깊이 느끼고 있기 때문이다. 혜민 스님은 '멈추면 비로소 보이는 것들'이라고 표현했지만 나는 그것을 흉내 내어 '나이 들면 비로소 보이는 것들'이라는 말을 자주 한다. 나이 듦으로써 비로소 보이는 것들이 있는데 그중에서 대표적인 것이 용서와 사랑인 것 같다.

어떤 글에서 '나이 듦의 아름다운 역설'이라는 표현을 읽었다. 나이 듦으로써 오히려 아름다워진다는 뜻이다. 나이 듦은 성장하는 것이요, 성장한다는 것은 상실을 통한 성취의 과정이라는 것이다. 나이 든다는 것은 성장하는 것이요, 그러하기에 분노를 버리고 용서를 얻는 과정이다. 그것은 악한 마음을 잃고 사랑을 얻는 과정이다. 이처럼 영적 성장과 활력이 나이 듦을 통하여 나타나기에 아름다운 역설이라고 하는 것이다.[105]

　내 마음에 용서와 사랑이 화두로 꿈틀거리게 된 것은 아마도 2009년 2월, 김수환 추기경의 선종이 계기가 되었던 것 같다. 그분이 "고맙습니다. 사랑하세요"라는 말씀을 남겼다는 이야기를 듣고부터 그 말씀이 뇌리를 떠나지 않고 맴도는 것이었다. 종교적으로 어느 편에 섰느냐를 떠나(나는 가톨릭 신자가 아니다), 평생을 기도와 사색으로 보낸 어른이 마지막으로 그런 말씀을 남겼다면 거기에는 심오한 뜻이 있음이 틀림없다. 삶의 마지막 결론이라고 할 수도 있다. 그때부터 출근길에 또는 출장길에 문득문득 '사랑'이라는 단어가 떠올랐고, 책을 읽어도 그 단어가 자꾸 눈에 띄었다. 그러더니 '용서'와 함께 어우러져 마음속에 단단히 자리를 잡은 것이다. 그러니까 용서와 사랑에 관한 한 내게는 김수환 추기경이 롤모델인 셈이다.

당신의 롤모델은 누구인가?

김수환 추기경 외에도 용서와 사랑의 롤모델은 또 있다. 용서와 사랑을 꾸준히 생각하니까 그런 사람과 사연만 눈에 들어왔는데, 최근에 두 사람의 거인을 만났다. 한 사람은 사망 소식을 통해 만났고, 또 한 사람은 소박하고도 자애로운 처신을 칭송한 뉴스를 통해 만났다. 바로 넬슨 만델라 전 남아공 대통령과 프란치스코 교황이다.

화합과 용서로 350년의 흑백 갈등을 잠재운 만델라. 27년 동안이나 혹독한 감옥 생활을 하고도 어떻게 용서와 화해를 말할 수 있는지 저절로 머리가 숙여진다. 먼 나라 사람처럼 느껴지던(실제로 남아공은 멀기도 하지만) 그가 성큼 가깝게 받아들여진 건 그도 "젊은 날에는 아주 급진적이어서 모든 이들과 싸우려 했다"는 고백을 알고 나서다. 그도 우리들의 젊은 날처럼 평범했던 사람이다. 그러나 스스로의 결단과 단련을 통해 인류에 대한 사랑으로 증오를 내려놓고 용서를 택하게 된 것이다.

266대 교황 프란치스코. 나는 가톨릭 신자는 아니지만 그의 '광팬'이 되었다. 그분이 보여 주는 지극한 인간애가 너무나 따사롭기 때문이다. 바짓가랑이를 잡아당기는 꼬마의 머리를 쓰다듬으며 연설하는 모습에서부터 무슬림의 발을 씻겨 주고 입 맞추는 열린 마음, 그리고 머리가 혹으로 뒤덮인 한 남자의 얼굴을 끌어안고 위로하며 기도하는 감동적인 장면에 이르기까지. 사랑이란 무엇일까? 그 실체를 나는 교황을 통해서 깨닫게 된다.

언제부터인가 나는 그 세 분을 가끔 떠올린다. 흉내조차 낼 수 없는 엄청난 격차를 느끼지만 감히 롤모델이라고 하는 것은, 어찌 되었든 내 마음속에 그분들이 자리 잡고 있기 때문이다. 조금이라도 흉내 내며 따라가 보고 싶기 때문이다. 그런데 그들을 마음속에 담

259

아 둔 것만으로도 예전과 다른 경험을 했다. 길을 가다 동냥을 바라는 어려운 처지의 사람을 봤을 때 나도 모르게 그들이 떠올랐고, 사람들 때문에 짜증스러운 상황에 처했을 때 그들이 생각났던 것이다. '그분들이라면 어떻게 했을까?'보다는 '그렇게 세상을 사는 분도 계신데 나는 이게 뭔가?'라는 반성으로 다가오는 것이었다. 그리고 예전과 다르게 행동하는 나를 발견하게 된다. 놀라운 일이 아닐 수 없다.

성공하려면 성공한 사람의 방식을 따라 하라고 했다. 발전은 모방에서 나온다. 성공한 사람들을 모방하고 흉내 내보라. 탁월한 인물들을 흉내 내려다 보면 어느 날 문득 그런 사람을 닮아 가고 있는 자신을 발견할 수 있을 것이다. 마치 너새니얼 호손Nathaniel Hawthorne의 《큰바위 얼굴》에 등장하는 어니스트처럼 말이다.

　당신의 롤모델은 누구인가? 누구를 벤치마킹하고 싶은가? 자기경영의 효과를 높이기 위해서라도 좋은 대상을 목표로 삼아 따라 하고 흉내 내보자. 이왕이면 '거인'을 미음에 모시는 것이 좋을 것이다. 그래야 인생이 커진다. 그리고 출근길의 멘탈 리허설을 통해 상상 속에서나마 그들이 되어 보는 것은 얼마나 멋진 일인가.

28

하루 30분의
자기계발

나는 자기계발이란 '기회의 화살을 맞을 수 있는 표면적을 넓혀 놓는 것'이라고 정의한다. 사람은 누구에게나 비슷한 기회가 지나간다고 생각한다. 그런데 어떤 이는 그 기회를 절호의 찬스로 만드는가 하면 어떤 이는 그냥 지나치고 만다. 기회의 화살을 맞으려면 평소에 표면적을 넓혀 놓아야 한다. 그래야 화살을 맞을 성공 확률이 높아진다. 그 평소의 준비 상태, 표면적을 넓히는 것, 그것이 자기계발이다.

출근길에 자기계발을? 그 짧은 시간에 무슨 자기계발? 허긴 그렇다. 이동하기에도 정신이 없는데 무슨 자기계발이냐는 푸념이 나올 만하다. 그러나 모든 건 하기 나름이다. 그뿐 아니라, 자기계발을 국토 개발처럼 거창하게 생각하니까 엄두가 나지 않는다. 이 책에서 다루고 있는 것들이 따지고 보면 모두 다 자기계발 아닌가?

어떤 출근길도 자기계발의 장이 될 수 있다

요즘, 내 출근길은 강의를 하러 가는 길이 된다. 직장인의 개념으로
말한다면 출장길이 될 것이다. 서울 시내에서 강의가 있을 때는 1시
간 정도, 그리고 지방으로 출강을 하면 보통 서너 시간 정도 걸린다.
왕복으로 계산하면 하루가 다 소요된다. 시내에서는 걷거나 전철로
이동하고 지방에 갈 때는 열차를 타거나 승용차를 이용한다. 승용
차의 경우 직접 핸들을 잡는 경우가 많다. 혼자서 길을 달리는 묘미
또한 있기 때문이다.

내가 해봐서 아는데 걸을 때는 물론이요 전철이나 열차 속에서도
얼마든지 자기계발을 할 수 있다. 심지어 손수 운전을 하는 중에도
가능하다. 고속도로에 접어들면 한가(?)해진다. 과속을 하거나 남을
추월하려니까 괜히 신경 쓰이지 규정 속도를 지키며 2차선에서 느
긋이 가보라. 안전 운전을 하면서도 틈틈이 얼마든지 요긴한 구상
을 할 수 있다. 세상에 운전대를 거머쥐고 오직 운전에만 몰두하는
사람이 어디 있는가? 처음 길거리에 나선 초보 운전자가 아니라면
말이다.

나는 강의장에 도착하기로 예정된 시간보다 훨씬 더 일찍 집을 나
선다. 예를 들어, 2시간 정도 걸리는 거리라면 4시간쯤 전에 출발한
다. 여유를 즐기기 위해서다. 그리고 도로변의 휴게소에서 휴식을 취

하고 시간 조절을 하면서 간다. 그곳에서는 식사를 해결하기도 하지만 운전 중에 떠올랐던 아이디어를 구체화해 기록하는 일도 한다.

부산이나 광주에 가는 KTX를 타면 이건 완전히 내 세상이다. 왕복하는 시간에 책 한 권 분량의 목차를 완전히 끝낸 적도 여러 번 있을 정도다. 나는 천학비재淺學菲才한지라 책을 쓸 때 아이디어에 사활을 건다. 자기계발서의 주제와 콘텐츠는 이미 다 나와 있다. 따라서 아는 게 별로 없는 나 같은 사람이 독자의 마음을 파고들려면 어떤 아이디어를 담아내느냐가 성패를 좌우한다고 믿기 때문이다. 아이디어를 짜내는 데는 출근길, 출장길이 제격이다. 전철의 손잡이에 매달려 가면서도 얼마나 좋은 아이디어가 샘솟고 생각이 정리되던가!

지금은 거의 사라졌지만, 예전에는 회사에서 운행하는 출근 버스가 있어서 좋았다. 직장 생활을 하면서 많은 책을 내던 시절에 사람들이 내게 물었다. 어떻게 직장 생활을 하면서 그렇게 책을 쓸 수 있냐고. 그 질문에는 두 가지 의미가 숨겨져 있다. 첫째는 '그만큼 일을 안 했지?'라는 빈정거림일 수도 있고, 둘째는 정말 신기해서일 수도 있다. 내 생각은 이렇다. 일요일과 공휴일만 잘 활용해도 직장인으로서 3년에 책 한 권은 거뜬히 쓸 수 있다고. 그 시절에 내가 쓴 책들의 기본 구상은 거의 모두 출근 버스 안에서 이루어졌다.

당시, 사람들은 출근 버스에 자리를 잡으면 당연한 절차인 듯 눈을 감고 잠을 청하기에 바빴다. 부족한 잠을 출근 버스에서 채우겠다는 것인데, 사실은 잠이 부족한 게 아니라 습관이요 버릇이다. 가장 왕성하게 머리 회전이 될 시간에 억지로 잠을 자? 이건 자기계발과는 거리가 먼 행태다. 나 역시 잠을 자는 체 눈을 감고 있었지만 (눈을 뜨고 있으면, 옆 사람이 말을 걸어 '생각'을 방해받는다) 사실은 무궁무진한 상상의 세계를 헤매고 있었다. 내게 있어 출근길은 자기계발의 산실이었던 것이다.

하루 30분 정도의 짧은 출근길이지만 틈틈이 자기를 계발하기 위해 노력해 보라. 그것이 쌓이고 쌓이면 그 내공은 엄청날 수 있다.

뭔가를 이루려면 독해야 한다

당신은 아침 출근길을 어떻게 활용하고 있는가. 자기계발과 관련해 무엇을 하고 있는가. 이시형 박사가 말했다. "공부하는 독종이 살아남는다." 그분의 베스트셀러 제목이기도 하다. 이 말에는 세 가지 의미가 담겨 있다. 하나는 공부해야 살아남는다는 것이고, 또 하나는 독종이어야 살아남는다는 것이고, 마지막 하나는 공부는 독하게 해야 한다는 것이다.

공부를 한다는 것은 곧 자기계발을 해야 한다는 말이다. 당연하다. 그런데 '독종'이라는 말에 주목하자. 요즘처럼 정신없이 복잡한 세상에서 직장 생활을 하면서 자기계발을 하려면 당연히 독해야 한다. 치열해야 한다는 말이다. 자기계발이든 뭐든 쉽게 해서 남보다 탁월하게 될 일이 세상에 어디 있을까?

'독종'이라면 생각나는 사람이 있다. 2013년 제85회 아카데미 시

상식에서 사상 최초로 세 번째 남우주연상을 거머쥔 대니얼 데이루이스Daniel Day-Lewis다. 평생에 한 번 받기도 힘든 상을 세 번씩이나 받았다면 뭔가 다를 것임을 짐작할 수 있다. 그가 연기에 임하는 독한 자세가 바로 그것이다. 그는 다작을 하는 배우는 아니다. 그러나 거의 광적인 '메소드 연기'(극중 인물과의 동일시를 통한 극사실주의 연기)를 통해 최고의 연기를 보여 주는 것으로 유명하다.

그의 첫 번째 수상작인 〈나의 왼발〉에서는 뇌성마비에 걸린 캐릭터를 연기하기 위해 촬영 기간 내내 휠체어에 앉아 지냈고 밥도 다른 사람들이 떠먹여 주었다. 결국 갈비뼈 두 대가 부러지고 나서야 휠체어에서 벗어났다고 한다.

세 번째 수상작인 〈링컨〉도 예외가 아니다. 아일랜드계 영국인인 그는 미국 남부 억양을 가진 링컨과 똑같은 연기를 하기 위해 평소에도 연기할 때와 같은 목소리와 억양으로 대화를 했다. 1년간 링컨에 관한 책 약 100권을 읽었고 역사학자를 데리고 링컨이 태어나 살던 집과 변호사 사무실을 찾았다. 영화 속 머리와 수염도 영화 촬영을 위해 기른 것이다.

그는 연기를 위해 목숨을 건 모험도 마다하지 않았다. 〈아버지의 이름으로〉에서 폭탄 테러범으로 몰린 북아일랜드 청년을 연기하기 위해 영화 촬영 전 감옥에서 생활하며 13킬로그램을 감량하고 자진해 고문을 받았다. 〈갱스 오브 뉴욕〉 촬영 때는 폐렴에 걸리고도 얇은 촬영용 의상만 입고 다니면서 치료받기를 거부했다. "영화의 배경인 19세기 초·중반에는 두꺼운 옷도, 폐렴 치료약도 없었기 때문이라는 게 이유입니다."[106] 한마디로, 자신의 일에 미쳤다. 정말 독하다. 그렇기에 새로운 역사를 쓸 수 있고 자기만의 세상을 일궈 내는 것이다. 그를 통해 'Good'을 넘어 'Great'가 된다는 게 어떤 것인지를 배우게 된다. 그를 통해, 정말이지 나는 아무것도 아니라는 사실을 뼈 저리게 반성한다.[107]

한 줄의 표어에서도 인생을 배운다

직장인이 새해에 계획하는 것 중에서 일이 위를 다투는 것은 '자기계발'이다. 우리나라 서점에서 가장 많이 팔리는 책 역시 자기계발서다. 그럼에도 사람들 중에는 "자기계발서를 읽지 않는다"고 말하는 이들이 적지 않다. 자기계발서에 대한 비판이 상존한다. 그 이유는 자기계발서의 내용이 '그렇고 그렇기' 때문이라는 것이다. 그래서 자기계발서 몇 권을 읽고 나면 '그 나물에 그 밥'이라는 것이다. 인정한다. 30여 년간 꾸준히 자기계발서를 써온 나로서도 스트레스받는 부분이 그것이다. 책을 쓸 때마다, 전혀 다른 스타일과 내용으로 독자를 깜짝 놀라게 하고 싶은 욕망이 있음은 당연하다. 좀 더다른 책을 쓸 수는 없을까 늘 고민하지만 탈고할 때 보면 결국 '제자리'에 가 있음을 발견하게 된다. 능력의 한계가 원망스럽던 터에찰스 핸디Charles Handy의 이야기를 듣고 눈이 번쩍 뜨였다.

그는 세계적인 경영 컨설턴트이며 경제평론가이자 사회철학자로유명하다. 《포트폴리오 인생》, 《코끼리와 벼룩》 등 우리나라에도 그

266
•

의 책이 여럿 소개되어 있다. 어느 날 동료 작가가 그에게 물었다.

"대부분의 작가들은 같은 흐름, 같은 스타일의 책을 계속해서 쓰고 있으면서 제목만 다르게 붙이는 게 아닐까요?"

이 질문은 우리나라 독자들이 자기계발서에 대해 던지는 질문이기도 하다. 마치 그 질문을 내가 받은 것처럼 가슴이 뜨끔했다. 지금까지 수십 권의 책을 쓰면서 언제나 느끼는 스트레스였기 때문이다.

그럼 세계적인 작가는 그 질문에 어떻게 답했을까? 어떤 생각을 갖고 있을까? 놀라운 것은 그 역시 마찬가지라는 것이다. '나만은 절대로 그렇게 되지 말아야지'라고 결심하지만 결국은 그렇게 된다는 것이다.

"25년 전에 내가 쓴 책을 다시 읽으면서 나는 내가 훗날의 저서에서 아주 독창적이라고 생각했던 아이디어의 여러 가지 형태가 이미 그 책에 나와 있는 것을 보고 깜짝 놀랐다. 하지만 나중에는 그게 그리 부끄러워할 일도 아니라는 것을 알았다." 그의 말이다.

같은 주제를 가지고 글을 쓴다면 어쩔 수 없이 그렇게 되는 것이 정상적일 수 있다. 견해가 급격히 또는 자주 바뀔 수 없다는 것이다. 다만 작가는 과거의 아이디어를 여전히 다루지만 새로운 현실에 비추어 재해석하고 그럼으로써 새로운 통찰과 관점, 경험을 나눠 주면 된다는 것이 그의 주장이다. 그리하여 이렇게 결론 내렸다.

"다른 일들도 마찬가지다. 우리는 외과 의사가 그의 기술을 모두 바꾸어 버리거나 전공을 위장에서 두뇌로 바꾸기를 바라지 않는다. 그가 현재의 연구 수준에 기여하고 자신의 수술 절차를 새롭게 보

267

완하고 또 새로운 아이디어를 폭넓게 받아들이기를 바라는 것이다. 그런 주문은 나에게도 그대로 적용된다."[108]

찰스 핸디를 길게 인용한 것은 자기계발서란 결국 그런 것임을 강조하기 위해서다. 당연한 것을 표현을 바꾸어 중언부언하는 것이 자기계발서의 특징이기도 하다. 마치 어린 시절에 부모님으로부터 듣던 밥상머리 잔소리 같다. 그래서 짜증나고 지겨울 수 있다. 그러나 중요한 것은 그 당연한 말, 잔소리 같은 이야기에 성공의 방향과 요령이 분명히 담겨 있다는 사실이다. 자기계발서의 가치와 효용에 의문을 갖고 삐딱한 시선으로 바라보는 사람이라면 찰스 핸디의 말을 참고할 필요가 있다. 그런 넉넉한 시각으로 자기계발서를 대하면 내용이 새롭고 유익하게 다가올 것이다.

사람은 TV의 광고 카피, 벽에 붙은 표어 한 줄에서 인생의 지혜를 깨닫기도 한다. 나는 신입사원 시절에 옷을 맞추기 위해 들렀던 양복점에 걸려 있던 한 줄의 '어록'에서 인생의.좌우명을 발견했다. '남과 같이 해서 남 이상 될 수 없다'가 그것이다. 자기계발서든 인문학 책이든, 중요한 것은 받아들이는 당사자의 태도와 실천력이다. 당신이 정말로 자기계발을 하고 그것을 통해 성공하고 싶다면 자기계발서도 많이 읽어야 한다. 수많은 작가들이 왜 잠 못 이루며 자신의 이야기를 들려주려고 했는지 역지사지해 볼 필요가 있다. 부모의 잔소리를 긍정적으로 받아들이고 실천한 사람이 성공하는 것처럼, 자기계발서를 긍정하며 꼭꼭 씹어 읽고 그대로 실천한 사람이 성공한다. 성공의 원리란 원래 상식적이고 평범하다.

자기계발을 하는 데 한 가지 유념할 것이 있다. 피터 드러커는《프로페셔널의 조건》에서 직장인의 자기계발에 대한 기준을 명확히 제시하고 있다. 그는 자기계발이 '공헌'에 초점을 맞춰야 한다면서, "조직의 성과를 향상시키기 위해 내가 할 수 있는 가장 큰 공헌은 무엇일까?"라고 스스로에게 묻기를 권했다. 그렇게 묻는 것은 곧 "어떤 분야에서 자기계발이 필요한지, 공헌을 위해 어떤 지식과 기술을 습득해야 하는지, 그리고 자신의 강점들 가운데 어떤 것을 작업에 적용해야 하는지"를 묻는 것이라고 했다.[109]

다시 말해, 자기계발은 자신의 개인적인 기준이 아니라 조직의 과업이 요구하는 바에 바탕을 둔 기준을 설정하여 조직의 발전에 공헌할 수 있을 때 비로소 빛을 발한다는 것이다. 그렇지 않고 조직의 목표에 배치되는 자기계발을 할 경우 자기계발이 아니라 '퇴출계발'이 될 수도 있다.

출근길을 통해 어떻게 자신을 계발할 것인지 생각해 보자. 자기계발의 방식과 분야는 다양하다. 적절한 계획이 없다면 우선 책이라도 읽기를 권한다. '묻지도 말고 따지지도 말고' 책을 많이 읽어야 한다. 독서는 사실 명상과 가장 흡사한 활동이라고 한다. 우리는 수

269

천수만 년에 걸쳐 인류가 쌓아 온 지식이나 경험을 가장 손쉽게 얻을 수 있는 방법으로서 독서를 한다. 그런데 이 독서를 통해 얻는 지식이라는 것은 사실 우리의 유전자에 이미 새겨져 있는 것들이다. 독서는 단지 그것을 깨우는 작업일 뿐이라는 것이다.[110]

오늘의 출근길에는 자기계발을 위해 무엇을 해볼까?

돌발 상황의 대응
—마음으로 보험 들기

우리의 삶은 불확실성의 연속이다. 그러므로 그 불확실함, 예상치 못하는 불운에 대비해야 한다. 아침 출근길에 그 대비책을 상상해보자. 그것이 멘탈 리허설의 핵심이다. 우리가 아침을 어떻게 시작하느냐에 따라 하루가 달라지고, 그리고 그 하루가 어쩌면 평생을 좌우할 수도 있다. 그것을 생각한다면 허투루 아침을 맞이할 수가 없다. 무방비 상태로 출발할 수는 없는 것이다. 시작이 곧 끝이요, 출발이 곧 모두일 수도 있다.

금융기관에 다니는 Y씨. 20대 후반의 그녀는 소위 일류 대학과 대학원을 나온 재원이다. 2년 전, 대형 금융기관에 취업했고 몇 달 전에는 좋은 남자친구도 생겼다. 아마도 그와 결혼을 하게 될 것이다.
　며칠 전 출근길, 아파트 단지를 벗어나 2차선의 좁은 길에서 6차선 대로로 접어들 무렵이었다. 남자친구에게서 전화가 걸려왔다. 거의 매일 아침마다 반복되는 일이다. 교통 법규 위반인 줄 알면서도 능숙한 솜씨로 휴대폰을 받은 그녀는 통화를 하면서 큰 길의 교차로에 이르러 차를 멈췄다. 멈춤 신호 때문이다. 그사이, 행복한 대화가 이어졌다. 잠시 후, 뒤에 있던 차가 경보음을 울렸다. 신호가 바뀌었으니 빨리 출발하라는 독촉이다. 그때 그녀는 '아차!' 하는 생각이 들었다. 좌회전을 해야 하는데 우회전하는 길(2차선)에 멈춰 있었기 때문이다. 남자친구의 반가운 전화에 정신이 팔려 약간의 착오가 있었던 것이다. 그녀는 휴대폰을 왼손에 쥐고 있었기에, 오른손으로 핸들을 조작하여 급히 좌회전을 시도했다. 그것이 불찰이었다. 하필이면, 1차선에 서 있던 다른 차가 좌회전을 하지 않고 쏜살같이 직진을 해버린 것이다. 결국 그녀 쪽의 자동차 문짝을 강하게 들이받고 말았다. 한순간에 일어난 일이다.

그녀는 지금 한쪽 발을 약간 절룩이는 장애를 겪고 있다. 그 남자친구와의 결혼도 어떻게 진행될지 예측하기 힘들다. 순간의 잘못이 삶을 전혀 다른 방향으로 안내하고 있는 것이다. 무엇이 더 나은 길인지는 아무도 모르지만, 그녀가 예상하고 꿈꾸던 길이 아님은 분명하다.

한순간의 방심이 치명타를 불러온다

어쩌면 우리의 일상은 예상치 못했던 일들의 연속일지 모른다. 꿈

272

꾸는 대로 된다지만 우리의 삶은 꿈꾸지 않았던 행운과 불운으로 이어진다. 그렇지 않던가? 요즘은 자동차에 장치한 블랙박스 덕에 교통사고를 생생한 화면으로 보게 된다. 끔찍하다. 그리고 일어난 사고를 보면 황당하기 그지없다. "어쩜 저럴 수가…" 탄식이 절로 나온다. 교통사고만이 아니다. 세상살이에 별별 사연이 다 있다. 가까운 친지의 부탁을 거절할 수 없어 편의를 봐준 것 때문에 평생 쌓아올린 명예가 한순간에 무너진 경우도 있고, 심지어 큰 행사를 끝낸 뒤풀이 자리에서 건배 구호를 잘못 외쳤다가 성희롱의 구설로 낭패를 당한 일도 있다. 아마 당신에게 이야기해 보라고 해도 돌발 상황으로 인한 기막힌 사건, 사고를 소개할 수 있을 것이다.

물론 행복하고 즐거운 일도 많겠지만 우리의 인생에 결정적 한 방을 먹이는 것은 예상치 못했던 어이없는 일들이다. 이처럼 우리의 일상은 매우 혼란스럽다. 잠시만 정신 줄을 놓고 방심하면 언제 어떤 일이 우리의 삶을 망쳐 버릴지 모른다. '순간의 선택이 10년을 좌우한다'던 어느 가전제품의 광고 카피는 우리네 인생에도 그대로 적용된다. 순간의 실수가 10년이 아니라 평생을 좌우할 수도 있다.

그래서 항상 긴장의 끈을 놓지 말고 마음을 다듬어 점검하는 자세가 필요하다. 멘탈 리허설을 강조하는 이유다. 세상이 복잡다단해질수록 더욱 그렇다. 적어도 하루에 한 번 정도, 출근할 때 멘탈 리허설은 필수적이다.

출근을 위해 운전대를 잡을 때도 멘탈 리허설은 꼭 필요하다. 절대로 차선을 지키겠다든가, 운전 중에는 휴대폰을 받지 않는다든가, 조급 운전은 하지 않겠다든가, 절대적 양보 운전(나는 이것을 '겸손 운전'이라고 표현한다) 등등의 자기 경고, 자기 다짐을 하고서 출발해야 한다. 뭐 그렇게까지 하냐고? 그런 소심함으로 하늘이 무너질까봐 어떻게 사냐고? 배짱 좋은 힐난을 할 수도 있다. 그러나 비웃지 마라. 배짱이 밥 먹여 주나? 배짱이 사람 잡는다. 그렇다면, 보험은 왜 드는가? 거의 모든 사고는 예측하지 못한 상황에서 발생한다. '설마'가 사람 잡는다고 하지 않던가.

아침에 집을 나설 때 하루에 발생할 수 있는 예측 불허의 상황, 아니 예측 가능한 상황을 상상할 수 있어야 한다. 그리고 그런 일이 발생하지 않도록 어떻게 처신하며 대응할 것인지 멘탈 리허설을 해야 한다. 그런 면에서 멘탈 리허설은 '보험'이다.

출근길에 다짐해야 할 것들

아침에 잠자리에서 눈을 떴을 때 가슴 철렁이게 속상한 날이 있다. 출근하는 내내 가슴 치며 후회하는 날이 있다. 왜 속상하고 후회할까? 어떤 일이 있었기에 그럴까? 여러 사연이 있을 수 있지만 가장 대표적인 상황은 전날 저녁 회식 때 벌어진 일 때문이다.

직장 생활에서 회식은 빼놓을 수 없는 활력소 역할을 한다. 그것으로 소통하고 화합하는 것이 우리들 직장 문화다. 그러나 자칫하면 회식 때문에 회심悔心에 빠질 수 있다. 그 원흉은 바로 술. 원래 우리나라 사람들은 술을 무척 좋아한다. 한국인의 성격 유형을 프로이드의 정신분석학에서는 구강가학적口腔加虐的, oralsadistic이라고 하는데, 이런 성격 유형의 특성은 입을 통해서 쾌락을 얻으려 하는 구순기적 쾌락 추구의 경향이 있다. 그래서 술을 많이 마신다는 해석이다.

요즘의 신세대는 예전 세대에 비해 나아졌다고 하지만 그래도 '먹자골목'을 돌아보면 세상천지가 술판인 것 같다. 더욱이 예전에는 보기 힘들었던 장면이 추가되었다. '남녀평등'이 된 탓인지 술맛에 푹 빠져 몸을 제대로 가누지 못하는 여성을 쉽게 볼 수 있다는 말이다.

술이란 술술 잘 들어간다는 뜻에서 '술'이고 안주는 술이 아니라는 뜻에서 '안주'라는 우스갯소리가 있지만, 술을 마셔서 일이 술술 잘 풀리는 경우가 있는 반면에 술술 추락하는 수도 있다는 점을 확실히 인식하고 술자리에 임해야 한다. 잘나가던 검사가 옆자리에 앉은 여직원에게 추한 모습을 보여 추락한 것도 술 때문이고, 평소에 점잖던 어떤 판사가 택시 기사를 폭행하여 문제가 된 것도 결국은 술 때문이다. 술기운에 여성 비하 발언을 해 곤욕을 치른 국회의원도 기억할 것이다. 남성만 그런 것이 아니다. 여성 직장인이 술자리에서 호기를 부린 건 좋은데, 그로 인해 이미지가 형편없이 추락하고 다음 날 가슴 치며 후회한 일도 있을 것이다. 그뿐인가? 작게는 술을 마신 탓에 배포가 커져서 술값을 '통 크게' 계산하고는 다음 날 아침에 가슴 치며 후회하는 날도 있을 것이다. 가슴에 담아 두었던 불만을 술의 힘을 빌려 배짱 좋게 상사에게 쏟아 놓았다가 다음 날 후회막급했던 일도 있으리라. 하여튼 술이 '웬수'다. 아무쪼록 술을 조심하자.

술자리가 예상될 때는 마음속에 확실한 기준을 정해 두는 것이 좋다. 예전에 어떤 장관은 1·1·1이라는 기준을 내세운 적이 있다. 소주 1병 이상 안 마신다. 1시간 이상 마시지 않는다. 1차로 끝낸다는 기준이 바로 그것이다. 술과 관련하여 내가 페이스북에 올린 기준도 있다. 이른바 '조관일 버전'이다. 술자리에서는 두 사람을 꼭 기억하라는 것이다. 그 두 사람은 다름 아닌 '오바마'와 '셰익스피어.' 내용은 이렇다.

첫째, 절대 오바(오버)하지 마세요. 주량을 오버해서 마시지 말고, 성질 급하게 계산을 먼저 해서 오버하지 말고, 술기운에 2차를 가는 오버 하지 말고, 배짱 좋게(?) 상사를 욕하는 오버 하지 말고… 하여튼 오버하지 마세요.

둘째, 섹스는 피하세요. 즉 성희롱에 휘말리지 않도록 이성 간의 거리를 조심하고 말조심하고 두 손 묶어 두세요. 하여튼 '섹스피어(셰익스피어)'입니다.

술 마실 때마다 오바마와 셰익스피어만 생각하면 만사 OK!! 후유증 없는 즐거운 술자리가 됩니다.

어떤가? 크게 도움이 될 것이다. 술자리에 갈 때 이런 기준으로 멘탈 리허설을 하면 다음 날 후회하는 일을 팍 줄일 수 있다.

이왕에 술 이야기가 나왔으니 한마디 더 하겠다. 술자리에 임하면 앞에서 다룬 바 있는 '거울 활용법'을 실천하는 것도 매우 유용하다.

미국에서 선풍적 인기를 끈 《신념의 마력》의 저자 클로드 브리스톨이 어느 백만장자의 만찬에 초대되었을 때다. 그 백만장자가 손님들로부터 많은 잔을 받게 되어 결국 만취했다. 몹시 취한 그가 침실 쪽으로 비틀거리며 가자, 그것을 목격한 브리스톨은 그 백만장자를 도와주려고 침실 쪽으로 걸어갔다. 그런데 백만장자는 브리스톨이 지켜보고 있는 줄도 모르고 거울 속을 들여다보며 뭔가 열심히 중얼거리는 것이었다.

"존(자신의 이름), 넌 왜 이러는 거지? 손님들이 널 취하게 만들어 놓고 재미있어 하는 거야. 져서는 안 돼. 취해 있으면 안 돼. 넌 조금도 취하지 않았어. 자, 벌써 다 깼잖아. 오늘은 네가 주인이야, 존. 제발 취해선 안 돼."

이렇게 되풀이해 자기암시를 하면서 바른 자세를 되찾은 백만장자는 단정한 모습으로 연회석에 돌아와 새로운 사업 계획을 초대된 손님들에게 흔들림 없이 이야기하더라는 것이다.[111]

이 글을 읽고 나는 놀랐다. 나도 평소에 '거울 앞에서 자기에게 암시를 거는 방법'을 곧잘 활용하기 때문이다. 그런 책을 읽어서가 아니다. 사람은 결국 비슷한 생각을 하는 것이다. 나는 술이 취했다 싶으면 음식점의 화장실에서 거울 속의 나를 보고 이렇게 주문을 건다. "이정도 갖고 뭘" "금방 깰 거야" "절대 흐트러진 모습을 보이지 마라" "아직까지 실수 한 건 없지?" 이거 천기누설이다.

마음속에 보험을 들어라

우리 삶에서 생각지도 못했던 위기 상황에 노출되는 경우는 많다. 그래서 항상 세심하게 예측하고 꼼꼼하게 챙겨야 한다. 앞에서 교통사고와 회식(술자리)을 예로 든 것은 가장 흔한 위험 요소(?)이기 때문이다. 직업에 따라, 하는 일에 따라 각양각색의 '지뢰'가 숨겨져 있을 것이다. 언제 어떤 상황에서 발을 헛디뎌 낭패를 볼지 모른다. 그것을 잘 피해 가기 위해 멘탈 리허설이 필요하다.

나는 지금도 생각할수록 아찔했던 돌발 상황의 에피소드가 있다. 그 일은 나의 직장 생활 내내 교훈이 되었고 멘탈 리허설을 하게 만든 계기가 되었다.

농협 회장의 비서로 일할 때다. 나는 회장의 연설문을 쓰는 스피치라이터를 겸하고 있었다. 한번은 서울의 올림픽 체조경기장에서 대규모 행사를 치르게 됐다. 대통령까지 참석하는 전국 규모의 행사다. 준비하는 데 한 달 이상 소요되며 눈코 뜰 새 없이 바빴다.

모든 행사가 그렇듯이 하이라이트는 오프닝 세리머니다. 그때 회장이 대통령 앞에서 오프닝 스피치를 하게 되었기에 스피치 원고를 작성하는 데 엄청 신경을 썼다. 그때만 해도 권위적인 정부 시절이라 연설의 초고는 대통령 비서실에서 사전 점검을 했다. 대통령의 스피치보다 길어도 안 되고, 내용이 중복되거나 대통령의 방침과 거꾸로 되어도 안 되기 때문이다. 회장은 임원들 앞에서 연설문을 큰 소리로 읽어 보며 진짜 리허설을 했다. 상상이 되는가?

그처럼 중요한 행사였기에 단 한 치의 오차도 없어야 했다. 내가 맡은 역할은 회장의 동선을 따라 회장이 당황하거나 신경 쓸 일이 없도록 미리 조치하는 것이었다. 특히 핵심적인 일은 뭐니 뭐니 해도 연설문을 챙기는 것.

행사 전날. 빨리 그날이 지나가기를 바라며 나는 다음 날 일어날 상황을 최종 점검했다. 행사장에서 벌어질 일들을 생생히 상상했다.

멘탈 리허설이다. 행사 준비를 하면서 올림픽 체조경기장을 여러 번 답사했기에 생생히 머리에 떠올릴 수 있었다. 그러고는 연설문을 3부 복사했다. 왜 3부냐고? 한 부는 회장이 읽어야 할 것, 그리고 한 부는 교통사고 등의 불상사로 내가 행사장에 가지 못할 경우에 대비해 다른 직원이 지참할 것, 그리고 나머지 한 부는 예비본이었다. 방정맞게도 '불의의 사고'까지 고려할 정도였으니 다른 이들이 알면 세상에 둘도 없는 '쪼다'라고 할 일이다.

드디어 행사 당일. 행사장에 가보니 대통령 경호실에서 미리 단상을 점검하고 있었다. 경호원은 내게 회장의 연설문을 미리 회장의 자리에 갖다 놓으라고 했다. 대통령이 함께 있으니 VIP가 아닌 한 얼씬도 하지 말라는 것이다.

나는 회장 자리 앞에 있는 탁자 위에 연설문을 올려놓았다. 그리고 회장에게는 연설문이 탁자위에 있으니 그리 아시라고 귀띔했다. 본 행사가 시작되기 전에 분위기를 돋우기 위한 식전 행사가 벌어졌다. 연예인들이 나와서 흥겹게 춤추고 노래했다. 체육관을 가득 메운 참석자들은 떠들썩 즐거워했다.

그러나 나는 '쪼다'의 기질을 유감없이 발휘하며 단상으로부터 30~40미터 떨어진 관중석에서 멀리 탁자 위에 놓여 있는 회장의 연설문을 뚫어져라 바라보며 감시하고 있었다. 회장이 자리에 앉아서 연설문을 확인하기까지 그렇게 해야 한다고 생각했기 때문이다. 연예인의 화려한 춤과 노래도 내게는 관심 밖의 일이었다.

그런데 결국 일이 벌어졌다. 대통령의 입장이 임박해지자 갑자기

경호원들의 수가 늘어나면서 단상을 점거하더니, 그중 한 사람이 탁자 위에 있는 회장의 연설문을 별 볼일 없는 것으로 생각하여 쓱 치워 버린 것이다(그 후에 알았지만, 비서가 수행할 수 없는 상황에서는 연설문을 회장이 직접 소지하고 입장해야 했다). 아! 그때의 당황스러움이라니. 멀리서 그 상황을 목격한 나는 미친 듯이 관중석의 계단을 뛰어 내려갔다. 그리고 단상으로 뛰어오르는데, 웬 놈인가 싶었는지 경호원이 앞을 탁 가로막았다. 나는 숨을 헐떡이며 사정을 말했고 경호원은 "빨리 갖다 놓으라!"고 소리쳤다. 나는 예비로 갖고 있던 연설문을 탁자에 올려놓았다. 그리고 불과 몇 초 후, 대통령과 회장 등 내빈들의 입장이 시작되었다. 그리고 아무 일 없었다는 듯이 행사는 성공리에 치러졌다.

휴~! 생각해 보라. 멘탈 리허설이 왜 필요한지 알 것이다. 왜 위기 상황, 돌발 상황에 대비하며 직장 생활을 해야 하는지 이해할 것이다. 만약에 내가 연설문을 단상에 갖다 놓고 회장에게도 알렸으니 '이제 할 일 다 했다'며 안심하고 연예인들에게 한눈 팔고 있었다면 어떻게 되었을까? 그리고 예비 연설문을 만들지 않았다면 어떻게 되었을까? 그때 만약 불상사가 일어났다면 내 직장 생활의 궤도는 분명히 달라졌을 것이다. 간발의 차이가 어떤 결과를 몰고 올지 모르는 것이 인생이다. 그래서 항상 위험에 대비하고 살아야 한다. 슬프지만 현실이다.

멘탈 리허설은 마음으로 보험을 드는 것과 같다. 보험을 왜 드는가? 실낱같은 불운에 대비하는 것이다. 혹시라도 발생할지 모를 위기에 대비하는 것이다. 그래서 얼마 되지도 않는 월급에서 천금 같은 돈을 매달 꼬박꼬박 지불한다. 그러면서 아침 출근길에 마음의 보험을 안 든다고? 이건 모순이다. 돈 한 푼 들이지 않고 직장 생활과 삶의 안전을 도모한다는 차원에서 아침마다 마음의 보험을 꼭 들기 바란다. 멘탈 리허설의 보험을.

감정 노동에
대비하기

출근길에 다부진 결심을 해야 한다. 흔들림 없는 마음의 중심을 잡아야 한다. 오늘도 분명히 황당한 고객들로부터 황당한 일을 당할 것이기 때문이다. '감정 노동자'라는 이름의 직장인들을 대상으로 강의할 때 내가 늘 강조하는 것이 있다. "세상에서 가장 재수 없는 일은 '인간 같지도 않은' 불량 고객들로부터 '불친절한 사람'으로 낙인찍히는 것"이라고. 오늘, 고객과의 사이에서 벌어질 일들에 미리 대비하자. 오늘도 무사히!

부창부수夫唱婦隨. 남편이 노래하면 아내가 따라 하듯, 남편이 하는 일을 아내가 도와주며 손발이 맞을 때를 가리키는 말이다. 어느 날, 아내가 스마트폰으로 찍은 사진을 내게 보여 주었을 때 내 머릿속에 얼른 떠오른 단어가 그것이었다. 내가 강의할 때 좋은 자료가 될

듯싶어서 찍은 것이라고 했다. 스마트폰의 화면에는 손수레(리어카)
가 찍혀 있었다.

웬 손수레? 사진을 자세히 들여다보니 뒷면에 이런 글귀가 붙어
있었다. '개똥밭에 굴러도 이승이 좋다.' 이 속담의 의미를 잘 모를
수 있는 신세대를 위해 해설한다면 '아무리 천하고 고생스럽게 살
더라도 죽는 것보다는 사는 것이 낫다'는 말이다. 대박! 나는 아내
의 감각에 감탄했다(이렇듯, 아내는 가끔 기막힌 아이디어를 제공한다).

책 쓰고 강의하는 것을 업으로 삼고 있는 나로서는 이런 사진은
세계적인 화가가 그린 명화보다도 더 가치 있다. 아내가 설명을 보탰
다. 집 근처의 큰 빌딩에 자리 잡은 병원에 가던 길에 이 손수레를
발견했단다. 나이 지긋한 청소부 아저씨가 쓰레기를 싣기 위해 그
손수레를 끌고 가는 모습을 포착한 것이다. 눈에 퍼뜩 띄는 것이 있
으면 사진을 찍어 놓으라는 평소의 내 말이 생각나서 양해를 구하
고 찍었단다. 막걸리 한잔 값을 드리고. "나쁜 곳에 쓰지 말고, 상이
나 타게 해주쇼!" 그가 사진을 찍는 아내에게 던진 말이다.

그 사진을 보면서 대어를 낚았다는 기쁨이 밀려난 뒤 마음이 짠
해졌다. 회사에 출근하여 쓰레기를 치우기 위해 손수레를 끌고 일터
로 향하는 노년의 남자가 상상되었기 때문이다. '개똥밭에 굴러도
이승이 좋다.' 아마도 그는 한순간 자살을 생각한 사람일지도 모른
다. 아마도 살림살이가 넉넉하지 못할 것이다. 여러 가지 힘든 사연
도 있으리라. '이렇게 살아서 뭣하나'라고 생각했을 수도 있다. 쓰레
기 냄새를 잠시만 맡아도 머리가 어찔한데 하루 종일 쓰레기와 더불

284
·

어 지내는 자신에 대해 온갖 생각을 다 했을 것이다. 그러다가 내린 결론이 바로 그 글귀일 것이다. '개똥밭에 굴러도 이승이 좋다.'

그에게 그 속담은 이 세상의 어떤 철학자가 설파한 차원 높은 논리나 명언보다도 더 가슴에 와 닿을 것이다. 이 세상의 어떤 위로나 힐링보다도 훨씬 더 가치 있을 것임에 틀림없다. 그 속담 하나로 이 세상을 살아갈 힘을 얻으니까. 힘겨움을 버텨 낼 힘과 용기를 주는 것이니까. 그에게는 그것이 마음을 다스리는 기준이요 삶의 지표일 것이 분명하다.

당신은 어떤 표어를 마음에 담고 있는가? 가슴속에 새긴 삶의 지표와 기준은 무엇인가? 어떤 경우에도 힘과 용기를 주는 '한말씀'은 무엇인가? 없다면 만들어야 한다. 멘탈 리허설의 기준을 말이다. 출근길에 집을 나서면서 또는 일터에서 일을 시작할 때마다 마음속에 되뇔 기준 말이다. 그것이 있는 것과 없는 것의 차이는 크다. 그 효과를 청소부의 사례에서 충분히 느낄 수 있지 않은가.

아, 정말 힘든 감정 노동

미국의 CNN이 '한국이 세계에서 가장 잘하는 10가지'를 선정해 발표했다. 첫 번째로 꼽힌 것은 세계적인 수준인 인터넷과 스마트폰 문화다. 그 밖에 일중독과 직장 내 음주 문화 등을 꼽았는데, 흥미롭게도 항공기 승무원들의 친절한 기내 서비스도 뽑혔다. 그것을 보는 순간, 항공기 승무원에 대한 폭언과 폭행 사례가 떠올라서 마음이 묘해졌다. 세계 제일이 되기까지 그들이 겪어야 했을 안쓰러움이 눈에 선했다. 어찌 항공사 승무원들뿐이랴. 우리네의 친절 서비스는 이미 세계적 수준임을 인정하지 않을 수 없다. 물론 아직도 바가지를 씌우거나 속임수를 쓰는 등 세계적 수준과 거리가 먼 부분도 많지만.

통계청에 따르면(2013년 5월 기준), 전체 고용 인구 1600만 명 중 70%에 달하는 1200만 명이 서비스산업에 종사하고 있으며, 이 중 감정 노동자는 600만 명으로 추산된다. 특히 여성 취업자 1000만 명 중 감정 노동이 중점적으로 요구되는 서비스·판매 분야 종사자가 314만 명에 달한다. 또한 전국 3만 5000여 개의 콜센터에서 일하는 상담원 100만 명 중 89만 명이 여성이다.

통계는 이렇지만, 어느 직업에 종사하든 사실상 '고객'과 관련이 없는 사람은 없다. 심지어 예술가조차도 고객은 있게 마련이다. 따라서 직장인 모두가 감정 노동자라 할 수 있다.

문제는 감정 노동자들이 겪는 고초다. 모두들 경험해 보았을 것이다. 때로는 상상을 초월한다. 기업들이 추진하는 유별난 고객 만족 경영과 유별난 고객들이 빚은 합작의 문화 때문이다. '한국노동연구원'이 발표한 '서비스산업의 감정 노동 연구' 결과[112]를 보면 경악스러울 정도다.

요즘은 많은 서비스가 전화로 이루어지니 콜센터를 예로 들어 보겠다. 콜센터 상담원들은 하루 평균 125건의 통화를 한다. 통화 시간만 무려 5시간에 이른다. 나도 말을 하는 직업이라 그 고충을 아는데, 하루 5시간의 전화 통화면 격무다. 그 시간 동안 강의를 하는 것 이상으로 힘들 것이다. 강의는 그래도 '가르치는 입장'이고, 때로는 환호를 받기에 스트레스가 풀리는 때도 많지만, 콜센터에서 낯선 고객과, 그것도 얼굴도 보이지 않는 상태에서 전화 통화를 하는 것은 고역 그 자체일 것이다. 더구나 통화의 내용 대부분이 귀찮은 민원성 실랑이에 해당될 것임을 고려하면 극심한 스트레스에 시달릴 게 뻔하다. 병이 생기지 않을 수 없다.

실제로, 콜센터 상담원(여성 기준) 2명 중 1명꼴로 병에 시달리고 있다고 이번 연구에서 밝혀졌다. 상담원의 43.7%는 서비스업의 6대 질환이라는 우울증, 하지정맥류, 근골격계 질환, 소화장애, 생리불순, 성대결절 등으로 의사의 진단을 받은 적이 있다고 한다. 그중 25%는 우울증 의심으로 분류됐고, 40%는 사회심리적 건강 고위험군으로 분류되어 일반 여성 근로자(고위험군 비중 27%)에 비해 정신건강이 매우 심각한 것으로 분석됐다.

그럴 수밖에 없는 것이, 일 자체가 격무인 것도 그렇지만 일 처리 과정에서 맞닥뜨리는 '사연'들이 더 큰 문제다. 2012년 7~8월 2개월 동안 조사한 것만 봐도 상담원들은 평균 1.13회 성희롱을 당했고, 2.72회 폭언 및 욕설을 겪었으며, 고객으로부터 인격을 무시당한 경험은 3.65회, 그리고 막무가내식 무리한 요구를 당한 것도 3.93회에 달했다. 사정이 이러니 병이 나지 않는 것이 오히려 비정상적일지 모른다. 콜센터뿐만이 아니다. 다른 서비스 업계도 악질적인 고객들 때문에 골치 아프다.

KBS2 TV의 인기 프로그램 〈개그콘서트〉. 그중에서 '정 여사'라는 코너를 잘 알 것이다. "안 돼, 바꿔 줘!" "너? 나, 무시해?"라며 막무가내로 멀쩡한 물건을 바꿔 달라는 정 여사. 그러다가 일이 잘 안 풀리면 강아지 브라우니까지 동원하여 "브라우니! 물어! 물어!"를 외치는 무개념 부잣집 아줌마 정 여사. 이를테면 블랙 컨슈머다.

대한상공회의소가 조사한 것(2011)을 보면 대상 기업 83.4%가 블랙 컨슈머로부터 악성 민원을 받은 적이 있다고 답했다. 그러나 피해 기업 10곳 중 7곳은 기업 이미지 훼손 등을 우려해 부당한 요구를 그대로 받아 준다는 것이다. 그뿐 아니라 블랙 컨슈머가 매년 20%가량 늘고 있다니, '정말 못해먹을 노릇'이라는 푸념이 나올 수밖에 없다. 더구나 블랙 컨슈머를 직접 상대해야 하는 일선 접점의 종업원 심정은 '썩어 문드러진다' 해도 과언이 아니다. '세계에서 가장 잘' 한다고 소문난 이면에는 이런 고초와 희생이 있는 것이다.

어느 행정기관에서 강의를 할 일이 생겼다. 주제는 친절 서비스. 그런데 강의를 이틀 앞두고 교육 담당자에게서 전화가 걸려왔다. "선생님, 우리 공무원들에게 너무 친절을 강조하지 마세요." 아니? 친절 강의에 친절을 강조하지 말라니?

사정은 이랬다. 최근 민원 창구에 악질적인 주민들이 자주 나타나 공무원들의 사기가 말이 아니라는 것이다. 사정이 그런데, 강사가 지나치게 친절을 강조하면 거부반응이 심각할 것이라는 우려 때문에 그런 부탁을 한 것이다. 그리고 그는 공무원과 민원인 사이에 오고간 전화 내용을 녹음한 음성 파일을 강의에 참고하라며 이메일로 보내 주었다. 들어 보니 정말 한심했다. 경악할 수준이었다. 주민이라는 민원인은 입에 담기 힘든 욕설을 끝없이 퍼부었고, 전화를 받은 공무원은 전전긍긍하고 있었기 때문이다.

당신의 '포스트잇'은 무엇인가?

요즘 '갑'과 '을'의 불합리한 관계가 사회문제로 크게 대두하고 있지만, 고객과 응대자의 관계야말로 가장 원초적인 '갑을' 관계다. 그런데 '을'(응대자)의 입장을 악용한 '갑'(고객) 중에는 거의 폭력적 수준의 횡포를 보이는 경우가 비일비재하며, 세월이 지나면서 더욱 극심해지는 추세다.

'한국이 세계에서 가장 잘하는 10가지'에 친절·서비스가 들어갈 정도로(항공사 승무원이 선정됐지만 다른 직종도 엇비슷하다고 믿는다) 개선되고 강화된 이면에는 눈물겨운 부작용이 있는 것이다. 블랙 컨슈머가 활개를 치는 반면에 고객을 응대하는 감정 노동자들은 우울증, 환청 등의 정신질환을 앓으며 심지어 자살의 위험에 노출되어 있다. 직장인이라면 누구나 직간접적으로 감정 노동자가 될 수 있다는 측면에서 이에 대한 대책이 있어야 한다(최근 들어, 서울시를 비롯해 민원인이나 고객을 상대하는 곳에서 성희롱과 폭언을 일삼는 사람들에게 사법적 조치를 취하기로 한 것은 잘한 일이다).

회사 차원에서 사원들을 감정 노동의 심각한 부작용으로부터 보호해 주어야 하는 것은 물론이다. 또한 직장인 개인은 개인대로 감정 노동으로부터 자신을 보호할 나름의 대책을 강구해야 한다. 무작정 고객만을 탓하며 대책 없이 끌려갈 수도 없는 노릇이다. 어려운 여건 속에서도 나름의 기준을 가지고 현명하게 대처하지 않으면 안 된다. 아침 출근길에 멘탈 리허설을 해야 하는 이유다.

실화 하나. 어느 병원에서 고객 만족 경영cs을 대대적으로 실시할 때의 일이다. 젊은 여성 CS 전문가를 배치하고 그녀로 하여금 최고로 친절한 병원이 되도록 임무를 부여했다. 그녀는 친절하기로 소문난 주요 병원을 벤치마킹하면서 심혈을 기울여 CS 계획을 세우고 추진했다. 그러나 그게 쉬운 일인가? 특히 병원 종사자 중에서 CS의 중심축이 되어야 할 의사들이 잘 움직여 주지 않았다. 속으로 '웬 CS?'라며 시큰둥했을지도 모른다. 그렇다고 젊은 신입사원이 의사들에게 CS를 강제할 수도 없는 노릇이었다. 그나마 그녀가 헌신적으로 일했기에 병원의 분위기가 조금씩 달라지고 있었다. 그러던 어느 날, 그녀는 아직 결함이 있다고 생각되는 여의사를 찾아갔다.

진정으로 그 의사를 위해 조용히 진언을 하고 싶어서다. 그 여의사는 치료를 잘하기로 소문난 의사인데 실력이나 성실함과는 달리 무표정하고 무뚝뚝하다는 게 흠이었다. 환자가 많이 몰려서 그런 것인지도 모른다. 그녀는 용기를 내어 조심스러운 어조로 의사에게 말을 건넸다.

"선생님, 환자들이 선생님을 '명의'라며 좋아합니다. 그런데 잘 안 웃으시니까 접근하기가 겁난다는 분들도 계시더군요."

사실 CS 담당자가 의사에게 그런 말을 하는 것은 쉬운 일이 아니다. 자칫하다가는 "건방지게 어디다 대고?"라며 거부당할 수도 있는 것이다. 진심이 통했는지 그 여의사는 별로 기분 나빠하는 것 같지는 않았지만, 말없이 고개만 끄덕이며 들어 주었다. 그 담당자는 방을 나서면서 괜히 의사의 자존심만 건드린 건 아닌지 걱정이 됐다.

며칠 후, 그 CS 담당자는 다른 볼일이 있어서 그 여의사를 만나야했다. 진료실에 들어서니 의사가 잠시 자리를 비운 상태였다. 의사를 기다리며 방에서 서성이던 그녀는 여의사의 컴퓨터를 보고 깜짝 놀랐다. 컴퓨터 화면 언저리에 붙어 있는 노란색 포스트잇을 봤기 때문이다. 거기에는 이런 글귀가 쓰여 있었다.

"조금만 더 웃는 얼굴로 상냥하게!"

CS 담당자의 진언을 들었을 때 여의사는 속으로 언짢았을 것이다.

그런 이야기를 듣고 기분 좋을 사람은 없으니까. 그러나 곰곰이 생각했으리라. 그리고 판단했을 것이다. '저 담당자가 내게 그런 말을 할 정도라면 내 뒷전에서 환자들이 나에 대한 불평을 많이 한다는 의미가 된다. 그렇다면 고치자'라고. 또는 이런 생각을 했을 수도 있다. '환자가 너무 몰리는 바람에 나도 모르게 무뚝뚝해졌구나. 그렇다면 이제부터는 일부러라도 좀 더 웃으며 상냥하고 친절하게 대하자'라고.

어느 쪽이든 좋다. 둘 다일지도 모른다. 중요한 것은 자신이 어떻게 변해야 하는지를 생각했다는 것이다. 그리고 행동 지침을 포스트잇에 적어 컴퓨터 옆에 붙여 놓은 그 실행력이야말로 그 의사가 진정한 '명의'임을 입증한다.

환자와 마주 앉아, 컴퓨터에 나타나는 환자의 진료 기록을 볼 때마다 그녀는 '조금만 더 웃는 얼굴로 상냥하게!'라며 자신의 마음과 행동을 통제할 것이다. 이것이 바로 멘탈 리허설의 자기경영이 아니고 무엇인가.

아무쪼록 출근할 때마다 감정 노동에 어떻게 임할 것인지 나름의 방식으로 다짐하자. 멘탈 리허설을 통해 오늘 하루 어떻게 고객을 대할 것인지 단단히 각오하자. 그것은 고객을 위해서가 아니라 당신 자신을 위해서 꼭 필요한 것이다.

31

호기심으로
관찰하기

〈수술실 앞에서〉

'수술 후 회복 중임'
전광판 안내 글씨가
말소리 뚝! 끊어진
대기실을 밝히자
눈 감고
입술 달싹이던 엄마
울먹이듯 웃었다.

    – 김종헌

위 시는 서울의 지하철역 스크린 도어에 쓰여 있던 것이다. 시가 너

무 좋아 스마트폰으로 사진을 찍어 간직하고 있다. 이 외에도 내 스마트폰에는 출근길 또는 출장길에 찍은 사진이나 메모가 여럿 있다. 얼마 전 스마트폰이 장애를 일으켜서 서비스센터에서 초기화했는데 사진은 남고 그 많던 메모는 다 날아갔다. 페이스북에 사연을 올렸더니 페이스북 친구가 "좋은 책 몇 권 날아갔네요"라며 안타까워하는 댓글을 올려 주었다. 아닌 게 아니라 책 몇 권에 해당되는 좋은 구상들이 날아가긴 했다(정말이지, 서비스센터는 좀 더 확실히 서비스하기를 바란다).

늘 같은 시간에 같은 경로로 오가는 출퇴근길이지만 지나치는 풍경이나 사람들을 유심히 볼 줄 알아야 한다. 괜히 여성의 종아리를 훔쳐보느라 눈치 보지 말고 세상살이에 도움이 될 정보를 얻으려는 생각과 호기심 어린 눈으로 세상을 보라는 말이다.

벤저민 프랭클린Benjamin Franklin이 좋은 말을 했다. "어떤 사람은 스물다섯 살에 죽었는데 일흔다섯 살에 가서야 장례를 치른다.Some people die at 25 and aren't buried until 75." 설령 스물다섯 살의 새파란 청년이라도 일흔다섯 살 된 노인 이상으로 의욕과 열정이 없는 이가 있다는 말이다. 의욕과 열정이란 무엇인가? 다른 표현으로 하면 '호기심'이라고 생각한다. 그래서 '호기심이 없어지면 늙은 것'이라 했다. 우리나라 최고 지성인의 한 분인 이어령 교수는 말했다. "나의 동력은 호기심입니다. 머리로 끊임없이 생각할 때, 1초 전의 나와 1초 후의 나는 달라집니다." 호기심은 동력이요, 우리를 달라지게 하는 것이다.

아무쪼록 호기심을 갖기 바란다. 열정을 잃지 말자. 출근길에 당신의 호기심을 최대한 발동시켜 보라. 매일매일 똑같은 일이 벌어지는 것 같지만 결코 그렇지 않다. 평범한 일상, 늘 똑같은 것 같은 일상에서도 기막힌 '꺼리'를 발견할 수 있다.

호기심이 없으면 늙은 것이다

서울 한강의 다리 중에서 반포대교는 그 밑에 잠수교가 있어서 2층 구조로 되어 있다. 이 다리에는 상하류 양측에 각각 570미터씩, 총 길이 1140미터에 380개의 노즐(물을 뿜어내는 장치)이 설치되어 1분에 190여 톤씩의 물을 끌어올린 후 20여 미터 아래의 한강으로 물을 뿜어내는 분수대가 있다. 여름이면 웅장하고 아름다운 분수의 자태를 뿜낼 뿐 아니라 시민들의 마음까지 시원하게 해준다. 2008년 12월 세계 기네스협회로부터 세계 최장의 '교량 분수'로 인증받은 이 '달빛 무지개 분수'(공식 명칭)의 아이디어는 어디서 왔을까?

낙하 분수의 아이디어를 낸 주인공은 서울시 공무원인 윤석빈 씨로 알려져 있다. 2006년 7월의 어느 날, 더위에 지쳐서 잠수교를 지나던 그는 '잠수교 위의 반포대교에서 폭포수가 떨어진다면 마치 폭포 속을 통과하는 것 같아서 얼마나 시원할까' 하는 생각을 하게

295

된다. 이 순간이 바로 호기심이 발동하는 순간이요, 영감을 얻는 순간이다.

반포대교는 잠수교와 함께 이중 구조로 되어 있기에 잠수교를 건너는 사람 중에 그 같은 폭포를 상상한 사람은 사실 많을 것이다. 웬만한 사람이라면 뜨거운 여름철에 그곳을 지나며 그런 정도의 상상은 충분히 할 수 있다. 양쪽 옆으로 폭포가 떨어진다면 물속을 통과하는 시원함을 느낄 수 있겠다는 생각을 나도 했었다.

잠수교뿐만이 아니다. 한강의 다른 다리를 바라본 사람들도 다리에서 폭포처럼 물이 떨어지면 멋있을 거라는 정도의 생각은 얼마든지 할 수 있다. 실제로 다리에서 수면으로 떨어지는 폭포를 연상시키는 불꽃놀이도 있지 않은가. 그러나 윤석빈 씨의 호기심은 남들에 비해 강렬했다. 그렇기에 구체적인 아이디어로 제안했을 것이다.

우리는 흔히 창의성을 인재의 으뜸 조건이라고 말한다. 그럼 창의성은 어디서 오는가. 말할 것도 없이 강렬한 호기심에서 비롯한다.

낙하 분수. 대개의 아이디어가 다 그렇듯이 그것이 현실이 되고 나면 별것 아닌 것처럼 보인다. 누구나 생각할 수 있는 것 같다. 그러나 '별것 아닌 것'이 '세계 최초'가 될 수도 있음을 알아야 한다. 그리고 그것은 바로 호기심에서 시작됨을 깨닫기 바란다.

우리의 호기심 거리는 도처에 있다. 아니 삼라만상이 모두 호기심

멘탈 리허설

거리다. 출근길에 하늘을 날아가는 크나큰 여객기를 본다면 이렇게 생각할 수 있다. 저 엄청난 크기의 '철판통'이 그 많은 사람과 무거운 화물을 싣고 어떻게 하늘로 떠오르지? 그 원리가 뭐지? 그런 어린아이 같은 마음을 발동시켜라. 그것이 호기심의 원천이다.

끊임없이 '왜'라는 질문을 던지자

일상에서 끊임없이 '왜'라는 질문을 던져야 한다. 누구나 '왜'라는 질문을 던지지만 문제는 정도의 차이다. 문제의 핵심은 '정도'에 있다. 매우 왕성한 정도 이상으로 '왜'라는 질문을 던져야 한다. 그래야 '왕성한 정도' 이상의 무엇인가가 나온다. 그러면 세상이 달리 보이고 의외의 성과를 얻을 수 있다. '뉴턴의 사과'가 대표적인 교훈이다. 그것이 바로 창의다.

사람과 동물의 차이는 지능의 차이에서 비롯하는 것이 아니다. 도구의 사용도 아니다. 침팬지도 도구를 사용하니까 말이다. 심리학자 대니얼 포비넬리Daniel Povinelli의 실험 결과를 빌리지 않더라도, 인간이 침팬지 등의 유인원과 가장 크게 다른 점은 인간은 '왜'라는 생각을 한다는 사실이다. 인간은 자연스럽게 세상의 원리 또는 원인에 대하여 의문을 갖고 이유를 알려고 하지만 유인원은 그렇지 못하다.[113] 그러니까 '왜'라며 호기심을 발동시키는 것이야말로 인간이 인간다울 수 있는 기본 조건이 된다.

출근길은 반복의 길이다. 그렇기에 다람쥐 쳇바퀴 돌듯 늘 그렇고 그렇게 지나칠 수 있다. 반복은 자칫 새로울 것이 하나도 없는 틀에 박힌 일상으로 생각하기 쉽다. 그러나 유심히 보라. 지나치는 사람들이 어제와 다른데 어떻게 새로울 것이 없는 반복이라 할 수 있는가. 주변의 풍경이나 상황도 변함이 없는 것 같지만 뭔가 변하고 있음을 감지해야 한다. 심지어 늘 보던 것도 어느 날 '왜'라는 시각으로 보면 다르게 다가온다. 그것이 앞에서 다룬 '싱킹'이요 '마음 챙김'이다.

호기심도 습관이다. 호기심을 버릇 들이자. 호기심을 발동시켜 반복의 일상, 다람쥐 쳇바퀴 같은 일상, 지루한 일상에서 빠져나와야 한다. 고 구본형 씨(그는 너무 일찍 세상을 떠났다. 정말 아깝고 슬프다)의 권고처럼 '익숙한 것과 결별'해야 한다. 그러면 신천지가 나타난다. 새뮤얼 존슨은 "호기심은 영원하고 확실하고 활기찬 마음의 한 특징"이라고 했다. 아무쪼록 끊임없이 호기심을 작동하여 영원히 활기찬 출근길이 되도록 하자.

"나는 특별한 재능이 있는 것이 아니다. 단지 호기심이 굉장히 많을 뿐이다."

— 알베르트 아인슈타인

호기심을 갖는 5가지 방법

1) 왜? 왜? 왜? 끊임없이 의문하라. 어린아이의 눈으로 세상을 보고 어린아이의 마음으로 의문하라. 그것은 결코 어린 마음이 아니라 창조의 마음이다.

2) 유심히 보라. 눈여겨보라. 건성으로 지나치지 마라. 평범한 일상에 숨어 있는 비범한 것을 찾으려 애써라.

3) 관심의 폭의 넓혀라. 스마트폰에 정신을 뺏기지 마라. 스마트폰을 하지 말고 스마트 싱킹을 하자. 가까운 것에도 관심을 갖고 멀리 있는 것에도 관심을 가져라. 자기와 관계된 것에 한정하지 말고 두루두루 관심을 가져라.

4) 의문을 갖고 호기심이 발동되면 그 의문이 풀려 호기심이 충족될 때까지 끈질기게 파고들어라. 어떤 형태로든 결론을 내려라. 답을 얻어라.

5) 습관화하라. 확실히 버릇 들여라. 한 번의 호기심으로 기발한 아이디어를 내놨다고 해서 당신이 호기심에 찬 사람이 되는 것은 아니다. 늘, 언제나 호기심을 발동할 수 있도록 습관화하라.

299

항상 메모하고
기록하기

"네가 양계를 한다고 들었는데 양계란 참 좋은 일이다. 그러나 그것에도 품위 있고 비천한 것, 깨끗한 것과 더러운 것의 차이가 있다. 농서農書를 잘 읽어서 좋은 방법을 골라 시험해 보아라. 색깔을 나누어 길러도 보고, 닭이 앉는 홰를 다르게도 만들어 보면서 다른 집 닭보다 살찌고 알을 잘 낳을 수 있도록 길러야 한다. 또 때때로 닭의 정경을 시로 지어 보면서 짐승들의 실태를 파악해 보아야 하느니라. (중략) 너는 어떤 식으로 하는지 모르겠구나. 이미 닭을 기르고 있다니 아무쪼록 많은 책에서 닭 기르는 법에 관한 이론을 뽑아내어 《계경鷄經》 같은 책을 하나 만든다면 좋은 책이 될 것이다. 속사俗事에서 한 가닥 선비의 일을 찾아내는 일이란 이런 식으로 하면 된다."114

— 정약용

위 글은 귀양살이를 하던 정약용이 닭을 키운다는 둘째 아들 학유의 소식을 듣고 보낸 편지의 일부다. 나는 이 글을 20여 년 전의 젊은 날에 봤는데 참 좋아한다. 내 책에 여러 번 인용할 정도다. 내가 지금껏 직장 생활을 하고 책을 내면서 가슴속에 깊이 새기고 있는 글이기도 하다. 지금으로부터 200년 전, 귀양지에서 아들에게 준 충고가 어쩌면 오늘의 직장인에게도 그대로 적용될 수 있는지 그 탁견과 삶의 방식에 감탄한다.

이 편지를 오늘 출근길에 나서는 당신에게도 보여 주고 싶다. 직장인뿐만 아니라 모든 생활인이 마음에 담아 두어야 할 훌륭한 충고다. 이 편지에서 '양계'를 당신이 하고 있는 일, 전문 분야로 바꿔서 읽어 보라. 직장인이라면 직장에서 하고 있는 일이, 그리고 전업주부라면 주부로서 하는 일이 전문 분야가 된다. 그러면 어떻게 일해야 할지 감이 잡힐 것이다. 호기심을 배울 수 있고 그것을 정리하여 기록으로 남기는 법을 배울 수 있다.

기록의 힘은 상상 이상이다

멘탈 리허설은 기록으로 남김으로써 가치가 더욱 빛난다. 멘탈 리허설은 기록됨으로써 구체화되고 실행된다. 아무리 많은 생각을 하면 뭐하는가? 아무리 자기경영의 계획을 세우면 뭐하는가? 우리가 그

301

동안 수많은 출근을 했으면서도 출근에서 건져 올린 '그 무엇'이 없음은 기록으로 남기지 않았기 때문이다. 오만 가지 생각을 단지 생각으로만 지나쳤기 때문이다. 명상을 하든 무엇을 하든 멘탈 리허설을 통해 떠오른 생각은 가능한 한 많이 기록으로 남기길 권한다. 기록이야말로 멘탈 리허설에 마침표를 찍는 것이다. 화룡점정畵龍點睛이다. 멋진 용을 그려도 마지막에 눈동자를 그림으로써 완성된다. 좋은 멘탈 리허설을 하면 할수록 그것을 기록으로 남겨야 한다.

우리는 메모의 가치에 대해 많은 이야기를 들었다. 수많은 선각자들이 메모를 하라고 권했다. 그래도 실천을 하지 않으니까 '메모광'이 되라고 한다. 미쳤다는 말을 들을 정도로 메모하라는 것이다. "천재의 기억보다 바보의 메모가 더 유용하다"는 말도 있다. 그럼에도 실제로 철저하게, 미친 듯이 메모하는 사람은 많지 않다.

우리는 메모에 대해 약간 잘못 알고 있다. 수첩이나 휴대전화에 일정을 기록하거나 잊지 않기 위한 키워드를 기록하는 정도를 메모라 생각한다. 그러나 그것은 메모일 수는 있어도 기록은 아니다. 메모는 영어로 'memorandum'이요 번역하면 비망록이다. 말 그대로 잊지 않기 위해 기록하는 것이다. 단지 잊지 않기 위해 메모하는 것이라면 그건 생산적이지 않다. 메모가 메모다운 메모가 되려면 기록의 차원으로 진화해야 한다. 기록다운 메모가 되려면 더 구체적이고 생산적이어야 한다. 생산적이어야 한다는 말은 그 기록에 특유의 아이디어가 담겨 있어야 한다는 말이다. 메모하라. 세밀히 기록하라. 메모의 힘은 상상 이상이다.

302

메모나 기록을 말하면 누가 가장 먼저 머리에 떠오르는가? 일단 인류 역사상 최고의 천재를 떠올려야 할 것이다. 레오나르도 다빈치 Leonardo da Vinci. 영국의 과학 전문지 〈네이처Nature〉가 선정한 '인류의 역사를 바꾼 세계 최고의 천재 10명' 중 첫손가락에 꼽힌 사람이다. 지능지수가 205쯤 되었을 것으로 추정하는 학자도 있다. 그는 미술, 음악, 건축, 군사공학, 도시계획, 비행 기계의 고안을 포함한 다양한 발명과 함께 해부, 요리, 식물학, 의상 및 무대 디자인, 해학 등 수많은 분야에서 특출한 재능을 발휘하여 놀라운 업적을 남겼다.

〈모나리자〉〈최후의 만찬〉 등의 걸작을 남겼을 뿐 아니라 날아다니는 기계, 헬리콥터, 낙하산, 접이식 사다리 등을 창안했다. 또한 군사기술자로서 장갑차와 기관총, 박격포, 미사일, 잠수함의 원형을 제작했다. 동시에 해부학자로서 인체의 각 부분을 단면으로 그려 낸 최초의 사람일 뿐 아니라 자궁 속 태아에 대한 연구까지 했다. 인류 최초의 비행으로 기록된 라이트 형제의 비행기 설계는 이미 다빈치에 의해 이루어졌을 정도다.

어떻게 그런 활약이 가능했을까? 그는 타고난 천재성에 덧붙여 쇠붙이가 면도날이 되도록 자신을 갈고 또 연마한 사람이다. 그것을 단적으로 증명하는 것이 그의 수첩이다. 메모의 힘이 상상 이상임을 그가 실제로 보여 준다.

그는 늘 떠오르는 생각이나 아이디어, 그리고 관찰한 것들을 철저

303

히 노트에 기록했다. 1519년 다빈치가 67세를 일기로 사망하면서 발견된 노트의 분량은 무려 1만 3000쪽에 달했다. 그 메모 노트는 오랜 친구이자 다빈치의 유품을 챙긴 프란체스코 멜치에 의해 정리됐는데, 서기를 둘이나 고용해 작업했는데도 역부족일 정도였다. 그만큼 방대한 양이기도 했지만, 거울에 비춰 봐야 해석할 수 있는 역상 암호 문자로 기록되어 있는 등 해독이 난해한 부분이 많았기 때문이기도 하다.[115] 인류사에 빛나는 그의 업적과 종횡무진한 활약이 바로 기록에서 비롯했음을 인정할 것이다.

인류 최고의 천재와 기록! 이 '스토리'에서 무엇을 느끼는가? 아니, 머리가 비상한 천재도 저렇게 철저히 기록하는데 우리는 과연 어떤가?

또 한 사람의 사례를 배우자. 벤저민 프랭클린이다. 그는 특이하게도 역대 대통령의 명단에 이름을 올리지는 못했지만 '미국의 정신'이라 일컬어지며 조지 워싱턴George Washington이나 에이브러햄 링컨을 제치고 미국 100달러 지폐에 초상을 올렸다.

내가 그를 소개하는 이유는 직장인의 롤모델에 가깝기 때문이다. 벤저민 프랭클린은 치열한 자기 관리와 계발로 그 위치를 만들어 낸 인물이다. 그는 정치가, 외교관이었으면서도 피뢰침과 복초점 렌즈를 발명한 과학자였고 저술가였으며 신문사 경영인이기도 했다.

요즘 유행하는 표현으로 하면 통섭형 인재요, 나의 표현으로 하면 멀티어Multier다(멀티어에 대해 자세히 알려면 나의 책《멀티어십》을 참고하라).

그는 정규 교육을 단 2년밖에 받지 않았다. 집안 형편이 어려워 학교를 자퇴하고 일을 해야 했지만 엄청난 양의 독서와 열정으로 자기를 갈고닦았다. 그는 스스로 정한 13가지 덕목(절제, 침묵, 규율, 결단, 절약, 근면, 진실, 정의, 중용, 청결, 침착, 순결, 겸손)을 평생 실천하면서 도덕적으로 완벽한 인격체가 되는 것을 목표로 삼았다. 그는 덕목을 위반할 때마다 달력에 표시했고, 다시 반복하면서 자신을 개조하려 했다. 그럼으로써 결국 최고의 역사적 인물 중 한 사람이 됐다는 면에서 우리 직장인들의 롤모델이 될 수 있는 것이다.

그가 젊었을 때(일설에 의하면 불과 스무 살 나이였다) 선배 집에 놀러 갔을 때의 일이다. 이야기를 하다가 돌아가려 할 때 실수로 낮은 문의 중방에 머리를 부딪히자 선배가 조용히 말했다. "자네는 아직 젊어. 장래가 창창해. 처세를 위해서는 머리를 수그릴 줄 알아야 해. 그러면 심한 타격을 받지 않을 것이야." 이 한마디가 그의 덕목을 만들게 된 계기라고 한다. 그 일화에서 유추하건대 아마도 '겸손'이 가장 중요한 덕목이었던 것 같다.

그 밖에도 13가지 덕목마다 규율을 정해 놓고서 그 실천 여부를 기록해 나갔다. 그는 특히 꼼꼼히 기록하는 데 많은 신경을 썼다. "나는 50년 이상을 나의 수첩에 13가지 덕목을 항상 기록해 왔다. 그리고 이 항목들을 실행했는지, 하지 못했는지를 체크했다." 그렇게 말할 정도로 기록하며 실행 여부를 체크했다. 오죽하면 그가 활

305

용했던 수첩이 오늘날까지 전해지겠는가. 그의 수첩에 대해서는 스티븐 코비 박사가 《성공하는 사람들의 7가지 습관》에서 강조한 바 있을 정도다. 그뿐 아니라 '프랭클린 플래너'라는 이름의 시스템 다이어리로 만들어져 인생 플래닝의 도구로 활용되고 있다(나도 구입한 적이 있는데 디지털, 스마트 시대에는 덜 어울리는 것 같다. 앞으로 시대에 맞게 재구성될 것으로 본다).

벤저민 프랭클린에게서 배울 것이 하나둘이 아니지만 특히 그의 '기록 습관'만큼은 꼭 배워야 할 것이다.

정말로 메모광, 기록광이 되라

하비 페닉Harvey Penick. '골프 레슨의 원조', '골프계의 위대한 스승' 으로 불리는 전설적인 골프 교습가다. 1904년 텍사스 주 오스틴에서 태어난 그의 골프 인생은 불과 여덟 살의 나이로 고향의 컨트리클럽에서 캐디 일을 하면서 시작되었다. 그리고 1995년 91세를 일기로 타계할 때까지 골퍼들을 지도하며 무수한 대선수들을 키워 냈다.

그는 말을 적게 하는 레슨으로 유명했다. "반드시 필요한 말만 한다. 필요 이상으로 복잡하게 가르치지 않는다. 지식으로 학생을 감동시키지 않는다"는 것이 그의 신념이었다. 그뿐 아니라 그는 누구에게나 공평하게 적은 교습료를 받았다. 그럼으로써 골퍼들의 존경과 추앙을 받은 그는 2002년 교습가로서 유일하게 명예의 전당에 올랐다.

그가 세계적인 명교습가로 이름을 날린 비결은 다름 아니라 관찰과 기록이다. 그는 20대부터 골프에 관한 모든 것을 유심히 관찰하고 언젠가는 가르치는 데 필요하다는 생각으로 빨간색의 작은 수첩에 꼼꼼히 기록했다.

그 안에는 스스로 개발한 골프의 노하우에서부터 자신이 가르친 골프계 인물들에 대한 단상까지 꼼꼼히 기록되어 있었다. 모든 사람들이 이 빨간 노트를 보고 싶어 했지만 하비 페닉은 오스틴 컨트리 클럽의 수석 프로로 있는 틴슬리를 제외하고는 아무에게도 보여 주지 않았다. 틴슬리는 하비의 아들이다.

그렇게 60여 년을 기록하며 서류가방에 넣어 잠가 둘 정도로 소중히 여겼으며, 그 내용은 오직 아들인 탄슬리에게만 보여 주었다. 그 이유는 아마도 노하우를 아들에게만 물려주겠다는 '욕심' 때문이 아니라 다른 선수들에 대한 평가까지 기록되어 있는 데다가 그의 성격도 겸손했던 탓일 것이다. 그는 생전에 그룹 레슨을 한 적이 없다. 레슨하는 장면을 구경하게 하지도 않았다. 그가 수첩을 아무에게나 보여 주지 않으려 했던 성격상의 이유를 짐작하게 된다.

스스로 '리틀 레드북'이라고 이름 붙인 그 수첩은 은퇴할 때 아들(나중에 프로 골퍼가 되었다)에게 물려줄 생각이었다. 나이가 들어서 하비는 휠체어에 의지해야 했다. 어느 날 오스틴 클럽 근처에 사는 스포츠 작가인 버드 슈레이크Bud Shrake와 골프 얘기를 하다가 생각을 바꿔 책으로 출간하여 모든 이들에게 공개하기로 결심한다. 그 책이 바로 골프의 고전으로 불리는 세계적 베스트셀러《하비 페닉

의 리틀 레드북Harvey Penick's Little Red Book》이다.[116]

우리는 하비 페닉에게서도 기록의 중요성과 가치를 배울 수 있다. 특히 생산적인 메모가 어떤 것인지를 알게 된다.

이제 멘탈 리허설에 대한 이야기를 마치면서 마지막으로 권하는 것이 바로 메모, 기록이다. 일본의 '슈퍼 직장인'으로 불리는 미사키 에이이치로는《수첩 속의 비밀》에서 출퇴근이나 출장 등의 이동 시간을 잘 활용하라고 했다. 예를 들면 '책을 읽기보다는 브레인스토밍(흔히 브레인스토밍이라면 자유롭게 '토론'하는 것을 말하지만, 여기서는 특정한 주제나 문제에 대하여 자유롭고도 집중적인 '생각'을 하는 것을 말한다)하기', '떠오르는 생각들을 메모(키워드라도)하기', '메모해 둔 것 중에서 〈오늘의 주제〉를 선정해 그것에 대하여 깊게 그리고 구체적으로 생각하기' 등이다. 그에게서도 역시 출근길의 기록하기를 배우게 된다.

출근길에 떠오른 생각들, 호기심이 발동하여 발견한 것들은 광적으로 메모하고 철저히 기록으로 남겨 두기 바란다. 그렇게 해서 어디에 쓰냐고? 목표를 갖고 메모하고 기록할 수도 있지만, 때로는 세밀한 기록이 또 다른 세상으로 당신을 안내할 수도 있다. 아무쪼록 메모광, 기록광이 되자. 기적이 온다.

때로는 먼 앞날을 리허설하며

어떻습니까? 지금까지 '하루'라는 무대에 오르면서 우리가 해야 할 멘탈 리허설을 다뤘습니다. 모두 헤아려 보면 32가지가 됩니다(더 세분하면 늘어날 수도 있습니다). 마지막으로 독자 개개인의 사정에 따라 꼭 해야 할 리허설 한 가지를 추가할 것을 권고합니다. 그러면 총 33가지가 되는 셈입니다.

물론, 매일매일 33가지를 점검해 보라는 것은 아닙니다. 어떤 날은 그중에서도 서너 가지가 해당될 것이고, 어떤 사람은 매일매일 20여 가지를 해야 할지도 모릅니다. 어쨌거나, 멘탈 리허설은 우리의 삶에 커다란 변화를 가져오리라 확신합니다. 실패하는 삶과 성공하는 삶의 차이만큼 말입니다.

이 책에서는 '하루'에 초점을 맞춰 멘탈 리허설을 다뤘습니다. 그러나 가끔은 범위를 크게 넓혀 생애 전체를 머릿속에 떠올리는 멘탈 리허설을 하기 바랍니다.

'20년 후에 나는 어떤 모습으로 살고 있을까?' 아니, '노후에는 어떤 모습일까?'를 생생히 그려 보며 그날에 대비하는 것이야말로 멘탈 리허설의 궁극적인 목표요 효용입니다. 오늘 하루 '지금'에 충실한 삶도 중요하지만, 더 먼 앞날을 내다보며 사는 것이야말로 '지금'에 충실해야 할 이유가 됩니다.

"'지금'만 생각하고 살면 만사가 편하다. 하지만 20년, 30년 후를 생각하며 살면 미래 역시 편안해진다. 20년 후의 자신의 모습을 예측해 '지금' 해야 할 일을 결정하자." 야마모토 노리아키가 《인생을 바꾸는 아침 1시간 노트》에서 한 말인데 참고할 만합니다.[117]

요즘 이런 말을 자주 듣습니다. "만약 내게 젊은 날로 돌아가라면 거부하겠다"는 이야기 말입니다. 어떤 유명 작가도 그렇게 말했고, 인기 탤런트도 TV에서 똑같이 말했습니다. 이 '어록'은 상당히 유행이라서 얼마 전엔 동창회에서도 들을 수 있었습니다. 젊은 날을 그리워하면서도 막상 그 시절로 돌아가기를 꺼리는 것은 왜일까요?

돌이켜 꼼꼼히 살펴보면 여기까지 살아온 것 자체가 기적처럼 생각되기 때문입니다. 그 말에는 "그때 '아차!' 했으면 오늘이 없었을 것"이라는 의미가 내포되어 있습니다. 돌이키기조차 싫은 힘든 역경이 있었음을 암시합니다. 그렇게 아슬아슬하고 힘든 우리네 삶입니다.

'아차!' 하는 순간 전혀 엉뚱한 길, 나락으로 떨어질 수도 있었고,

그때의 어려운 상황을 이겨 내지 못했으면 지금의 우리는 없습니다. 그 '아차!'의 빈도를 줄여 주고 역경과 맞닥뜨리지 않거나 또는 슬기롭게 극복하도록 미리 대비하는 것이 바로 멘탈 리허설입니다. 앞서 예측하고 대비함으로써 좀 더 안전하고 행복한 인생의 행로를 걷게 하는 것이 멘탈 리허설입니다. 애너 퀸들런의 말처럼 인생을 산다는 것은 리허설이 아닙니다. 단 한 번뿐입니다. 그렇기에 역설적으로 멘탈 리허설이 꼭 필요합니다.

모처럼, 가족 이야기를 하겠습니다. 40여 권의 책을 쓰면서 처음입니다. 그만큼 이번 책에는 가족 모두의 도움과 아이디어가 모였습니다. 이 책을 처음 집필할 때의 제목은 '출근길 30분의 기적'이었습니다. 그런데 미국 유학에서 돌아온 아들(민기)이 나의 글 중에서 '멘탈 리허설'을 끄집어냈습니다. 화룡점정을 한 것이죠. 젊은 감각이 역시 달랐습니다. 그뿐 아니라 외국의 논문과 책, 인터넷 사이트를 뒤져 좋은 자료를 찾아 주었습니다. 며느리(이상아)는 아들과 내가 책의 방향과 글의 내용을 놓고 토론하거나 논쟁을 벌일 때 냉정한 독자의 시각으로 심판관 역할을 톡톡히 해냈습니다. 영어 감각이 뛰어난 딸(해나)은 '멘탈 리허설'이라는 말을 듣자마자 "대박!"이라는 딱 한마디로 힘을 실어 주고 확신을 주었습니다.

　30여 년 동안 글 쓰는 작업을 옆에서 지켜보며 살아온 아내의 감각은 이미 '도사' 수준입니다. 베스트셀러였던 나의 책《멋지게 한 말씀》은 아내가 지은 제목입니다. 이번 책을 쓰는 과정에서도 좋은 의견을 제시한 것은 물론, 기막힌 '꺼리'를 제공했습니다. 그것은 마흔세 번째 책으로 나올 것 같습니다. 가족 모두에게 감사합니다.

사람마다 다르지만, 내게 아이디어가 가장 잘 떠오르는 때는 운전할 때와 목욕할 때입니다. 운전 중에는 어쩔 수 없지만, 목욕 중에 글의 소재와 아이디어가 떠오르면 아르키메데스처럼 '유레카!'를 외치며 뛰어나오기 일쑤입니다(물론 속으로 외칩니다만). 그래서 거의 언제나 충분한 목욕을 하지 못합니다. 글쓰기를 마무리하는 오늘은 느긋이 목욕을 즐기겠습니다. 그리고 나의 20~30년 후는 어떤 모습일지 상상해 보며 멘탈 리허설이나 하렵니다.

| 미주 |

1 *Havard Business Review*, December 2001.
2 《낯선 길에 서니 비로소 보이는 것들》, 이성엽, 황금부엉이, 2013.
3 《10미터만 더 뛰어봐》, 김영식, 중앙북스, 2008.
4 《공병호의 자기경영노트》, 공병호, 21세기북스, 2002.
5 《리추얼》, 메이슨 커리, 강주헌 옮김, 책읽는수요일, 2014.
6 http://www.oxforddictionaries.com/definition/english/.
7 《긍정의 힘》, 조엘 오스틴, 정성묵 옮김, 두란노, 2005.
8 《아침형 인간》, 사이쇼 히로시, 최현숙 옮김, 한스미디어, 2003.
9 《나는 아내와의 결혼을 후회한다》, 김정운, 쌤앤파커스, 2009.
10 《나는 왜 일하는가》, 헬렌 S. 정, 인라잇먼트, 2012.
11 Laura Vanderkam, *What the Most Successful People Do Before Breakfast*, Portfolio Trade, 2013.
12 〈한국경제신문〉, 2013.10.4.
13 《낯선 길에 서니 비로소 보이는 것들》, 이성엽, 황금부엉이, 2013.
14 《12가지 성공법칙》, 브라이언 트레이시, 함규진 옮김, 씨앗을뿌리는사람, 2008.
15 *EKNews*, 2014.3.9.

16 〈뉴스와이어〉, 2006.9.25.

17 코메디닷컴, 2011.8.24.

18 뉴시스, 2006. 9. 25

19 〈레이디경향〉, '명사에게 행복을 듣다'(이시형 박사 인터뷰), 2012.2.

20 《흥하는 말씨, 망하는 말투》, 이상헌, 현문미디어, 2011.

21 《왓칭》, 김상운, 정신세계사, 2011.

22 《생각을 바꾸면 즐거운 인생이 시작된다》, 마리안 반 아이크 맥케인, 윤덕노 옮김, 함께가는길, 2006.

23 《아침형 인간》, 사이쇼 히로시, 최현숙 옮김, 한스미디어, 2003.

24 〈뉴스와이어〉, 2006. 9. 25.

25 《용기》, 유영만, 위즈덤하우스, 2007.

26 《마시멜로 이야기》, 호아킴 데 포사다·엘런 싱어, 정지영 옮김, 한국경제신문, 2005.

27 《습관의 힘》, 찰스 두히그, 강주헌 옮김, 갤리온, 2012.

28 《브리꼴레르》, 〈프롤로그〉, 유영만, 쌤앤파커스, 2013.

29 〈위클리경향〉 831호, 2009 6. 30.

30 〈조선일보〉, '인맥은 왕, 아빠로선 꽝', 2014.1.18.

31 《신념의 마력(The Magic of Believing)》, 클로드 브리스톨, 최염순 옮김, 비즈니스북스, 2007.

32 *Forbes*, 2013. 1.

33 《몰입》, 황농문, 팬덤하우스, 2008.

34 《하루키 스타일》, 진희정, 중앙북스, 2013.

35 《아웃라이어》, 말콤 글래드웰, 노정태 옮김, 김영사, 2009.

36 《정진 : 행복을 부르는 힘》, 지광, 랜덤하우스코리아, 2007.

37 《작지만 강력한 디테일의 힘》, 왕중추, 허유영 옮김, 올림, 2005.

38 《리추얼》, 메이슨 커리, 강주헌 옮김, 책읽는수요일, 2014.

39 《습관의 힘》, 찰스 두히그, 강주헌 옮김, 갤리온, 2012.

40 코메디닷컴, 2009.7.19.

41 월간 〈마이더스〉, 2013.9.

42 〈조선일보〉, 2012.11.30.

43 《몰입》, 황농문, 랜덤하우스, 2008.

44 《마음을 비우면 얻어지는 것들》, 김상운, 21세기북스, 2012.

45 《Why Worry?》, 조지 월턴, 류영훈 편역, 행복한마음, 2005.

46 《노는 만큼 성공한다》, 김정운, 21세기북스, 2011.

47 《나를 위한 하루 선물》, 서동식, 함께, 2011.

48 《생각이 너무 많은 여자》, 수잔 놀렌 혹스마, 나선숙 옮김, 지식너머, 2013.

49 《나는 왜 일하는가》, 헬렌 S. 정, 인라잇먼트, 2012.

50 《저질러라 꿈이 있다면》, 조관일, 쎄오미디어, 2011.

51 《마음챙김》, 엘렌 랑거, 이양원 옮김, 동인, 2008.

52 *Havard Business Review*, March 2014.

53 Chosun.com, 2007.5.11.

54 《새로운 미래가 온다》, 다니엘 핑크, 김명철 옮김, 한국경제신문, 2012.

55 〈조선일보〉, 2013.3.11.

56 《너의 내면을 검색하라》, 차드 멍 탄, 권오열 옮김, 알키, 2012.

57 《카르마 경영》, 이나모리 가즈오, 김형철 옮김, 서돌, 2005.

58 〈브레인 미디어〉, '건강명상', 2012.1.30.

59 《너의 내면을 검색하라》, 차드 멍 탄, 권오열 옮김, 알키, 2012.

60 《오늘 눈부신 하루를 위하여》, 구본형, 휴머니스트, 2002.

61 《하루 10분의 기적》, KBS 수요기획팀, 가디언, 2010.

62 《어린 왕자, 멘토를 만나다》, 이경열, 더난출판사, 2011.

63 《정진홍의 사람공부》, 정진홍, 21세기북스, 2011.

64 《연금술사》, 파울로 코엘료, 최정수 옮김, 문학동네, 2001.

65 《내 인생을 빛내줄 좋은 생각》, 발타자르 그라시안, 장지은 옮김, 책

이있는풍경, 2005.

66 《립잇업》, 리처드 와이즈먼, 박세연 옮김, 웅진지식하우스, 2013.

67 《긍정의 힘》, 조엘 오스틴, 정성묵 옮김, 두란노, 2005.

68 《립잇업》, 리처드 와이즈먼, 박세연 옮김, 웅진지식하우스, 2013.

69 《화》, 틱낫한, 최수민 옮김, 명진출판, 2003.

70 《분노가 죽인다》, 레드포드 윌리엄스 외, 고경봉 외 옮김, 한언, 2001.

71 《어느 날 문득 발견한 행복》, 애너 퀸들런, 공경희 옮김, 뜨인돌출판
사, 2001.

72 《행복에 걸려 비틀거리다》, 대니얼 길버트, 서은국 외 옮김, 김영사,
2011.

73 《행복의 특권》, 숀 아처, 박세연 옮김, 청림출판, 2012.

74 《해피어》, 탈 벤-샤하르, 노혜숙 옮김, 위즈덤하우스, 2007.

75 〈문화일보〉, '이메일 인터뷰', 2004.10.6.

76 《행복의 특권》, 숀 아처, 박세연 옮김, 청림출판, 2012.

77 《감사의 힘》, 데보라 노빌, 김용남 옮김, 위즈덤하우스, 2008.

78 《하버드대 52주 행복연습》, 탈 벤-샤하르, 서윤정 옮김, 위즈덤하우
스, 2010.

79 《감사의 힘》, 데보라 노빌, 김용남 옮김, 위즈덤하우스, 2008.

80 《100감사로 행복해진 지미 이야기》, 유지미, 감사나눔신문, 2012.

81 〈헤럴드경제〉, 2011.11.14.

82 《왜 일하는가》, 이나모리 가즈오, 신정길 옮김, 서돌, 2010.

83 《하루 10분의 기적》, KBS 수요기획팀, 가디언, 2010.

84 〈뉴스와이어〉, 2012.5.14.

85 《즐겨야 이긴다》, 앤드류 매튜스, 김현아 옮김, 북라인, 2011.

86 《인생학교: 일》, 로먼 크르즈나릭, 정지현 옮김, 쌤앤파커스, 2013.

87 Stewart J. H. McCann, *Journal of Personality and Social Psychology*, February 2001.

88 〈중앙일보〉, 2011.1.31.

89 《행복한 청소부》, 모니카 페트, 김경연 옮김, 풀빛, 2000.

90 〈전력경제신문〉, '지금 자신의 일에 의미를 찾아라', 문요한, 2013.10.15.

91 《행복의 특권》, 숀 아처, 박세연 옮김, 청림출판, 2012.

92 《신입사원의 조건》, 조관일, 21세기북스, 2013.

93 〈브레인 미디어〉, 2014.1.24.

94 《인간경영》, 마쓰시다 고노스케, 신병철 옮김, 예림미디어, 2000.

95 《고객이 당신을 해고할 수 있다》, 한국능률협회, 2003.

96 《소금편지》, 문서영, 나무의꿈, 2004.

97 〈스포츠월드〉, 2013.7.31.

98 《스위치》, 칩 히스·댄 히스, 안진환 옮김, 웅진 지식하우스, 2013.

99 〈경향신문〉, 2011.6.6.

100 《5가지 사랑의 언어》, 게리 채프먼, 장동숙 옮김, 생명의 말씀사, 2010.

101 《툴스》, 필 스터츠·배리 미첼스, 이수경 옮김, 21세기북스, 2012.

102 《부와 행복의 놀라운 성공법칙 28가지》, 샌드라 앤 테일러, 이정혜 옮김, 기원전, 2011.

103 《카네기 스피치 & 커뮤니케이션》, 데일 카네기, 최염순 옮김, 씨앗을 뿌리는사람, 2004.

104 《창의력 노트》, 제임스 히긴스, 박수규·박혜영 옮김, 비즈니스북스, 2009.

105 《내 영혼의 리필》, 리처드 P. 존슨, 한성아 옮김, 열린출판사, 2003.

106 〈조선일보〉, 2013.2.26.

107 《청중을 사로 잡는 명강의 기술》, 조관일, 21세기북스, 2013.

108 《코끼리와 벼룩》, 찰스 핸디, 이종인 옮김, 생각의나무, 2005.

109 《프로페셔널의 조건》, 피터 드러커, 이재규 옮김, 청림출판, 2001.

110 《나는 왜 일하는가》, 헬렌 S. 정, 인라잇먼트, 2012.

111 《심리학 콘서트》, 다고 아키라, 장하영 옮김, 스타북스, 2006.

112 〈국민일보〉, 2013.2.3.

113 《스마트 싱킹》, 아트 마크먼, 박상진 옮김, 진성북스, 2012.

114 《유배지에서 보낸 편지》, 정약용, 박석무 편역, 창비, 2009.

115 《인문의 숲에서 경영을 만나다 2》, 정진홍, 21세기북스, 2006.

116 《하비 페닉의 리틀 레드북》, 하비 페닉, 김원중 옮김, W미디어, 2010.

117 《인생을 바꾸는 아침 1시간 노트》, 야마모토 노리아키, 서수지 옮김, 책비, 2012.

KI 신서 5573

출근길 30분의 기적
멘탈 리허설

1판 1쇄 발행 2014년 4월 15일
1판 2쇄 발행 2014년 5월 15일

지은이 조관일
펴낸이 김영곤 **펴낸곳** (주)북이십일 21세기북스
부사장 임병주 **이사** 이유남
기획편집 한성근 남연정 이경희
영업본부장 이희영 **마케팅1본부장** 안형태
영업 권장규 이경희 정병철 **마케팅기획1팀** 김홍선 강서영 **마케팅기획2팀** 최혜령 이영인

출판등록 2000년 5월 6일 제10 –1965호
주소 (우 413 – 120) 경기도 파주시 회동길 201(문발동)
대표전화 031– 955 – 2100 **팩스** 031– 955 – 2151 **이메일** book21@book21.co.kr
홈페이지 www.book21.com **블로그** b.book21.com
트위터 @21cbook **페이스북** facebook.com/21cbooks

ⓒ 조관일, 2014

ISBN 978–89–509–5515–1 03320
책값은 뒤표지에 있습니다.